試験に
ココが出る！

消防設備士
6類 教科書＋実践問題

株式会社ノマド・ワークス 著

第3版

インプレス

インプレス資格対策シリーズ 購入者限定特典 !!

●電子版の無料ダウンロード
本書の全文の電子版（PDFファイル）を無料でダウンロードいただけます。

●出先で学べるWebアプリ
いつでもどこでも学習できるWebアプリを無料でご利用いただけます。

特典は、以下のURLで提供しています。

ダウンロードURL：https://book.impress.co.jp/books/1123101125

※画面の指示に従って操作してください。
※ダウンロードには、無料の読者会員システム「CLUB Impress」への登録が必要となります。
※本特典のご利用は、書籍をご購入いただいた方に限ります。
※特典の提供期間は、いずれも本書発売より5年間です。

・本書のアイコンについて・

ここで 学習する用語	各節で学習する用語を まとめています。

重要度 ☆☆☆　試験での重要度を示します。
　　　　☆☆☆　（重要度：高）
　　　　★☆☆　（重要度：中）
　　　　★★☆　（重要度：低）

もっと詳しく	より踏み込んだ詳しい 解説を行っています。

暗記 ☞　試験対策として、かならず
　　　　覚えておきたい部分です。

○か？×か？
試験ではこう出る！
計算してみよう
空欄を埋めよう

ミニテスト
合格に必要な知識をクイ
ズ形式で出題。

実践問題　各章の最後で、本試験型の問
題にチャレンジしましょう。

インプレスの書籍ホームページ

書籍の新刊や正誤表など最新情報を随時更新しております。

https://book.impress.co.jp/

はじめに

　消防設備士の免状には甲種と乙種があり、さらに取り扱う消防設備によって第1類から第6類に区分されています。本書で解説する「乙種第6類」は、ビルや店舗に設置する消火器の整備を行うために必要な免状です。

　本書は、これから乙種第6類の消防設備士試験を受験する方のために、必要な科目を知識ゼロから学習できるようにした参考書です。

本書の特徴

●知識ゼロから独学で合格をめざす
　消火器について、これまでとくに予備知識がない人でも、本書を読めば消防設備士試験に合格できる実力が身につきます。

●出題傾向を分析し、よく出題される項目を網羅
　試験の出題範囲は広く、細かい法令や規格省令がたくさんありますが、本書ではよく出題されるポイントに絞って解説しています。

●実践的な問題を多数掲載
　本試験をシミュレートした問題を各章ごとに掲載したほか、巻末に模擬試験を掲載しました。

●最重要項目直前チェックで本試験直前までサポート
　覚えておかなければならない最重要項目をコンパクトにまとめました。試験本番直前の確認にお役立てください。

目 次

第3章　機械に関する基礎知識　105

第4章　消火器の構造　157

第5章　消火器の規格　191

受験ガイド

●消防設備士とは

消防設備士は、劇場、デパート、ホテルなどの建物に設置された「消防用設備等」の工事や整備、点検を行うために必要な資格です。**甲種消防設備士**は、消防設備等の工事と整備を行い、**乙種消防設備士**は、消防設備等の整備のみを行います。

甲種消防設備士は、取り扱う設備の種類に応じて、特類および第1類～第5類に分かれています。乙種消防設備士は、第1類～第7類に分かれています。

甲種	乙種	類別	消防用設備等
○		特類	特殊消防用設備等
○	○	第1類	屋内消火栓設備、屋外消火栓設備、スプリンクラー設備、水噴霧消火設備
○	○	第2類	泡消火設備
○	○	第3類	不活性ガス消火設備、ハロゲン化物消火設備、粉末消火設備
○	○	第4類	自動火災報知設備、ガス漏れ火災警報設備、消防機関へ通報する火災報知設備
○	○	第5類	金属製避難はしご、救助袋、緩降機
	○	第6類	消火器
	○	第7類	漏電火災警報器

本書で扱う第6類では、消火器を取り扱います。なお、第6類の消防設備士は、乙種のみとなっています。

●受験資格について

乙種消防設備士の試験は、学歴、年齢、国籍、実務経験を問わず、誰でも受験できます。

●試験科目・出題形式について

筆記試験と実技試験があります。試験時間は、1時間45分です。

◆筆記試験

4つの選択肢から正解を1つ選ぶマークシート方式です。試験科目と問題数は次のとおりです。

試験科目		問題数
消防関係法令	共通部分	6
	第6類に関する部分	4
基礎的知識	機械に関する部分	5
構造・機能・工事・整備	機械に関する部分	9
	規格に関する部分	6
合計		30

◆**実技試験**

実技試験は、写真やイラスト、図面などによる出題に対して、記述式で解答します。試験科目と問題数は以下のとおりです。

試験科目	問題数
鑑別等	5

●合格基準について

次の❶と❷の両方の成績を収めた方が合格となります。

❶筆記試験	各科目ごとに40%以上、全体では60%以上
❷実技試験	60%以上

●試験の一部免除について

以下の消防設備士の資格をもっている受験者は、試験の一部が免除されます。

免状	乙種第6類を受験する場合
甲種第1～4類	消防関係法令の共通部分（6問）
甲種第5類	・消防関係法令の共通部分（6問） ・基礎的知識の機械に関する部分（5問）
乙種第1～4、7類	消防関係法令の共通部分（6問）
乙種第5類	・消防関係法令の共通部分（6問） ・基礎的知識の機械に関する部分（5問）

また、5年以上消防団員として勤務し、かつ消防学校の教育訓練のうち専科教育の「機関科」を修了した方は、筆記試験の基礎的知識（機械に関する部分）全問と、実技試験の全問が免除になります。詳しくは消防試験研究センターのホームページを参照してください。

●試験日程

　消防設備士試験は、都道府県ごとに実施されます。居住地や勤務地にかかわらず、希望する都道府県で受験できますが、試験日程や試験会場は都道府県ごとに異なるので注意してください。

　なお、試験日程によっては、複数の類を受験できる場合があります。詳細は消防試験研究センターの試験案内等を参照してください。

●受験手続

　受験申込みをするには、書面による方法（**書面申請**）と、インターネットによる方法（**電子申請**）があります。どちらの場合も、試験日程によって申請期間が異なるため、あらかじめ受験したい都道府県の試験日程を調べておきましょう。

　書面申請は、受験したい都道府県の受験願書を入手し、必要事項を記入して郵送します。受験願書は、各都道府県の消防試験研究センター支部や消防本部で入手できます。

　電子申請は、消防試験研究センターのホームページから行います。試験センターからの連絡を受信するためのメールアドレス（携帯電話、フリーメールアドレスは不可）と、受験票を印刷するためのプリンターが必要になります。

●試験当日の準備

　試験当日は、受験票（写真を貼付したもの）、鉛筆（HB または B）、消しゴムを必ず持参してください。電卓は使用できません。

●問合せ先

　受験願書の申込みや試験の詳細については、一般財団法人 消防試験研究センター各支部（東京の場合は中央試験センター）に問い合わせるか、消防試験研究センターのホームページを参照してください。

> **一般財団法人　消防試験研究センター**
> ホームページ：https://www.shoubo-shiken.or.jp/

最重要項目直前チェック

試験の直前に、復習しておきたい項目をまとめました。

関係法令

1 消火器を設置しなければならない防火対象物

項		用途（色文字は特定防火対象物）		延べ面積	算定基準面積	
					標準	耐火
(1)	イ	劇場、映画館、演芸場または観覧場		すべて	50m²	100m²
	ロ	公会堂または集会場		150m² 以上	100m²	200m²
(2)	イ	キャバレー、カフェー、ナイトクラブ等		すべて	50m²	100m²
	ロ	遊技場またはダンスホール				
	ハ	風俗店				
	ニ	カラオケボックス、ネットカフェ等				
(3)	イ	待合、料理店等		すべて※	100m²	200m²
	ロ	飲食店				
(4)		百貨店、マーケット、物品販売店舗または展示場		150m² 以上		
(5)	イ	旅館、ホテル、宿泊所				
	ロ	寄宿舎、下宿または共同住宅				
(6)	イ	病院、診療所、助産所	入院施設あり	すべて		
			入院施設なし	150m² 以上		
	ロ	自力避難困難者入所施設		すべて		
	ハ	(6) 項ロ以外の社会福祉施設等		150m² 以上		
	ニ	幼稚園、特別支援学校				
(7)		学校（小・中・高、大学、専修学校等）		300m² 以上	200m²	400m²
(8)		図書館、博物館、美術館等				
(9)	イ	蒸気浴場、熱気浴場		150m² 以上	100m²	200m²
	ロ	その他の公衆浴場				
(10)		停車場、発着場		300m² 以上	200m²	400m²
(11)		神社、寺院、教会				
(12)	イ	工場、作業場		150m² 以上	100m²	200m²
	ロ	映画スタジオ、テレビスタジオ				
(13)	イ	自動車車庫、駐車場				
	ロ	飛行機等の格納庫				
(14)		倉庫				
(15)		その他の事業場（銀行、会社事務所）		300m² 以上	200m²	400m²
(16)	イ	特定防火対象物部分を含む複合用途防火対象物		－	－	－
	ロ	(16) 項イ以外の複合用途防火対象物		－	－	－
(16の2)		地下街		すべて	50m²	100m²
(16の3)		準地下街				
(17)		重要文化財、史跡				

※火を使う設備・器具を設けない場合は 150m² 以上

2 消火器を設置しなければならない場所

消火器を設置する場所	設置基準
地階、無窓階、3階以上の階で、床面積 50m² 以上	能力単位 $\geqq \dfrac{床面積}{算定基準面積}$
少量危険物を貯蔵または取り扱う場所	能力単位 $\geqq \dfrac{取扱数量}{指定数量}$
指定可燃物を貯蔵または取り扱う場所	能力単位 $\geqq \dfrac{取扱数量}{危政令別表 4 の数量 \times 50}$ ※取扱数量が危政令別表第 4 に指定する数量の 500 倍以上の場合は、大型消火器を設置する
電気設備（変圧器、配電盤等）のある場所	個数 $\geqq \dfrac{床面積}{100m^2}$
多量の火気を使用する場所 （鍛造場、ボイラー室、乾燥室等）	能力単位 $\geqq \dfrac{床面積}{25m^2}$

3 設置個数の減少

他の消火器	減少できる能力単位
大型消火器	1／2
屋内消火栓設備、スプリンクラー設備	1／3
水噴霧消火設備、泡消火設備、不活性ガス消火設備、ハロゲン化物消火設備、粉末消火設備	1／3

4 二酸化炭素消火器・ハロゲン化物消火器※を設置できない場所

- ・地下街
- ・準地下街
- ・地階、無窓階、居室（換気について有効な開口部の面積が 1／30 以下で、床面積 20m² 以下のもの）

※ハロン1301消火器は設置できる。

5 消火器の設置距離

小型消火器	歩行距離 20m 以内
大型消火器	歩行距離 30m 以内

6 防火管理者が必要な防火対象物

①自力避難困難者入所施設	収容人員 10 人以上
②特定防火対象物（①を除く）	収容人員 30 人以上
③非特定防火対象物	収容人員 50 人以上
④新築工事中の建物・建造中の旅客船	収容人員 50 人以上

7 統括防火管理者が必要な防火対象物※ ※管理権原が複数あるものに限る

①高層建築物（高さ31メートル超）	すべて
②自力避難困難者入所施設	地階を除く3階以上で収容人員10人以上
③特定防火対象物（②を除く）	地階を除く3階以上で収容人員30人以上
④非特定複合用途防火対象物	地階を除く5階以上で収容人員50人以上
⑤地下街	消防長または消防署長が指定する場合
⑥準地下街	すべて

8 防火対象物点検が必要な防火対象物

①自力避難困難者入所施設が避難階以外にある特定1階段等防火対象物	収容人員10人以上
②特定1階段等防火対象物	収容人員30人以上
③特定防火対象物（準地下街を除く）	収容人員300人以上

9 消防用設備等の設置届と検査が必要な防火対象物

・カラオケボックス、ネットカフェ等 ・旅館・ホテル・宿泊所 ・病院・診療所・助産所（入院施設のあるもの） ・自力避難困難者入所施設 ・その他の社会福祉施設等（宿泊施設のあるもの） ・上記用途部分を含む複合用途防火対象物・地下街・準地下街	すべて
特定1階段等防火対象物	すべて
特定防火対象物（上記以外）	延べ面積300m² 以上
非特定防火対象物（消防長または消防署長の指定を受けたもの）	延べ面積300m² 以上

10 消防設備士等による点検が必要な防火対象物

①特定1階段等防火対象物	すべて
②特定防火対象物	延べ面積1,000m² 以上
③非特定防火対象物（消防長等の指定を受けたもの）	延べ面積1,000m² 以上

機械に関する基礎知識

1 合金

炭素鋼	鉄＋炭素（約 0.02 〜 2%）
鋳鉄	鉄＋炭素（約 2%以上）
ステンレス鋼・耐熱鋼	炭素鋼＋ニッケル＋クロム
黄銅	銅＋亜鉛
青銅	銅＋すず

2 熱処理

焼入れ	高温に加熱した後で急冷却し、硬度を増す
焼戻し	再加熱後に徐々に冷却し、粘りを増す
焼なまし	一定時間加熱後に徐々に冷却し、軟らかくする
焼ならし	加熱後に自然冷却し、組織を均一にならす

構造・機能・整備

1 消火器の種類と消火作用・適応火災

消火器の種類	消火作用			適応火災		
	冷却	窒息	抑制	A 火災	B 火災	電気火災
水消火器	○			○		霧状
強化液消火器	○		○	○	霧状	霧状
機械泡消火器	○	○		○	○	
化学泡消火器	○	○		○	○	
二酸化炭素消火器		○			○	○
ハロゲン化物消火器		○	○		○	○
粉末消火器		○	○	ABC	○	○

2 消火器の運搬方法

重量	運搬方法
28kg 以下	手さげ式、据置式、背負式
28kg 超 35kg 以下	据置式、背負式、車載式
35kg 超	車載式

3 大型消火器の薬剤量

消火器の種類	薬剤量
水消火器	80L 以上
強化液消火器	60L 以上
機械泡消火器	20L 以上
化学泡消火器	80L 以上
二酸化炭素消火器	50kg 以上
ハロゲン化物消火器	30kg 以上
粉末消火器	20kg 以上

4 消火器の部品

部品	装着されている消火器
ホース	薬剤量 1kg 以下の粉末消火器と 4kg 未満のハロゲン化物消火器以外の消火器
指示圧力計	蓄圧式消火器（二酸化炭素消火器とハロン 1301 消火器を除く）
安全栓	転倒式化学泡消火器と手動ポンプ式水消火器以外
使用済み表示装置	指示圧力計のある蓄圧式消火器、バルブのない消火器、手動ポンプ式水消火器以外の手さげ式消火器
安全弁	二酸化炭素消火器、ハロン 1301 消火器、化学泡消火器
粉上り防止用封板	ガス加圧式の粉末消火器
逆流防止装置	

5 泡消火器で放射される泡の容量

化学泡消火器（手さげ式、背負式）	消火薬剤の容量の 7 倍以上
化学泡消火器（車載式）	消火薬剤の容量の 5.5 倍以上
機械泡消火器	消火薬剤の容量の 5 倍以上

6 ブルドン管（圧力検出部）の材質

記号	材質	使用消火器
SUS	ステンレス鋼	水、強化液、機械泡、粉末
Bs	黄銅	粉末
PB	りん青銅	粉末
BeCu	ベリリウム銅	粉末

7 内部および機能点検の方法

消火器の種類		点検対象消火器	確認試料	放射試験の試料
蓄圧式消火器		製造年から 5 年経過	抜き取り方式	抜き取り数の 50%以上
加圧式	粉末消火器	製造年から 3 年経過	抜き取り方式	抜き取り数の 50%以上
	粉末消火器以外		全数	全数の 10%以上
化学泡消火器		設置後 1 年経過	全数	全数の 10%以上

第1章

消防関係法令

1-1 防火対象物

ここで
学習する用語

- 防火対象物 … 火災予防の対象となる山林、舟車、繋留中の船舶、建築物その他の工作物もしくはこれらに属する物
- 消防対象物 … 消火活動の対象となる山林、舟車、繋留中の船舶、建築物その他の工作物または物件
- 特定防火対象物 … 消防法施行令別表第1 (1) ～ (4) 項、(5) 項イ、(6) 項、(9) 項イ、(16) 項、(16の2) 項、(16の3) 項の防火対象物
- 複合用途防火対象物 … 2つ以上の用途に供される防火対象物

防火対象物とは

重要度 ★★★

まず最初の重要な用語として、**防火対象物**という言葉を覚えてください。防火対象物とは、火災予防の必要上、規制の対象となる建築物のことで、「消防法」という法律で次のように定義されています。

> **防火対象物**　山林または舟車、船きょもしくはふ頭に繋留された船舶、建築物その他の工作物もしくはこれらに属する物

「舟車」とは舟や車両（自動車や鉄道車両など）のこと。「船きょ」とはドックのこと。

防火対象物とまぎらわしいものに、**消防対象物**があります。こちらは次のように定義されています。下線部分の違いに注意しましょう。

> **消防対象物**　山林または舟車、船きょもしくはふ頭に繋留された船舶、建築物その他の工作物または物件

下線部分に注意。「属する物」ときたら防火対象物、「物件」ときたら消防対象物です。

消防対象物には、消火活動の対象となるものが幅広

く含まれるので、建築物以外の「物件」（家具、植木など）も含まれます。

もっと詳しく　防火対象物に関係する、次の用語も頭に入れておきましょう。

> **関係者**　防火対象物または消防対象物の**所有者や管理者、占有者**をまとめて「関係者」といいます。たとえばテナントビルの場合は、ビルのオーナーが所有者、管理を受け持つ管理会社が管理者、各部屋の入居者が占有者です。
>
> **関係のある場所**　防火対象物または消防対象物のある場所のことです。

○か？✕か？　　　　　　　　　　　　check!　☐☐☐

　防火対象物とは、山林または舟車、船きょもしくはふ頭に繋留された船舶、建築物その他の工作物または物件をいう。

合格のツボ　「または物件」ときたら、消防対象物です。　　（答え：✕）

特定防火対象物とは　　　　　　　　重要度 ★★★

　防火対象物は、用途によって次ページの表のように分類されます。この表は、**消防法施行令**という政令の**別表第 1**（略して令別表第 1）と呼ばれるもので、この後も繰り返し出てきます。

　表のうち、色文字で示す用途の建築物を**特定防火対象物**といいます。特定防火対象物は不特定多数の利用者が出入りしたり、利用者の避難が困難だったりするので、通常の防火対象物より規制が厳しくなっています。

> 政令：法律の細かい内容を政府（内閣）が定めたもの。

● 消防法施行令別表第 1　　　　　　　　　　（色文字は特定防火対象物）

項	用途
(1)	イ　劇場、映画館、演芸場または観覧場
	ロ　公会堂または集会場
(2)	イ　キャバレー、カフェー、ナイトクラブ等
	ロ　遊技場またはダンスホール
	ハ　性風俗関連特殊営業を営む店舗等
	ニ　カラオケボックス、ネットカフェ、漫画喫茶等
(3)	イ　待合、料理店等
	ロ　飲食店
(4)	百貨店、マーケットその他の物品販売業を営む店舗または展示場
(5)	イ　旅館、ホテル、宿泊所等
	ロ　寄宿舎、下宿または共同住宅
(6)	イ　病院、診療所、助産所
	ロ　自力避難困難者入所施設
	ハ　その他の社会福祉施設等
	ニ　幼稚園または特別支援学校
(7)	小学校、中学校、高等学校、大学、専修学校等
(8)	図書館、博物館、美術館等
(9)	イ　蒸気浴場、熱気浴場等
	ロ　イ以外の公衆浴場
(10)	車両の停車場または船舶もしくは航空機の発着場
(11)	神社、寺院、教会等
(12)	イ　工場または作業場
	ロ　映画スタジオまたはテレビスタジオ
(13)	イ　自動車車庫または駐車場
	ロ　飛行機または回転翼航空機（ヘリコプター）の格納庫
(14)	倉庫
(15)	前各項に該当しない事業場（会社などの一般的な事務所）
(16)	イ　複合用途防火対象物のうち、その一部が特定防火対象物の用途に供されているもの
	ロ　イ以外の複合用途防火対象物
(16の2)	地下街
(16の3)	準地下街
(17)	重要文化財、史跡等に指定された建造物
(18)	延長 50 メートル以上のアーケード
(19)	市町村長の指定する山林
(20)	総務省令で定める舟車

● 特定防火対象物

(1) 項 イ　劇場、映画館、演芸場または観覧場
　　　 ロ　公会堂または集会場
(2) 項 イ　キャバレー、カフェー、ナイトクラブ等
　　　 ロ　遊技場またはダンスホール
　　　 ハ　性風俗関連特殊営業を営む店舗等
　　　 ニ　カラオケボックス、ネットカフェ等
(3) 項 イ　待合、料理店等
　　　 ロ　飲食店
(4) 項　　百貨店、マーケットその他の物品販売業を営む店舗または展示場
(5) 項 イ　旅館、ホテル、宿泊所等
(6) 項 イ　病院、診療所、助産所（20 ページ参照）
　　　 ロ　自力避難困難者入所施設（21 ページ参照）
　　　 ハ　その他の社会福祉施設
　　　 ニ　幼稚園または特別支援学校
(9) 項 イ　蒸気浴場、熱気浴場等
(16) 項 イ　複合用途防火対象物のうち、その一部が特定防火対象物の用途に供されているもの
(16 の 2) 項　地下街
(16 の 3) 項　準地下街（22 ページ参照）

暗記

特定防火対象物の種類は必ず暗記しよう。

 試験ではこう出る！

check! □□□

　次のうち、特定防火対象物のみからなる組合せはどれか。
① 映画館、地下街、事務所
② ホテル、共同住宅、デパート
③ 幼稚園、小学校、図書館
④ 蒸気浴場、特別養護老人ホーム、保育所

合格のツボ　本試験では、特定防火対象物がどれかを答える問題がよく出題されます。

① 映画館は (1) 項イ、地下街は (16 の 2) 項の特定防火対象物です。銀行やオフィスビルなどの事務所は (15) 項の「前各項に該当しない事業場」に該当し、特定防火対象物ではありません。

事務所は非特定防火対象物。

② ホテルは (5) 項イ、デパート（百貨店）は (4) 項の特定防火対象物です。**マンション、アパートなどの共同住宅**は、(5) 項ロに該当するので、特定防火対象物ではありません。

③ 幼稚園は (6) 項ニの特定防火対象物ですが、小学校、図書館はそれぞれ (7) 項、(8) 項に該当し、特定防火対象物ではありません。

④ 蒸気浴場は (9) 項イ、特別養護老人ホームは (6) 項ロ、保育所は (6) 項ハに該当する特定防火対象物です。

間違えやすい非特定防火対象物：共同住宅、事務所、小学校、図書館、博物館、美術館。

（答え：④）

令別表第 1 の詳しい説明　　重要度 ★★★

もっと詳しく 令別表第 1 の各項のうち、とくに注意が必要なものについて説明しておきましょう。

(6) 項イ　病院・診療所・助産所

令別表第 1 の (6) 項イは、病院と診療所、助産所などの特定防火対象物です。「病院」と「診療所」は、入院患者のベッド数などによって区別されますが、令別表第 1 ではさらに細かく、次の 4 つに分類されています。

---

①特定診療科の病院
②特定診療科の診療所（4 人以上の入院施設があるもの）
③①以外の病院、②以外の有床診療所・有床助産所
④無床診療所・無床助産所

特定診療科：内科、整形外科、リハビリテーション科など。

①特定診療科名の病院（一般病床または療養病床あり）
②特定診療科名の診療所（入院施設 4 人以上）
③①以外の病院・②以外の有床診療所・有床助産所

入院施設あり

④無床診療所・無床助産所

入院施設なし

消防設備士の試験では、これら 4 つを、おおまかに 入院施設があるもの（①～③）と、入院施設がないもの（④）とに分けて考えます。

(6) 項ロ　自力避難困難者入所施設

令別表第 1 の (6) 項ロは、老人ホームなどの社会福祉施設のうち、主に自力で避難するのが困難な人が入所・入居している施設が該当します。具体的には次のような施設です（細かく覚える必要はありません）。

① 老人短期入所施設、養護老人ホーム、特別養護老人ホーム、軽費老人ホーム※、有料老人ホーム※、介護老人保健施設、老人短期入所事業を行う施設、小規模多機能型居宅介護施設※、認知症対応型老人共同生活援助施設 など
② 救護施設
③ 乳児院
④ 障害児入所施設
⑤ 障害者支援施設、障害者短期入所施設

(6) 項ロの施設はもっとも規則の厳しい防火対象物です。

※避難が困難な要介護者を主として入居させるものに限る。

(6) 項ハ　その他の社会福祉施設等

(6) 項ロに含まれない社会福祉施設等が、(6) 項ハに分類されます（こちらも細かく覚える必要はありません）。

① 老人デイサービスセンター、軽費老人ホーム※、老人福祉センター、老人介護支援センター、有料老人ホーム※、老人デイサービス事業を行う施設、小規模多機能型居宅介護施設※ など
② 更生施設
③ 助産施設、保育所、認定こども園、児童養護施設、児童自立支援施設、児童家庭支援センター、一時預かり・家庭的保育事業を行う施設 など
④ 児童発達支援センター、情緒障害児短期治療施設、児童発達支援・放課後等デイサービス施設
⑤ 身体障害者福祉センター、障害者支援施設、地域活動支援センター、福祉ホーム など

これらの施設も、「宿泊できるもの」と「宿泊できないもの」で規制が異なる場合があります。

※(6) 項ロに掲げるものを除く。

(16) 項　複合用途防火対象物

　1つの建物を、複数の用途で使っている場合を**複合用途防火対象物**といいます。店舗とレストランと映画館が併設された複合商業施設や、いわゆる「雑居ビル」などが、複合用途防火対象物です。

　複合用途防火対象物の用途の1つに特定防火対象物の用途が含まれている場合は、その建物全体が特定防火対象物（令別表第1(16)項イ）となります。

病院に食堂や売店が付属している場合など、複数の用途部分があっても、複合用途防火対象物とみなされない場合もあります。

　　　　　　　　　┌特定用途

複合用途防火対象物　　　　**建物全体が特定防火対象物**

(16の2) 項　地下街、(16の3) 項　準地下街

　公共の地下通路に面して、店舗などが設けられている施設を**地下街**といいます。これに対し、建物の地階部分を公共の地下通路でつなぎ、地下街を構成している場合を**準地下街**といいます。地下街も準地下街も、用途にかかわらず特定防火対象物です。

全国に地下街は60か所、準地下街は7か所あります（2022年3月31日現在）。

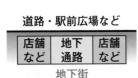

道路・駅前広場など

店舗など	地下通路	店舗など

地下街

| | 建物 | | 地上 | | 建物 |
| 地階 | 地下通路 | 地階 |

準地下街

〇か？×か？　　　　　　　　　　　check!

　1階が店舗、2階と3階が共同住宅の建物は、特定防火対象物である。

合格のツボ　1階が特定用途（飲食店）の複合用途防火対象物なので、特定防火対象物です。

（答え：〇）

1-2 火災予防

ここで
学習する用語

● 立入検査‥‥‥消防職員は原則としていつでも消防対象物への立入検査ができるが、個人の住居への立入は**承諾を得た場合か緊急時**のみ。また、消防団員による立入検査は事前に建物や期日の指定が必要。

● 消防同意‥‥‥消防長または消防署長が、建築主事等の申請にもとづいて、これから建築する建築物に消防上の問題がないことについて同意すること。

日本の消防機関

重要度 ★★★

　日本の消防機関は、国や都道府県単位ではなく、原則として市町村ごとに組織されています。消防機関には、消防本部と消防団の2種類があります。

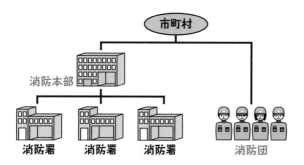

　消防本部は市町村が設置する消防機関で、「○○市消防本部」とか「××市消防局」などと呼ばれます。消防本部の下位に、市町村内の各地区を管轄（かんかつ）する消防署があります。消防本部や消防署の職員には、消防吏員（り）（いん）（いわゆる消防士）とその他の職員がおり、全員が地方公務員です。また、消防本部の長を消防長、消防署の長を消防署長といいます。

東京23区だけは例外的に、東京消防庁という都の機関が管轄しています。また、複数の市町村が共同で消防本部を置く場合もあります。

一方、消防団は地域住民によって構成される非常勤の消防機関です（一部常勤の場合もある）。消防団員は消防吏員のような職員ではなく、ふだんは本業の仕事をしていて、緊急時に出動します。また、平時は防災パトロールや防災訓練なども行っています。

全国の市町村にはたいてい消防本部と消防団の両方が置かれていますが、消防本部がない町村はいくつかあります。

火災予防のための措置命令　　重要度 ★ ★ ★

消防長（消防本部を置かない市町村では市町村長）、消防署長その他の消防吏員は、屋外や防火対象物において、火災予防上危険と認められる行為をする者や、火災予防上危険と認められる物件、消火や避難などの消防活動の支障になると認められる物件の所有者等に対して、以下のような措置命令を発することができます。

誰が措置命令を発するのかに注意。

①火遊び、喫煙、たき火、火を使用する設備や器具の使用、火災発生のおそれのある設備や器具の使用の禁止・停止・制限、または消火準備
②残火、取灰または火粉の始末
③危険物や、放置された燃焼のおそれのある物件の除去
④放置された物件の整理または除去

屋外での行為に対する措置命令と、防火対象物での行為に対する措置命令の2種類があることに注意。

○か？×か？　　check!

消防団長または消防団員は、屋外において火災の予防に危険であると認める物件の所有者等で権原を有する者に対して、必要な措置をとるべきことを命ずることができる。

合格のツボ 消防団長や消防団員は民間人なので、措置命令を発することはできません。

（答え：×）

24

2

立入検査

重要度 ★★★

　消防長（消防本部を置かない市町村では市町村長）または消防署長は、**消防職員**に建物などの<u>立入検査</u>をさせることができます。立入検査は、原則として時刻にかかわらず事前通告なしで行えますが、例外として、**個人の住居への立入検査**は、以下のいずれかの場合に限ります。

> 立入検査をする消防職員は、証票を携帯しなければなりません。

●個人住居への立入検査の制限

- 関係者の 承 諾 を得た場合
- 火災発生のおそれが 著 しく大きく、特に**緊急の必要**がある場合

　また、火災予防上特に必要があるときは、管轄区内の<u>消防団員</u>も立入検査ができます。ただし、その場合は、立入検査をする消防対象物および期日または期間を、事前に指定する必要があります。

●消防団員による立入検査の制限

- 事前に消防対象物および期日または期間の指定が必要

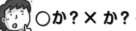

check!

① 消防長（消防本部のない市町村にあっては市町村長）または消防署長は、消防職員に命じていつでも個人の住居に立ち入って検査させることができる。

② 所轄の消防団員（常勤の消防団員を除く）に立入検査をさせるときは、検査を実施する消防対象物および期日または期間を指定しなければならない。

① 個人の住居への立入検査は、承諾を得た場合か緊急
時のみです。　　　　　　　　　　　　　　　　（答え：×）

② 消防団員による立入検査は、事前に消防対象物や期
日または期間の指定が必要です。　　　　　　　（答え：○）

防火対象物に対する措置命令　　重要度 ★ ★ ★

　消防長（消防本部を置かない市町村では市町村長）
または消防署長は、防火対象物の関係者に対し、必要
に応じて次のような措置命令を発することができます。

> 火災予防のための
> 措置命令（24 ペー
> ジ）との違いに注
> 意！

①防火対象物の改修、移転、除去、工事の停止・中止
　防火対象物の位置・構造・設備・管理の状況が、火
災予防上危険である、消火や避難などの消防活動の支
障になる、火災が発生すると人命の危険がある、その
他火災予防上必要があると認める場合

> ①最初に危険な状
> 態の解消を求め、
> それが行われない
> 場合には、②使用
> 禁止を命じるとい
> う順序です。

②防火対象物の使用禁止・停止・制限
　上記の措置命令が履行（りこう）されない、履行されても十分
でない、期限までに履行が完了する見込みがない場合

試験ではこう出る！　　　　　　　　　　check!　☐☐☐

　消防法令上、防火対象物の関係者に対し、当該防火対象物の使
用禁止を命じることができる者として、誤っているものはどれか。
①消防長　　　②消防署長
③消防吏員　　④消防本部を置かない市町村の市町村長

合格のツボ　防火対象物に対する措置命令は、消防長
（消防本部を置かない市町村では市町村長）か消防署長が
行います。一般の消防吏員や消防団員にはできません。

（答え：③）

消防同意

重要度 ★★★

　建物を新築・改築するときは、その建物が定められた基準にしたがっていることを、行政庁（**建築主事または指定確認検査機関**）に確認してもらう手続きが必要です。この手続きを建築確認といいます。

> 建築主事を置く役所を特定行政庁といいます。

　建築主事等は、建築確認の申請を受けると、その建物が消防法令の防火の規定にしたがっていることについて、さらに所轄の消防長または消防署長の同意を得ます。この手続きを消防同意といいます。

　消防長・消防署長は、同意を求められてから３日以内（建物の規模や敷地によっては７日以内）に、同意または不同意を建築主事等に通知します。

> 建物の規模や区域（防火地域・準防火地域以外）によっては、消防同意が必要ない場合もあります。

●消防同意のポイント

- 建築主事（指定確認検査機関）から消防長（消防署長）に申請
- 申請から３日（または７日）以内に同意・不同意を通知

建築主	確認申請 →	建築主事 指定確認検査機関	同意申請 →	消防長（市町村長） 消防署長
	← 建築確認		← 消防同意	

◯か？✕か？

check! ☐ ☐ ☐

　消防同意は、建築主事または指定確認検査機関が行う。

合格のツボ　消防同意は、建築主事等の申請を受けて、消防長または消防署長が行います。

（答え：✕）

ここで学習する用語

- **防火管理者**‥‥‥‥防火対象物における防火管理の責任者
- **統括防火管理者**‥‥管理権原者が複数に分かれる場合に、建物全体の防火管理を統括する責任者
- **防火対象物点検資格者**‥‥一定規模以上の防火対象物の防火管理を定期的に点検する有資格者
- **特定1階段等防火対象物**‥‥特定用途部分が地階または3階以上の階にあり、その階から地上へ出る屋内階段が1つしかない防火対象物

防火管理者の選任 　　　　重要度 ★★★

　防火管理者は、建物全体の防火管理業務を担当する責任者です。一定の要件に該当する防火対象物には、防火管理者を選任しなければなりません。

　防火管理者の選任は、その防火対象物の管理について権原をもつ者（管理権原者）が行います。管理権原者は、防火管理者を選任または解任したときは、<u>遅滞（ちたい）なく</u>、所轄消防長または消防署長に届け出ます。

> 権原とは法律上の原因（根拠）のこと。権限ではありません。具体的には、建物の所有者や会社の代表取締役などが管理権原者となります。

●防火管理者の選任

- 防火対象物の管理権原者が選任
- 選任・解任時には<u>遅滞なく</u>届出
  └─「すぐに」という意味

防火管理者が必要な防火対象物 　　　　重要度 ★★★

防火管理者を選任しなければならない防火対象物

は、建物の用途や、建物に出入りしたり勤務・居住したりする人の数（収容人員）によって、以下のように定められています。

●防火管理者が必要な防火対象物

①自力避難困難者入所施設 （この用途部分のある複合 用途防火対象物を含む）	収容人員 **10 人**以上
②特定防火対象物（①を除く）	収容人員 **30 人**以上
③非特定防火対象物	収容人員 **50 人**以上
④一定規模以上の新築工事中 の建築物・建造中の旅客船	収容人員 **50 人**以上

※ 18 ページの令別表第 1（16 の 3）準地下街、（18）アーケード、（19）山林、（20）舟車については、収容人員にかかわらず防火管理者は不要です。

なお、同一の敷地内に、管理権原者が同じ防火対象物が複数ある場合は、それらを 1 つの防火対象物とみなして防火管理者の選任が必要かどうか判断します。

同一敷地内

試験ではこう出る！ ─────────── check!

　防火管理者を選任しなければならない防火対象物はどれか。

①収容人員 10 人の特別養護老人ホーム
②収容人員 20 人の物品販売店舗
③収容人員 30 人の図書館
④収容人員 40 人の共同住宅

合格のツボ　防火管理者の選任が必要になるのは、特定防火対象物では収容人員 30 人以上、その他の場合

は収容人員 50 人以上です。例外として、自力避難困難者入所施設（令別表第 6 項ロ　21 ページ）は収容人員 10 人以上で防火管理者の選任が必要です。

（答え：①）

防火管理者の資格と業務 重要度 ★ ★ ★

　防火管理者になれるのは、総務部長や店長といった、管理的・監督的地位にある人です。一般の社員やアルバイトではなれません。管理権原者自身が防火管理者になるケースもよくあります。

　防火管理者が行う業務は、次のとおりです。

> ★ 消防計画の作成
> - 消防計画に基づく消火、通報および避難の訓練の実施
> - 消防用設備、消防用水または消火活動上必要な施設の点検および整備
> - 火気の使用または取扱いに関する監督
> - 避難または防火上必要な構造および設備の維持管理
> - 収容人員の管理
> - その他防火管理上必要な業務

防火管理者には甲種と乙種があり、建物の規模によっては甲種防火管理者が必要になります。防火管理者の資格は、一部の学歴・実務経験者を除き、防火管理講習を修了して取得します。

作成した消防計画は、所轄の消防長または消防署長に届け出ます。

統括防火管理者 重要度 ★ ★ ★

　1 つの建物で、管理権原者が複数に分かれている防火対象物については、それぞれが選任する防火管理者のほかに、建物全体の防火管理業務を統括する統括防火管理者を定めなければなりません。

たとえば、テナントビル（複合用途防火対象物）では、テナントごとに管理権原が分かれます。

管理権原者A → 防火管理者A
管理権原者B → 防火管理者B
管理権原者C → 防火管理者C
統括防火管理者
管理権原が分かれている防火対象物

統括防火管理者が必要な防火対象物は、以下のいずれかの防火対象物で、管理権原が複数に分かれているものです。

●統括防火管理者が必要な防火対象物

①高層建築物（高さ31メートルを超える建築物）	すべて
②自力避難困難者入所施設 （この用途部分のある複合用途防火対象物を含む）	地階を除く階数が3以上で、収容人員10人以上
③特定防火対象物（②を除く）	地階を除く階数が3以上で、収容人員30人以上
④非特定用途のみの複合用途防火対象物	地階を除く階数が5以上で、収容人員50人以上
⑤地下街	消防長または消防署長が指定するもの
⑥準地下街	すべて

暗記

消防法では、高さ31メートルを超える建物を高層建築物と定義しています。

統括防火管理者は、防火対象物全体についての消防計画を作成して所轄消防長または消防署長に届け出るほか、防火対象物全体について防火管理上必要な業務を行います。

○か？×か？

check! □□□

管理権原が分かれている高さ31メートルのすべての建築物には、統括防火管理者の選任が義務付けられている。

合格のツボ　高さ31メートルを<u>超える</u>建築物には、統括防火管理者を定めます。

（答え：×）

31

防火対象物点検とは

　防火対象物によっては、建物の防火管理の状態を有資格者によって定期的に点検させ、その結果を管理権原者が消防長または消防署長に報告することが義務付けられています。この点検を行う有資格者を、**防火対象物点検資格者**といいます。

　防火対象物点検資格者による定期点検が義務付けられているのは、以下の条件に適合するものです。

●防火対象物点検が必要な防火対象物

暗記

① **特定防火対象物**：収容人員 300 人以上
　（準地下街を除く）
② **特定 1 階段等防火対象物**：収容人員 30 人以上
　（複合用途防火対象物、地下街、準地下街を除く）
③ **自力避難困難者入所施設の用途部分が避難階以外にある特定 1 階段等防火対象物**：収容人員 10
　人以上

もっと詳しく 特定 1 階段等防火対象物とは、特定用途部分が避難階以外の地階または 3 階以上にあり、その階から避難階または地上に出る屋内階段が 1 つしかない特定防火対象物をいいます。

> 避難階：地上へ直接通ずる出入口のある階（1 階または 2 階）。

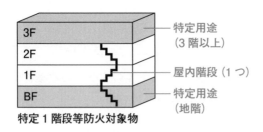

3F	特定用途（3 階以上）
2F	
1F	屋内階段（1 つ）
BF	特定用途（地階）

特定 1 階段等防火対象物

　点検は原則として 1 年ごとに実施します。点検の結

果基準に適合すると認められた防火対象物は、右図のような**点検済証**を建物に表示できます。

 試験ではこう出る!  check!

　防火対象物点検資格者に火災の予防上必要な事項を点検させなければならない防火対象物はどれか。ただし、避難階は1階とし、階段はすべて避難階に直通するものとする。
①屋内階段が2である地階を除く階数が3の病院で、収容人員が150人のもの
②屋内階段が1である地階を除く階数が2の複合用途防火対象物（1階が展示場、2階が遊技場）で、収容人員が200人のもの
③屋内階段が2である地階を除く階数が5の共同住宅で、収容人員が300人のもの
④屋内階段が1である地階を除く階数が2の複合用途防火対象物（地階が飲食店、1階と2階が物品販売店舗）で、収容人員が50人のもの

合格のツボ　防火対象物点検が必要なのは、原則として収容人員300人以上の特定防火対象物です。ただし、その特定防火対象物が特定1階段等防火対象物に該当する場合は、収容人員30人以上（自力避難困難者入所施設が避難階以外にある場合は10人以上）でも対象になります。

×① 屋内階段が2なので、一般の特定防火対象物です。

×② 特定用途部分（展示場、遊技場）が地階または3階以上にないので、一般の特定防火対象物です。

×③ 共同住宅は特定防火対象物ではありません。

○④ 屋内階段が1で、地階に特定用途部分（飲食店）があるので、特定1階段等防火対象物です。したがって、収容人員30人以上で点検が必要です。

（答え：④）

1-4 防炎規制

ここで
学習する用語

- **防炎規制** ･･････ テレビスタジオや高層建築物など、所定の防火対象物に備え付ける一部の物品に、一定以上の防炎性能を備えたものの使用を義務付ける規制。
- **防炎物品** ･･････ 防炎規制の対象となる物品のこと。カーテン、じゅうたん等、展示用の合板、どん帳、工事用シートなどがある。防炎性能の基準をクリアした製品には、防炎表示が付いている。

防炎規制とは　　　　　　重要度 ★★★

　高層建築物や劇場などの建物で、カーテンやどん帳といった炎が燃え広がる原因になるものを使用する場合には、一定の防炎性能（炎が燃えにくい性能）を備えたものを使うことが定められています。この規制を防炎規制といいます。

　防炎規制の対象となる防火対象物（防炎防火対象物）は次のとおりです。

> どん帳とは、舞台と客席の間にある幕のこと。

●防炎防火対象物

> ①特定防火対象物（地下街を除く）
> ②高層建築物（高さ 31 メートル超）
> ③映画スタジオ、テレビスタジオ（令別表第 1(12) 項ロ）
> ④工事中の建築物等

暗記

工事中の建築物が防炎規制の対象になるのは、工事用シートの火災が多いためです。

防炎物品　　　　　　重要度 ★★★

　防炎規制の対象となる物品には以下のものがあります。

- カーテン
- 布製のブラインド
- 暗幕
- じゅうたん等
- 展示用の合板
- どん帳
- 舞台において使用する幕
- 舞台において使用する大道具用の合板
- 工事用シート

　防炎防火対象物でこれらの物品を使う場合は、基準以上の防炎性能を備えたものを使わなければなりません。

　なお、防炎性能の基準をクリアした製品には、右図のような表示（防炎表示）が付いています。

消防庁登録者番号

防　炎

登録確認機関名
公益財団法人　日本防炎協会

試験ではこう出る！　——————————　check! ☐☐☐

　消防法令上、防炎規制の対象とならない防火対象物はどれか。
①テレビスタジオ
②小学校
③建設工事中の工場
④高さ 33m の共同住宅

合格のツボ

○① テレビスタジオ、映画スタジオは防炎防火対象物です。

×② 通常の非特定防火対象物は防炎規制の対象外です。

○③ 建設工事中の建物は防炎防火対象物です。

○④ 高層建築物（高さ 31 メートル超）は防炎防火対象物です。

（答え：②）

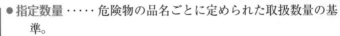

1-5 危険物

危険物とは

重要度 ★★★

一口に危険物といってもいろいろありますが、ここでは消防法で規制の対象となる**危険物**について学びます。消防法の「別表第1」は、危険物を次の6種類に分類しています。

> 消防法施行令の別表第1（18ページ）とは異なるので注意。

類別	性質	品名
第1類	酸化性固体	塩素酸塩類、過塩素酸塩類、無機過酸化物、亜塩素酸塩類、臭素酸塩類、硝酸塩類、よう素酸塩類、過マンガン酸塩類、重クロム酸塩類など
第2類	可燃性固体	硫化りん、赤りん、硫黄、鉄粉、金属粉、マグネシウムなど
第3類	自然発火性物質および禁水性物質	カリウム、ナトリウム、アルキルアルミニウム、アルキルリチウム、黄りん、アルカリ金属およびアルカリ土類金属、有機金属化合物、金属の水素化物、金属のりん化物、カルシウムまたはアルミニウムの炭化物など
第4類	引火性液体	特殊引火物、第1石油類、アルコール類、第2石油類、第3石油類、第4石油類、動植物油類
第5類	自己反応性物質	有機過酸化物、硝酸エステル類、ニトロ化合物、ニトロソ化合物、アゾ化合物、ジアゾ化合物、ヒドラジンの誘導体、ヒドロキシルアミン、ヒドロキシルアミン塩類など
第6類	酸化性液体	過塩素酸、過酸化水素、硝酸など

> 品名まで細かく覚える必要はありませんが、1類〜6類の「性質」は覚えましょう。

> ガソリンは第1石油類、灯油・軽油は第2石油類です。

　この表には、たとえば放射性物質や天然ガスは含まれていません。これらは別の法律で規制しているので、消防法では規制の対象外となります。

○か？×か？ ——————————— check! □ □ □

　ガソリンは第4類危険物である。

合格のツボ　ガソリンは第4類危険物の「第1石油類」に含まれる危険物です。　　　　　　　　　　（答え：○）

危険物の製造所等　　重要度 ★★★

　危険物には、それぞれの特性に応じて指定数量と呼ばれる量が定められています。指定数量以上の危険物は、原則として次の危険物施設以外の場所で貯蔵したり、取り扱ったりしてはいけません。

危険物施設	説明
製造所	危険物を製造する施設
屋内貯蔵所	危険物を屋内に貯蔵する施設
屋外貯蔵所	危険物を屋外に貯蔵する施設
屋内タンク貯蔵所	液体の危険物を屋内タンクに貯蔵
屋外タンク貯蔵所	液体の危険物を屋外のタンクに貯蔵
地下タンク貯蔵所	液体の危険物を地下貯蔵タンクに貯蔵
簡易タンク貯蔵所	液体の危険物を簡易タンクに貯蔵
移動タンク貯蔵所	車両に固定したタンクで危険物を運搬する施設（タンクローリー）
給油取扱所	ガソリンスタンド
販売取扱所	危険物を販売する店舗
移送取扱所	危険物を配管で移送する施設（パイプライン）
一般取扱所	クリーニング工場、ボイラー施設など

消防法令では、これらの危険物施設（製造所・貯蔵所・取扱所）をまとめて「製造所等」といいます。

製造所等で危険物を取り扱うには、**危険物取扱者**の資格か、危険物取扱者の立会いが必要です。

指定数量と警報設備　重要度 ★★★

指定数量の 10 倍以上の危険物を取り扱う製造所等（移動タンク貯蔵所を除く）には、次の警報設備のうち、1 種類以上を設置しなければなりません。

① 自動火災報知設備
② 拡声装置
③ 非常ベル装置
④ 消防機関に報知ができる電話
⑤ 警鐘
けいしょう

暗記

製造所等の規模や危険物の種類等によっては、自動火災報知設備でなければならない場合があります。

○か？×か？　check! □ □ □

指定数量の 5 倍以上の危険物を取り扱う製造所等には、自動火災報知設備、拡声装置、非常ベル装置、消防機関に報知ができる電話、警鐘のいずれかを設置しなければならない。

合格のツボ　警報設備の設置が必要になる指定数量は10 倍以上です。

（答え：×）

こんなときは申請が必要　重要度 ★★★

危険物の貯蔵や取扱いにかかわる主な申請手続きには、以下のものがあります。

①製造所等の設置

製造所等を新しく建てる場合に、市町村長等の許可

を得ます。

②位置・構造・設備の変更

　既存の製造所等を変更をする場合にも、市町村長等の許可が必要です。

③仮使用

　製造所等の一部を変更のため工事している間、工事していない部分は市町村長等の承認を得れば仮使用できます。

④完成検査

　設置工事・変更工事が終了したら、工事完了後に完成検査を受けます。検査に合格すると完成検査済証が交付され、使用を開始できます。

⑤予防規程

　一定の製造所等では、危険物の保安に関する規則を定めた予防規程を定め、市町村長等の認可を得なければなりません。

⑥危険物の仮貯蔵・仮取扱い

　指定数量以上の危険物を、製造所等以外の場所で貯蔵し、または取り扱う場合には、所轄の消防長または消防署長の承認を得なければなりません。これを仮貯蔵・仮取扱いといいます。仮貯蔵・仮取扱いの期間は10日間以内です。

申請内容	申請先	手続
①製造所等の設置	市町村長等	許可
②位置・構造・設備の変更	市町村長等	許可
③仮使用	市町村長等	承認
④完成検査	市町村長等	検査
⑤予防規程	市町村長等	認可
⑥危険物の仮貯蔵・仮取扱い	消防長または消防署長	承認

市町村長等：製造所等を設置する区域や、製造所等の種別に応じて、市町村長、都道府県知事、総務大臣のいずれかです。

こんなときは届出が必要 　重要度 ★★★

　このほか、以下のような場合には、許可や承認を得る必要はありませんが、期日までに届出が必要になります。

①製造所等の譲渡・引渡し

　所有権を人に譲渡したり、占有者が代わった場合には、遅滞なく届け出ます。

②危険物の種類・数量の変更

　製造所等で貯蔵し、または取り扱う危険物の種類や数量を変更する場合には、変更の10日前までに届け出ます。

③製造所等の廃止

　製造所等を廃止する場合には、遅滞なく届け出ます。

④危険物保安監督者の選任・解任

　一定の要件を満たす製造所等には、危険物の保安業務を担当する危険物保安監督者を選任します。危険物保安監督者を選任または解任した場合には、そのことを遅滞なく届け出ます。

 暗記

届出内容	届出先	届出期日
①製造所等の譲渡・引渡し	市町村長等	遅滞なく
②危険物の種類・数量の変更	市町村長等	10日前まで
③製造所等の廃止	市町村長等	遅滞なく
④危険物保安監督者の選任・解任	市町村長等	遅滞なく

○か？×か？　　check! □□□

　危険物保安監督者を選任したときは、遅滞なく、市町村長等の許可を得なければならない。

合格のツボ　危険物保安監督者を選任・解任したときは、市町村長等に届け出ます。許可を得る必要ありません。　　　　（答え：×）

1-6 消防の設備

ここで
学習する用語

- 消防用設備等・・・①消防の用に供する設備（消火設備・警報設備・避難設備）、②消防用水、③消火活動上必要な施設
- 令8区画・・・・・・・開口部のない耐火構造の床や壁で区画された部分

消防用設備等の設置

重要度 ★★★

　消防法では、消火器、スプリンクラー設備、自動火災報知設備などをまとめて、**消防用設備等**といいます。消防用設備等は、①**消防の用に供する設備**、②**消防用水**、③**消火活動上必要な施設**の3つに大きく分類されます。消防の用に供する設備はさらに消火設備、警報設備、避難設備に分かれています。

　学校、病院、工場などの防火対象物には、建物の規模や用途に応じて定められた消防用設備等を、定められた基準にしたがって設置し、必要なときにきちんと機能するように維持しなければなりません。

　消防用設備等を設置・維持する義務を負うのは、防

火対象物の関係者（17ページ）です。もちろん、関係者が自分で設置工事をするわけではありません。消防用設備の設置工事や点検には、一部を除いて消防設備士の資格が必要になります。

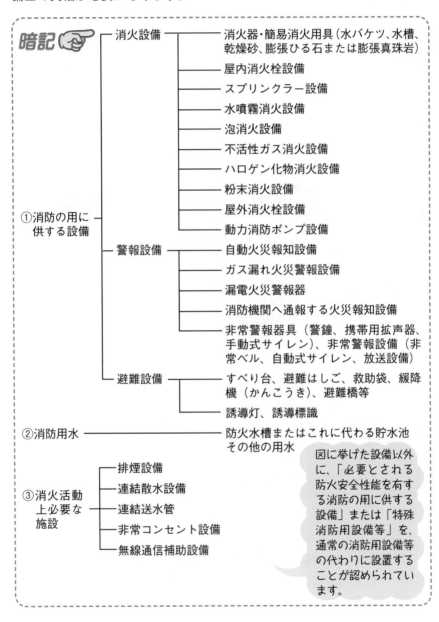

暗記 👉

①消防の用に供する設備

- **消火設備**
  - 消火器・簡易消火用具（水バケツ、水槽、乾燥砂、膨張ひる石または膨張真珠岩）
  - 屋内消火栓設備
  - スプリンクラー設備
  - 水噴霧消火設備
  - 泡消火設備
  - 不活性ガス消火設備
  - ハロゲン化物消火設備
  - 粉末消火設備
  - 屋外消火栓設備
  - 動力消防ポンプ設備
- **警報設備**
  - 自動火災報知設備
  - ガス漏れ火災警報設備
  - 漏電火災警報器
  - 消防機関へ通報する火災報知設備
  - 非常警報器具（警鐘、携帯用拡声器、手動式サイレン）、非常警報設備（非常ベル、自動式サイレン、放送設備）
- **避難設備**
  - すべり台、避難はしご、救助袋、緩降機（かんこうき）、避難橋等
  - 誘導灯、誘導標識

②消防用水 ── 防火水槽またはこれに代わる貯水池その他の用水

③消火活動上必要な施設
- 排煙設備
- 連結散水設備
- 連結送水管
- 非常コンセント設備
- 無線通信補助設備

図に挙げた設備以外に、「必要とされる防火安全性能を有する消防の用に供する設備」または「特殊消防用設備等」を、通常の消防用設備等の代わりに設置することが認められています。

試験ではこう出る！ ─────────── check!

　消防法令上、消火設備に該当しないものはどれか。
　①スプリンクラー設備
　②連結散水設備
　③屋外消火栓設備
　④動力消防ポンプ設備

合格のツボ 連結散水設備は、左図のように「消火活動上必要な施設」に分類されます。 （答え：②）

消防用設備等の設置単位　　重要度 ★★★

　消防用設備等は、原則として、1 棟の防火対象物を 1 単位として設置します（1 棟 1 設置単位）。たとえば「延べ面積 150m^2 以上の店舗には、消火器を設置しなければならない」という規定の場合、延べ面積は建物 1 棟ごとに算定します。2 棟の防火対象物が同じ敷地内に建っている場合であっても、延べ面積はそれぞれの防火対象物ごとに算定します。

> 延べ面積：建物の各階の床面積を合計した面積。

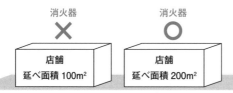

消火器　　消火器

| 店舗 | 店舗 |
| 延べ面積 100m² | 延べ面積 200m² |

同じ敷地内であっても、消防用設備等は防火対象物ごとに算定して設置する。

　ただし、これにはいくつかの例外があるので注意が必要です。

①**防火対象物が開口部のない耐火構造の床または壁で区画されている場合**
　1 棟の建物であっても、開口部のない耐火構造の床

> 開口部：窓や出入口、換気口、階段などのこと。

や壁で内部が区画されている場合は、区画された各部分を別の防火対象物とみなして、消防用設備等を設置します。

消防法施行令第8条に規定されているので、このような区画を「令8区画」といいます。

開口部のない耐火構造の壁
（令8区画）

店舗	事務所 50m²

延べ面積 100m²

上の図で、建物の全体の延べ面積は 150m² ですが、事務所部分を開口部のない耐火構造の壁で区切れば、それぞれ 50m² と 100m² の防火対象物とみなされます。消火器の設置義務は 150m² 以上なので、設置は不要になります。

耐火構造：鉄筋コンクリート造やれんが造など。

②複合用途防火対象物

複合用途防火対象物については、原則として用途部分ごとに1つの防火対象物とみなし、それぞれに定められた消防用設備等を設置します。

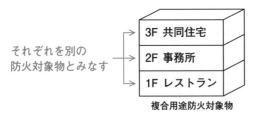

それぞれを別の
防火対象物とみなす

3F 共同住宅
2F 事務所
1F レストラン

複合用途防火対象物

ただし、一部の消防用設備等は、複数の用途部分をまたいで設置する規定があります。

複合用途防火対象物の用途部分をまたいで設置する規定がある消防用設備：
・スプリンクラー設備
・自動火災報知設備
・ガス漏れ火災警報設備
・漏電火災警報器
・非常警報設備
・避難器具
・誘導灯

③地下街

特定防火対象物の地階で、地下街と一体のものとして消防長または消防署長が指定したものについては、

それらも地下街の一部とみなして消防用設備等（スプリンクラー設備、自動火災報知設備、ガス漏れ火災警報設備、非常警報設備のみ）を設置します。

特定防火対象物		特定防火対象物
BF	地下街	BF

スプリンクラー、自動火災報知設備、ガス漏れ火災警報設備、非常警報設備はこの区画に設置

④渡り廊下で接続された防火対象物

　複数の防火対象物が、渡り廊下や地下通路で接続されている場合は、合わせて1棟とみなされます。ただし、渡り廊下の長さや幅によっては、別棟扱いになる場合もあります。

1棟とみなす

付加条例

重要度 ★★★

　その地方の気候または風土の特殊性によって、法令の定める消防用設備等の設置基準が十分ではない場合には、消防用設備等の設置基準を**市町村条例**で追加することができます。たとえば、法令で「延べ面積300m^{2}以上の共同住宅には消火器を設置する」となっているものを、条例で「延べ面積200m^{2}以上」とする場合などです。

　条例は、法令の設置基準だけでは防火の目的を達せられない場合に定めます。したがって、**条例の設置基準は法令より厳しい基準**になります。

市町村条例の基準に違反した場合でも、条例違反ではなく、消防法違反となります。

改正後の設置基準の適用

重要度 ★★★

　法令が改正されて、消防用設備等の設置基準が変更されることはよくあります。その場合でも、改正前からある防火対象物や、新法令の施行時にまだ建設中の防火対象物については、以前の設置基準をそのまま適用してよいことになっています。改正のたびに設備を改修するのは、負担が大きいからです。

　とはいえ、以下の①～⑤のいずれかに該当する場合は、すでにある防火対象物であっても、改正後の基準に従わなければなりません。

改正前の基準が原則ですが、試験では以下の①～⑤の例外規定が問われます。

①特定防火対象物に設置する場合

　百貨店、旅館、病院、地下街といった特定防火対象物（18ページ）に設置する消防用設備等は、特に厳しい防火管理が必要ということから、法令が改正されたら新しい基準に合わせて消防用設備等を設置しなければなりません。

②常に改正後の基準にしたがって設置する場合

　以下の消防用設備等については、常に改正後の基準にしたがって設置しなければなりません。

●常に改正後の基準で設置する消防用設備等

- 消火器、簡易消火器具
- 漏電火災警報器
- 非常警報器具、非常警報設備
- 避難器具
- 誘導灯、誘導標識
- 自動火災報知設備（重要文化財等のみ）
- ガス漏れ火災警報設備（温泉採取施設のみ）

6

消防の設備

③改正後に増改築した場合

　法令の改正後に、床面積 1000m² 以上（または延べ面積の 1/2 以上）を増改築した場合や大規模な修繕・模様替えを行った場合には、その後に設置する消防用設備等については、改正後の基準に従います。

> 大規模な修繕・模様替え：主要構造部の壁の過半の修繕・模様替え。

④改正前の基準に適合していなかった場合

　法令の改正後に、改正前の基準に違反していたことが判明した場合は、改正前の基準ではなく、改正後の基準に適合するように消防用設備等を設置します。

⑤改正後の基準に適合するに至った場合

　すでにある防火対象物であっても、自発的に改正後の基準に適合するのはかまいません。

試験ではこう出る！　check!

　消防用設備等の技術上の基準が改正された場合、すべての防火対象物に改正後の基準を適用しなければならない消防用設備等はどれか。
① 動力消防ポンプ設備
② 非常警報設備
③ 排煙設備
④ 消防機関へ通報する火災報知設備

合格のツボ　消防用設備等の設置基準が改正された場合でも、既存の防火対象物については原則として改正前の基準が適用されます。

　例外として、すべての防火対象物に改正後の基準を適用しなければならないのは、消火器、簡易消火器具、漏電火災警報器、非常警報器具、非常警報設備、避難器具、誘導灯、誘導標識です。

（答え：②）

用途変更の特例

　防火対象物の用途を変更した結果、すでに設置されている消防用設備等が、設置基準に適合しなくなってしまう場合があります。その場合でも、用途変更前の設置基準に適合していれば、消防用設備等は原則として変更しなくてもよいことになっています。

　ただし、次の①～⑤のいずれかに該当する場合は、用途変更に合わせて消防用設備等も新しい用途における基準に適合させなければなりません。

---

①特定防火対象物に用途変更した場合
②消火器、簡易消火器具、漏電火災警報器、非常警報器具、非常警報設備、避難器具、誘導灯、誘導標識、自動火災報知設備（重要文化財等のみ）、ガス漏れ火災警報設備（温泉採取施設のみ）
③用途変更後に大規模な増改築をした場合
④用途変更前の基準に適合していなかった場合
⑤用途変更後の基準に適合するに至った場合

①～⑤の詳細は、前項と同様です。

空欄を埋めよう ─────────────── **check!** ☐ ☐ ☐

　防火対象物を用途変更後、床面積（　A　）m² 以上または延べ面積の（　B　）以上を増改築した場合は、既存の消防設備等を用途変更後の基準に適用させなければならない。

合格のツボ　床面積 1000m² 以上または延べ面積の 1/2 以上を増改築した場合は、用途変更後の基準を適用します。

（答え：A － 1000　　B － 1/2）

1-7 消防用設備等の設置・点検

ここで
学習する用語

● 消防用設備等を設置したときの届出および検査‥‥‥対象となる消防用設備等を設置した場合は、設置工事完了から4日以内に消防長または消防署長に届け出を行い、検査を受けなければならない。

● 消防用設備等の定期点検と報告‥‥ 定期点検は防火対象物によって、消防設備士または消防設備点検資格者が行う場合と、防火対象物の関係者が行う場合がある。点検結果の報告は、特定防火対象物が1年ごと、その他は3年ごとに行う。

消防用設備等の検査

重要度 ★★★

　防火対象物によっては、消防用設備等を設置したとき、その旨を消防長または消防署長に届け出て、それが技術上の基準に適合しているかどうか検査を受けなければならない場合があります。

　検査が必要な防火対象物は、次の防火対象物です。

 暗記

・カラオケボックス、ネットカフェ等 ・旅館・ホテル・宿泊所 ・病院・診療所・助産所（入院施設のあるもの） ・自力避難困難者入所施設 ・その他の社会福祉施設（宿泊・入居施設のあるもの） ・上記の用途部分を含む複合用途防火対象物・地下街・準地下街	すべて
・特定1階段等防火対象物（32ページ）	すべて
・上記以外の特定防火対象物	延べ面積300m²以上
・非特定防火対象物（消防長または消防署長の指定を受けたもの）	延べ面積300m²以上

簡易消火用具（水バケツなど）と非常警報器具（警鐘など）の設置については、届出も検査も必要ありません。

49

届出は設置工事の完了から 4 日以内に、防火対象物の関係者が行います。

消防用設備等の定期点検　　　　　重要度 ★ ★ ★

　消防用設備等は、設置した後も定期的に点検を行い、機能に問題がないかどうかを確認します。また、点検結果は記録しておき、消防長または消防署長に報告します。定期点検には防火対象物の用途や規模によって、①有資格者による点検が必要な場合と、②防火対象物の関係者が点検を行う場合とがあります。

①有資格者による点検

　以下の防火対象物については、消防設備士または消防設備点検資格者が、消防用設備等の点検をすることが定められています。

特定防火対象物	延べ面積 1000m^2 以上
特定 1 階段等防火対象物	すべて
非特定防火対象物（消防長または消防署長の指定を受けたもの）	延べ面積 1000m^2 以上

暗記

②防火対象物の関係者による点検

　上記以外の防火対象物については、**防火対象物の関係者**が点検を行います。ただし、点検には専用の工具や点検機器が必要です。また、消防用設備の整備は、消防設備士の資格がないと行えません。そのため実際には関係者が業者に依頼して、有資格者が点検を行っています。

> 関係者：所有者、管理者、占有者のこと。

試験ではこう出る！ check!

　消防設備士等による消防用設備等の点検が必要な防火対象物（消防長または消防署長の指定を受けたものを除く）は次のうちどれか。ただし、避難階は１階とし、階段はすべて避難階に直通するものとする。

①屋内階段が２である地階を除く階数が２の飲食店で、延べ面積が500m²のもの

②屋内階段が１である地階を除く階数が３の病院で、延べ面積が500m²のもの

③屋内階段が１である地階を除く階数が４の銀行で、延べ面積が500m²のもの

④屋内階段が２である地階を除く階数が５の事務所で、延べ面積が500m²のもの

合格のツボ 選択肢が特定１階段等防火対象物か、特定防火対象物か、非特定防火対象物かを判断します。

① 屋内階段が２あるので、特定１階段等防火対象物ではなく、また飲食店は特定防火対象物です➡延べ面積1000m²以上で消防設備士等の点検が必要

② 屋内階段が１で、３階以上の階に特定用途部分（病院）があるので、特定１階段等防火対象物（32ページ）です➡延べ面積に関係なく消防設備士等の点検が必要

③ 銀行は非特定防火対象物です➡延べ面積1000m²

> 銀行や事務所は令別表第１の（15）項です（18ページ）。

以上で消防設備士等の点検が必要（消防長または消
防署長の指定を受けた場合）

④ 事務所は非特定防火対象物です➡延べ面積1000m²
以上で消防設備士等の点検が必要（消防長または消
防署長の指定を受けた場合）

（答え：②）

点検の種類と期間　重要度 ★★★

点検には機器点検と総合点検の２種類があります。

点検の種類	期間	点検内容
機器点検	６か月に１回以上	外観点検：配置や損傷の有無などを確認
		機能点検：簡易な操作により判別できる事項を確認
総合点検	１年に１回以上	設備の全部または一部を作動させ、総合的な機能を確認

消火器の点検については第６章で詳しく解説します。

点検の報告　重要度 ★★★

防火対象物の関係者は、点検結果を維持台帳に記録
し、定期的に所轄の消防長または消防機関に報告しま
す。報告期間は、特定防火対象物が１年に１回、そ
の他の場合は３年に１回となります。

○か？×か？　check! ☐☐☐

消防設備士は、消防用設備等の点検結果について、消防長または消防署長に報告しなければならない。

合格のツボ　点検報告は防火対象物の関係者が行います。

（答え：×）

1-8 消防設備士

ここで
学習する用語

- 軽微な整備・・・消防用設備等に関わるもので、消防設備士の免状がなくても行うことができる整備のこと。
- 消防設備士講習・・・消防設備士が定期的に受講を義務付けられている講習。初回講習は、免状が交付された後の最初の4月1日から2年以内。その後は前回の受講日以後の最初の4月1日から5年以内ごとに受講する。
- 着工届・・・甲種消防設備士が消防用設備等の設置工事を行う際は、工事着手10日前に消防長または消防署長に届け出ること。

消防設備士の免状　　　　重要度 ★★★

　消防設備士は、防火対象物に消防用設備等を設置する工事をしたり、設置されている消防用設備等の整備をするための資格です。消防設備士の免状には甲種と乙種の2種類があり、できる仕事の範囲が異なります。

甲種消防設備士	設置工事と整備ができる
乙種消防設備士	整備のみができる

甲種には乙種の仕事の範囲も含まれます。

○か？×か？　　　　check!

　甲種消防設備士は、免状に指定された工事または整備のみを行うことができる。

合格のツボ　甲種消防設備士は、免状に指定された工事または整備を行うことができます。消防設備士の免状には第1類〜第7類、特類の8種類があり、種類によって扱うことのできる消防用設備が異なります。

（答え：○）

区分	甲種／乙種	消防用設備等の種類
第1類	甲／乙	屋内消火栓設備、スプリンクラー設備、水噴霧消火設備、屋外消火栓設備
第2類	甲／乙	泡消火設備
第3類	甲／乙	不活性ガス消火設備、ハロゲン化物消火設備、粉末消火設備
第4類	甲／乙	自動火災報知設備、ガス漏れ火災警報設備、消防機関へ通報する火災報知設備
第5類	甲／乙	金属製避難はしご、救助袋、緩降機
第6類	乙種のみ	消火器
第7類	乙種のみ	漏電火災警報器
特類	甲種のみ	特殊消防用設備等

表に掲載されていない消防用設備等（簡易消火用具、非常警報器具、誘導灯など）については、免状がなくても工事や整備ができます。

　表のように、第6類と第7類は乙種のみで、甲種の免状がありません。消火器と漏電火災警報器は免状がなくても設置できるためです（ただし、整備には乙種の免状が必要）。逆に、特類については甲種の免状しかありません。

消防設備士の免状が不要な場合　重要度★★★

　以下の消防用設備等の工事や整備については、消防設備士の免状がなくても行うことができます。

- 屋内消火栓設備、スプリンクラー、水噴霧消火設備、屋外消火栓設備の電源、水源、配管部分、その他の設備の電源部分の工事・整備
- 軽微な整備（屋内消火栓設備・屋外消火栓設備の表示灯、ホース、ノズル等の交換、消火栓箱、ホース格納箱等の補修その他）

　このほか、法令で設置が義務付けられていない場所に設置する消防用設備等については、特に免状がなくても工事・整備を行うことができます。

消防設備士免状の交付・書換え 重要度 ★★★

　消防設備士試験に合格すると、次のような消防設備士の免状が交付されます。

氏名、生年月日、本籍

交付された免状の種類等

写真（10年ごとに免状を書換える）

①免状の交付

　消防設備士の免状は都道府県知事が交付します。

②免状の書換え

　免状の記載事項（氏名、生年月日、本籍など）に変更が生じたときは、遅滞なく、免状を交付した都道府県知事か、居住地もしくは勤務地の都道府県知事に書換えを申請しなければなりません。また、免状に貼付されている写真が撮影後10年を経過したときも同様です。

本籍は都道府県のみの記載なので、同じ都道府県内の変更であれば書換えは必要ありません。

③免状の再交付

　免状を亡失・滅失・汚損または破損した場合には、**免状を交付または書換えした都道府県知事**に、免状の再交付を申請することができます。

　なお、免状を亡失して再交付を受けた後、亡失した免状を発見した場合は、その免状を10日以内に再交付した都道府県知事に提出します。

免状の再交付は申請書に写真を添えて提出します。汚損・破損による場合は、古い免状も提出します。

④免状の返納

　消防設備士が消防法令に違反すると、違反行為に応じて違反点数が加算され、一定の点数に達すると免状の返納を命じられます。返納を命じられた日から1年以内は、新たに免状の交付を受けることができません。

 試験ではこう出る！ ─────────────── check!

　消防設備士免状について、消防法令上、正しいものはどれか。

①免状を亡失し、滅失し、汚損し、又は破損した場合には、再交付の申請をしなければならない。

②現住所に変更が生じたときは、遅滞なく、居住地を所轄する都道府県知事に免状の書換えを申請しなければならない。

③免状を汚損し、再交付の申請をする場合には、申請書に当該免状および写真を添えて提出しなければならない。

④免状を亡失してその再交付を受けた者は、亡失した免状を発見した場合には、これを遅滞なく、免状の再交付をした都道府県知事に提出しなければならない。

合格のツボ

×① 再交付の申請は義務ではありません。

×② 現住所は免状に記載されていないので、変更しても書換えの必要はありません。

◯③ 免状の再交付を申請する際には、申請書類に写真を添えて提出します。汚損や破損のために再交付を受ける場合は、その免状も提出します。

×④ 再交付後に亡失した免状を発見した場合は、発見した日から10日以内に提出します。

（答え：③）

消防設備士講習　　重要度 ★★★

　免状の交付を受けたすべての消防設備士は、法令の改正や最新技術に対応するため、定期的に都道府県知

事が行う**講習**を受けなければなりません。

　1回目の講習は、免状が交付された日以後の最初の4月1日から**2年以内**に受講し、次回からは最後に受講した日以後の最初の4月1日から**5年以内**ごとに受講します。

> 受講しないと違反点数が加算されます。

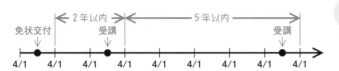

消防設備士の責務等　重要度 ★ ★ ★

　講習以外にも、消防設備士には次のような義務があります。

①消防設備士の責務

　消防設備士は、その業務を誠実に行い、工事整備対象設備等の質の向上に努めなければなりません。

②免状の携帯義務

　消防設備士が業務に従事するときは、消防設備士免状を携帯していなければなりません。

③工事着手の届出

　甲種消防設備士が、消防用設備等の設置工事を行う場合には、工事に着手する**10日前**までに、消防長または消防署長に**着工届**を提出しなければなりません。

暗記

○か？×か？　check! ☐ ☐ ☐

　防火対象物の関係者は、消防用設備等の設置工事に着手する10日前までに、その旨を消防長または消防署長に届け出なければならない。

合格のツボ　着工届は甲種消防設備士が行います。　（答え：×）

1-9 検定制度と自主表示制度

ここで
学習する用語

- 型式承認・・・・・検定対象機械器具の型式が技術上の規格に適合しているかどうかを検査し、総務大臣が承認する。
- 型式適合検定・・・検定対象機械器具が、型式承認を受けた型式どおりに製造されていることを、登録検定機関が検査する。合格した製品にはラベルが表示される。
- 自主表示制度・・・対象となる製品が技術上の規格に適合していることを、メーカー等が自主的に検査する制度。

検定制度

重要度 ★★★

　検定制度は、消防用の製品が定められた規格に適合しているかどうかを、第三者機関が試験して判定する制度です。検定に合格していない製品は、販売したり、使用したりすることができません。

　消防用機械器具等の検定は、型式承認と型式適合検定の2段階になっています。

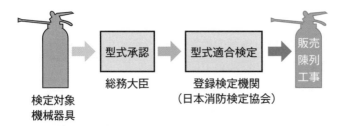

①型式承認

　消防用機械器具のメーカーからの申請を受けて、検定対象機械器具の型式に関わる形状等が、技術上の規格に適合していることを確認します。適合していると認められた場合は、総務大臣がその型式を承認します。

②型式適合検定

　個々の製品が、型式承認を受けた形状等と同一であるかどうかを、**登録検定機関**（日本消防検定協会）が検査します。検査に合格した製品には合格したことを示すラベルを表示します。この表示がない製品は、販売したり、設置したりすることができません。

> 違反すると、1年以下の懲役または100万円以下の罰金に処せられます。

●**検定合格ラベル**

- 消火器
- 感知器または発信機
- 中継器
- 受信機
- 金属製避難はしご

- 消火器用消火薬剤
- 泡消火薬剤
- 緩降機

- 住宅用防災警報器
- 閉鎖型スプリンクラーヘッド
- 流水検知装置
- 一斉開放弁

○か？×か？ ───────────── check! □□□

　型式適合検定は、総務大臣が行う。

合格のツボ 型式承認は総務大臣、型式適合検定は日本消防検定協会などの登録検定機関が行います。　（答え：×）

検定対象機械器具等　重要度 ★★★

　検定を受けなければならない製品（検定対象機械器具等）には、以下の12品目があります。

●検定対象機械器具等

- 消火器
- 消火器用消火薬剤（二酸化炭素を除く）
- 泡消火薬剤（水溶性液体用を除く）
- 感知器または発信機
- 中継器
- 受信機
- 住宅用防災警報器
- 閉鎖型スプリンクラーヘッド
- 流水検知装置
- 一斉開放弁
- 金属製避難はしご
- 緩降機

 暗記

これらの製品は、輸入したものについても検定が必要です。

 試験ではこう出る！ ――――――― check!

　次に掲げる消防の用に供する機械器具等のうち、消防法第21条の2の検定の対象とならないものはどれか。
①住宅用防災警報器
②流水検知装置
③自動火災報知設備の感知器
④消防用ホース

合格のツボ 消防用ホースは検定の対象ではありません。　　　（答え：④）

自主表示対象機械器具等　　　重要度 ★★★

　以下の製品については、技術上の規格に適合しているかどうかをメーカー自身が検査して、規格に適合している旨を製品に表示しなければなりません（自主表示対象機械器具等）。

●自主表示対象機械器具等

- 動力消防ポンプ
- 消防用ホース
- 消防用吸管
- 結合金具（消防用ホースに使用する差込式または
  ねじ式結合金具および消防用吸管に使用するね
  じ式結合金具）
- エアゾール式簡易消火具
- 漏電火災警報器

　規格に適合している旨の表示は、次のようになります。検定対象品と同様、表示のない製品は販売や設置ができません。

- 動力消防ポンプ
- 消防用吸管
- エアゾール式簡易消火具
- 漏電火災警報器

- 消防用ホース

- 結合金具

試験ではこう出る！

check!

消火器に表示されているラベルとして、正しいものはどれか。

① 　② 　③ 　④

合格のツボ　消火器の検定合格ラベルには「国家検定
合格之証」と表記されています（59 ページ）。

（答え：③）

第1章 実践問題

解答と解説：70 ページ

[防火対象物]

問 1 check! ☐☐☐　　　　　　　　　重要度 ★☆☆

消防法令における用語に関する記述について、誤っているものはどれか。

❶ 防火対象物とは、山林または舟車、船きょもしくはふ頭に繋留された船舶、建築物その他の工作物または物件をいう。
❷ 関係者とは、防火対象物または消防対象物の所有者、管理者または占有者をいう。
❸ 複合用途防火対象物とは、防火対象物であって政令で定める2以上の用途に供されるものをいう。
❹ 関係のある場所とは、防火対象物または消防対象物のある場所をいう。

問 2 check! ☐☐☐　　　　　　　　　重要度 ☆☆☆

消防法令上、特定防火対象物に該当するものは次のうちどれか。

❶ 映画スタジオ
❷ 幼稚園
❸ 図書館
❹ 賃貸マンション

[火災予防]

問 3 check! ☐☐☐　　　　　　　　　重要度 ★☆☆

屋外もしくは防火対象物において、火災の予防に危険であると認める行為者や消防活動の支障となる物件の所有者等に対し、必要な措置を命じることができない者は次のうちどれか。

❶ 消防長
❷ 消防署長
❸ 消防吏員
❹ 消防本部を置かない市町村の消防団長

| 問 4 | check! ☐☐☐ | 重要度 ☆☆☆ |

消防法に規定する立入検査に関する記述として、正しいものはどれか。

❶ 関係者の承諾を得た場合または特に緊急の必要がある場合を除き、夜間に立入検査を行うことはできない。
❷ 立入検査を行う消防職員は、市町村長の定める証票を携帯しなければならない。
❸ 消防団員（消防本部を置かない市町村においては、非常勤の消防団員に限る）は、火災予防上特に緊急の必要がある場合を除き、立入検査を行うことはできない。
❹ 消防職員（消防本部を置かない市町村においては、常勤の消防団員）は、火災予防のため必要があるときは、あらゆる場所に制限なく立入検査を行うことができる。

| 問 5 | check! ☐☐☐ | 重要度 ★☆☆ |

消防同意に関する記述として、誤っているものはどれか。

❶ 新築のすべての建築確認には、消防同意が必要である。
❷ 消防同意は、建築確認にかかわる建築物の所在地を管轄する消防長または消防署長が行う。
❸ 消防同意は、求められた日から 3 日以内（建築物によっては 7 日以内）に同意を与えなければならない。
❹ 消防同意の申請は、建築確認を行う建築主事または指定確認検査機関が行う。

問6 check! ☐☐☐　　　　　　　　　　　　重要度 ★☆☆

消防法の規定に関する記述として、正しいものはどれか。

❶ 消防団員は、所轄区域内の防火対象物において火災の予防に危険であると認める行為者に対し、行為の禁止等の必要な措置を命ずることができる。

❷ 消防長、消防署長その他の消防吏員は、火災の予防上必要であると認める場合には、権原を有する関係者に対し、防火対象物の改修、移転、除去、工事の停止または中止その他必要な措置を命ずることができる。

❸ 消防長または消防署長は、防火対象物の位置、構造、設備、管理の状況について必要な措置が命ぜられたにもかかわらず、その措置が履行されない場合には、権原を有する関係者に対し、当該防火対象物の使用の禁止、停止または制限を命ずることができる。

❹ 個人の住居への立入検査を行う場合には、消防対象物および期日または期間を指定しなければならない。

[防火管理者]

問7 check! ☐☐☐　　　　　　　　　　　　重要度 ★☆☆

消防法令上、防火管理者を選任しなくてもよい防火対象物はどれか。

❶ 収容人員が 20 人の老人短期入所施設
❷ 収容人員が 40 人の美術館
❸ 収容人員が 60 人の物品販売店舗
❹ 同一の敷地内にあり、所有者が同じ 2 棟のアパートで、収容人員がそれぞれ 30 人と 40 人のもの

[防炎規制]

問8 check! ☐☐☐　　　　　　　　　　　　重要度 ★☆☆

消防法第 8 条の 3 に規定する防炎規制の対象とならない防火対象物はどれか。

❶ 高さ 31m を超える高層マンション
❷ 病院
❸ 飲食店
❹ 重要文化財

[危険物]

問 9 　check! ☐☐☐　　　　　　　　　　　　　重要度 ★☆☆

火災報知設備その他の警報設備を設置しなければならない危険物取扱施設として、正しいものはどれか。

❶ 指定数量の 1 倍以上の危険物を取り扱う販売取扱所
❷ 指定数量の 5 倍以上の危険物を貯蔵する屋内タンク貯蔵所
❸ 指定数量の 10 倍以上の危険物を取り扱う給油取扱所
❹ 指定数量の 20 倍以上の危険物を貯蔵する移動タンク貯蔵所

問 10 　check! ☐☐☐　　　　　　　　　　　　　重要度 ★☆☆

危険物を貯蔵し、または取り扱う製造所、貯蔵所または取扱所（以下、製造所等という。）について、法令上、誤っているものはどれか。

❶ 製造所等を設置しようとする者は、市町村長等の許可を受けなければならない。
❷ 指定数量以上の危険物を、製造所等以外の場所で 10 日以内の期間に限り仮に貯蔵し、または取り扱う場合には、所轄消防長または消防署長の承認を受けなければならない。
❸ 製造所等に危険物保安監督者を選任した場合は、遅滞なく市町村長等に届け出なければならない。
❹ 製造所等で貯蔵し、または取り扱う危険物の数量を変更する場合には、変更の 10 日前までに市町村長等の許可を受けなければならない。

[消防の設備]

問 11 check! ☐☐☐　　　　　　　　　　　　　重要度 ★★☆

消防用設備等の種類について、消防法令上、誤っているものはどれか。

❶ 水噴霧消火栓設備、動力消防ポンプ設備および水バケツは、消火設備である。

❷ 自動火災報知設備、非常ベルおよび無線通信補助設備は、警報設備である。

❸ 避難はしご、緩降機および誘導灯は、避難設備である。

❹ 排煙設備、非常コンセント設備および連結散水設備は、消火活動上必要な施設である。

問 12 check! ☐☐☐　　　　　　　　　　　　　重要度 ☆☆☆

消防用設備等の技術上の基準が改正されたとき、改正後の基準は原則として既存の防火対象物には適用されないが、消防法令上、すべての防火対象物に改正後の基準を適用しなければならない消防用設備等はどれか。

❶ 非常警報設備

❷ スプリンクラー設備

❸ 消防機関へ通報する火災報知設備

❹ 動力消防ポンプ設備

問 13 check! ☐☐☐　　　　　　　　　　　　　重要度 ☆☆☆

消防用設備等の技術上の基準が改正されたとき、消防法令上、改正後の基準に適合させなくてもよい既存の消防用設備等はどれか。

❶ 小学校に設置されている消火器

❷ 飲食店に設置されているスプリンクラー設備

❸ 銀行に設置されている自動火災報知設備

❹ 図書館に設置されている誘導灯

[消防用設備等の設置・点検]

問 14 check! ☐☐☐　　　　　　　　　　　重要度 ★☆☆

　消防用設備等（簡易消火用具、非常警報器具を除く）を設置する場合に届出および検査が必要となる防火対象物として、消防法令上、誤っているものはどれか。ただし、特定 1 階段等防火対象物ではないものとする。

❶ 延べ面積 150m² の病院
❷ 延べ面積 150m² の遊技場
❸ 延べ面積 300m² の物品販売店舗
❹ 延べ面積300m²の共同住宅(消防長または消防署長の指定を受けたもの)

問 15 check! ☐☐☐　　　　　　　　　　　重要度 ★☆☆

　消防用設備等または特殊消防用設備等を、消防設備士または消防設備点検資格者に定期に点検させなければならない防火対象物はどれか。ただし、特定 1 階段等防火対象物および消防長または消防署長の指定を受けたものは除くものとする。

❶ 延べ面積 300m² の特別養護老人ホーム
❷ 延べ面積 900m² の物品販売店舗
❸ 延べ面積 1,200m² の劇場
❹ 延べ面積 1,500m² の共同住宅

問 16 check! ☐☐☐　　　　　　　　　　　重要度 ★☆☆

　消防用設備等または特殊消防用設備等の定期点検の結果を、防火対象物の関係者が消防長または消防署長へ報告する期間として、消防法令上、正しい組合せはどれか。

❶ 百貨店…………………6 か月に 1 回
❷ 一般事務所…………1 年に 1 回
❸ 病院………………………3 年に 1 回
❹ 共同住宅……………3 年に 1 回

[消防設備士]

問 17 check! ☐☐☐　　　　　　　　　　　　重要度 ★☆☆

消防設備士免状について、消防法令上、誤っているものはどれか。

❶ 免状に記載した写真が撮影後 10 年を経過したときは、遅滞なく、当該免状の書換えを申請しなければならない。

❷ 免状を亡失し、滅失し、汚損し、または破損した場合には、当該免状を交付した都道府県知事または居住地もしくは勤務地を管轄する都道府県知事に、その再交付を申請することができる。

❸ 免状を亡失してその再交付を受けた者は、亡失した免状を発見した場合には、これを 10 日以内に免状の再交付をした都道府県知事に提出しなければならない。

❹ 汚損または破損により免状の再交付を申請する場合は、申請書に当該免状および写真を添えて提出しなければならない。

問 18 check! ☐☐☐　　　　　　　　　　　　重要度 ★☆☆

消防設備士が受けなければならない講習に関する次の文中の（　）に入る数値の組合せとして、消防法令上、正しいものはどれか。

「消防設備士は、免状の交付を受けた日以後における最初の 4 月 1 日から（ ア ）年以内に、消防法第 17 条に規定する講習を受けなければならない。また、直近の講習を受けた日以後における最初の 4 月 1 日から（ イ ）年以内に、次の講習を受けなければならない。」

	ア	イ
❶	1	3
❷	1	5
❸	2	3
❹	2	5

問 19 check! □□□　　　　　　　　重要度 ★☆☆

消防設備士の業務上の違反となる行為はどれか。

❶ 消防用設備等の定期点検の結果報告を怠った。
❷ 消防用設備等の設置時に定められた届出を行った。
❸ 消防用設備等の適正な維持管理を怠った。
❹ 消防用設備等の設置前に必要な着工届を怠って工事した。

[検定制度]

問 20 check! □□□　　　　　　　　重要度 ★☆☆

消防の用に供する機械器具等の検定について、消防法令上、正しいものはどれか。

❶ 型式適合検定を受けようとする者は、総務大臣に申請しなければならない。
❷ 型式承認の効力が失われたときは、当該型式承認にかかわる型式適合検定の合格も失効する。
❸ 総務大臣は、型式適合検定の合格を取り消したときは、その旨を公示するとともに、当該型式適合検定を受けた者に通知しなければならない。
❹ 型式適合検定に合格した旨の表示が付されていない検定対象機械器具等は、販売の目的で陳列することは禁止されているが、販売すること自体には罰則はない。

問 21 check! □□□　　　　　　　　重要度 ★☆☆

次のうち、消防法第21条の2に規定する検定の対象となる機械器具等はどれか。

❶ 結合金具
❷ 消防用ホース
❸ 漏電火災警報器
❹ 消火器用消火薬剤

[防火対象物]

問 1 ❶　　　参照 ▶ 16 ページ

防火対象物の定義は末尾が「これらに属するもの」となります。「または物件」は消防対象物の定義です。

問 2 ❷　　　参照 ▶ 18 ページ

幼稚園は令別表第 1 (6) 項ニの特定防火対象物です。賃貸マンションは (5) 項ロの共同住宅のこと。

[火災予防]

問 3 ❹　　　参照 ▶ 24 ページ

消防団長や消防団員は、措置命令を出すことはできません。

問 4 ❷　　　参照 ▶ 25 ページ

× ❶　夜間でも立入検査を行うことができます。

○ ❷　立入検査をする消防職員は、市町村長の定める証票を携帯し、関係者の請求があるときはこれを示さなければなりません。

× ❸　消防対象物および期日または期間を指定すれば、消防団員も立入検査を行うことができます。

× ❹　個人の住居への立入検査は、関係者の承諾を得た場合または特に緊急の必要がある場合でなければ行えません。

問 5 ❶　　　参照 ▶ 27 ページ

防火地域・準防火地域以外の区域の住宅には、消防同意は必要ありません。消防同意の申請は建築主事等が行い、消防長または消防署長が消防同意を行います。

問 6 ❸　　　参照 ▶ 26 ページ

× ❶　火災予防のための措置命令は、消防長、消防署長その他の消防吏員が行います。消防団員はできません。

× ❷　防火対象物に対する措置命令は、消防長または消防署長が行います。一般の消防吏員はできません。

○ ❸　正しい記述です。

× ❹　関係者の承諾を得るか、特に緊急の必要がある場合には個人の住居へも立入検査できます。

[防火管理者]

問 7 ❷　　　参照 ▶ 29 ページ

○ ❶　収容人員 10 人以上の自力避難困難者入所施設には、防火管理者の選任が必要です。

× ❷　美術館（非特定防火対象物）は、収容人員 50 人以上で防火管理者の選任が必要です。

○ ❸　物品販売店舗（特定防火対象物）は、収容人員 30 人以上で防火

管理者の選任が必要です。

○ ❹　同一の敷地内にあり、管理権原者が同じ複数の防火対象物は、併せて1つの防火対象物とみなします。2棟のアパート（非特定防火対象物）の収容人員を合わせると50人以上となるので、防火管理者の選任が必要です。

[防炎規制]

問8　❹　　　参照▶34ページ

　防炎規制の対象になるのは特定防火対象物（地下街を除く）です。また、特定防火対象物以外でも、次のものが対象になります。

- 高層建築物（高さ31メートル超）
- 映画スタジオ・テレビスタジオ
- 工事中の建築物等

[危険物]

問9　❸　　　参照▶38ページ

　警報設備は、指定数量の10倍以上の危険物を貯蔵または取り扱う製造所等（移動タンク貯蔵所を除く）に義務付けられています。

問10　❹　　　参照▶40ページ

　危険物の数量を変更する場合には、変更の10日前までに市町村長等に届け出ます。許可は必要ありません。

[消防の設備]

問11　❷　　　参照▶42ページ

　無線通信補助設備は「消火活動上必要な施設」です。

問12　❶　　　参照▶46ページ

　非常警報設備は、常に改正後の基準に適合させます。

問13　❸　　　参照▶46ページ

× ❶　消火器は、常に改正後の基準に適合させます。

× ❷　特定防火対象物（飲食店）に設置する消防用設備等は、常に改正後の基準に適合させます。

○ ❸　銀行（18ページの（15）項）は特定防火対象物ではないので、改正前の基準でかまいません。また、既存の自動火災報知設備も、改正前の基準でかまいません（重要文化財等に設置する場合を除く）。

× ❹　誘導灯は、常に改正後の基準に適合させます。

[消防用設備等の設置・点検]

問14　❷　　　参照▶49ページ

　カラオケボックス、ホテル、病院等（入院施設）、自力避難困難者入所施設、入居施設のある社会福祉施設、特定1階段等防火対象物に消防用設備等を設置した場合は、延べ面積にかかわらず設置届が必要です。

　その他の防火対象物は、延べ面積300m² 以上の場合に設置届が必要で

す。したがって、延べ面積 150m² の遊技場では、設置届は不要です。

問 15 ③ 参照▶ 50 ページ

消防設備士等による定期点検が必要なのは、延べ面積 1,000m² 以上の特定防火対象物または消防長または消防署長の指定を受けた防火対象物と、特定 1 階段等防火対象物です。❶、❷は延べ面積 1,000m² 未満、❹は非特定防火対象物で、消防長または消防署長の指定を受けていないので、定期点検は防火対象物の関係者が行います。

問 16 ④ 参照▶ 52 ページ

定期点検結果の報告期間は、特定防火対象物（百貨店、病院）が 1 年に 1 回、その他（一般事務所、共同住宅）が 3 年に 1 回となります。

[消防設備士]

問 17 ② 参照▶ 55 ページ

免状の再交付は、その免状の交付または書換えをした都道府県知事に申請します。

問 18 ④ 参照▶ 57 ページ

初回の講習は、免状の交付以降の最初の 4 月 1 日から 2 年以内に受講します。その後は、前回の講習を受けた日以後の最初の 4 月 1 日から 5 年以内に、次の講習を受講します。

問 19 ④ 参照▶ 57 ページ

着工届の提出は、甲種消防設備士が行わなければならない業務です。❶～❸は防火管理者の関係者または管理権原者の業務です。

[検定制度]

問 20 ② 参照▶ 59 ページ

× ❶ 日本消防検定協会か、登録検定機関に申請します。

○ ❷ 型式承認が失効すると、それにかかわる型式適合検定の合格も失効します。

× ❸ 総務大臣は、型式承認が失効したとき、その旨を公示するとともに、型式承認を受けた者に通知します。型式適合検定の合格取消しについては、日本消防検定協会または登録検定機関が総務大臣に届出を行い、検定を受けた者に通知します。

× ❹ 販売も、販売目的で陳列することも禁止されており、違反すると 1 年以下の懲役または 100 万円以下の罰金に処せられます。

問 21 ④ 参照▶ 60 ページ

消火器用消火薬剤は、二酸化炭素を除いて検定対象となります。結合金具、消防用ホース、漏電火災警報器は、いずれも自主表示の対象となります。

第2章

消防関係法令
（第6類に関するもの）

2-1 消火器の設置

- 消火器具 ‥‥‥ 消火器と簡易消火用具の総称。
- 消火器を設置する防火対象物の分類
  ①延べ面積に関係なく設置義務がある防火対象物
  ②延べ面積 150m² 以上で設置義務がある防火対象物
  ③延べ面積 300m² 以上で設置義務がある防火対象物

消火器を設置する防火対象物　　重要度 ★★★

　消火器と簡易消火用具（水バケツ、水槽^{すいそう}など）をまとめて消火器具といいます。建物全体に消火器具を設置する必要のある防火対象物は、以下の3種類です。

> 法令上は消火器具の設置ですが、実際にはほとんどの場合消火器を設置します。

①延べ面積に関係なく設置義務がある防火対象物

　次の防火対象物は、延べ面積にかかわりなく、消火器具を設置しなければなりません。

●延べ面積に関係なく消火器具を設置

(1) 項	イ	劇場、映画館、演芸場または観覧場
(2) 項	イ	キャバレー、カフェー、ナイトクラブ等
	ロ	遊技場またはダンスホール
	ハ	性風俗関連店舗
	ニ	カラオケボックス、ネットカフェ等
(3) 項	イ	待合、料理店等 ┐火を使用する設備
	ロ	飲食店 　　　　┘または器具を設けたもの
(6) 項	イ	病院・診療所・助産所（入院施設のあるもの）
	ロ	自力避難困難者入所施設
(16の2) 項		地下街
(16の3) 項		準地下街
(17) 項		重要文化財等
(20) 項		総務省令で定める舟車

> IHコンロなどの火を使わないものや調理油加熱安全装置などを設ける場合を除く。

ゴロ合わせで覚える

重 病 老人、地下で火 遊び

- 重要文化財
- 病院
- 老人ホーム（自力避難困難者入所施設）
- 地下街　準地下街
- 火を使う飲食店等
- 娯楽関連施設（映画館・遊技場など）

②延べ面積 150m² 以上で設置義務がある防火対象物

　次の防火対象物については、延べ面積が 150m² 以上の場合にのみ、消火器具の設置義務があります。

●延べ面積 150m² 以上で消火器具を設置

(1) 項 ロ	公会堂または集会場
(3) 項 イ	待合、料理店等 ┐ 火を使う設備・器具
ロ	飲食店　　　　┘ のないもの
(4) 項	百貨店、マーケット、物品販売店舗または展示場
(5) 項 イ	旅館、ホテル、宿泊所等
ロ	寄宿舎、下宿または共同住宅
(6) 項 イ	入院施設のない診療所等
ハ	その他の社会福祉施設等
ニ	幼稚園または特別支援学校
(9) 項 イ	蒸気浴場、熱気浴場等
ロ	イ以外の公衆浴場
(12) 項 イ	工場または作業場
ロ	映画スタジオまたはテレビスタジオ
(13) 項 イ	自動車車庫または駐車場
ロ	飛行機または回転翼航空機の格納庫
(14) 項	倉庫

暗記

上記①以外の特定防火対象物はこの表に入ります（複合用途を除く）。

ゴロ合わせで覚える

特定のスタジオが熱狂するソウ コウ シャ (装甲車)

- 特定防火対象物（①以外）
- スタジオ
- 浴場
- 共同住宅
- 倉庫
- 工場
- 車庫

③延べ面積 300m² 以上で設置義務がある防火対象物

次の防火対象物については、延べ面積が 300m² 以上の場合にのみ、消火器具の設置義務があります。

●延べ面積 300m² 以上で消火器具を設置

(7)	項	小学校、中学校、高等学校、大学、専修学校等
(8)	項	図書館、博物館、美術館等
(10)	項	車両の停車場または船舶もしくは航空機の発着場
(11)	項	神社、寺院、教会等
(15)	項	会社などの一般的な事務所

 暗記

前記①、②以外は③と覚えます。

 試験ではこう出る！　　　　check!

消防法令上、消火器具を設置しなければならない防火対象物として、誤っているものはどれか。
①延べ面積 100m² の重要文化財
②延べ面積 200m² の工場
③延べ面積 200m² の物品販売店舗
④延べ面積 200m² の一般事務所

合格のツボ

○① 重要文化財には、延べ面積にかかわりなく消火器具を設置します。

○② 工場は延べ面積 150m² 以上の場合に消火器具を設置します。

○③ 店舗は延べ面積 150m² 以上の場合に消火器具を設置します。

×④ 一般事務所は延べ面積 300m² 以上の場合に消火器具を設置します。

（答え：④）

部分的に設置が必要な防火対象物　重要度 ★★★

このほかに、以下のような建物については、建物全体またはその一部に、消火器具の設置が義務付けられています。

> ① 地階、無窓階、3階以上の階で、**床面積が 50m²以上の場合**
> ② 少量危険物または指定可燃物を貯蔵・取り扱う建築物
> ③ 電気設備がある場所
> ④ 多量の火気を使用する場所

①地階、無窓階、3階以上の階

無窓階とは、地上階のうち、避難上または消火活動上の有効な開口部をもたない階のこと。地階や無窓階、3階以上の階で、床面積が 50m²以上の場合は消火器を設置します。

②少量危険物・指定可燃物

少量危険物とは、指定数量（37ページ）の1/5以上、指定数量未満の危険物のこと。指定可燃物は、「危険物の規制に関する政令」の別表第4で定められている、わら、木毛、紙くずなどの可燃物のこと。これらを貯蔵または取り扱う建物には消火器を設置します。

③電気設備のある場所

変圧器、配電盤その他これらに類するものがある場所には、消火器の設置が義務付けられています。

④多量の火気を使用する場所

鍛造場（たんぞう）、ボイラー室、乾燥室などの多量の火気を使用する場所には、消火器の設置が義務付けられています。

> 主な指定可燃物：
> 綿花類 200kg 以上
> 紙くず 1000kg 以上
> 再生資源燃料
> 1000kg 以上
> 可燃性固体類
> 3000kg 以上
> 可燃性液体類
> 2000L 以上

ここで
学習する用語

● 能力単位‥‥‥消火器具の消火能力を表す単位。防火対象物に
設置する消火器具の本数は、各消火器具の能力単位の合計が、
以下の数値以上になるように設ける。

$$必要な能力単位 \geq \frac{延べ面積}{算定基準面積}$$

能力単位とは

重要度 ★★★

消火器には、その消火器1台の消火能力を表す**能力単位**という数値が表示されています。たとえば、ある消火器の能力単位が「A-2・B-3・C」と表示されていたら、その消火器は「A火災の能力単位が2、B火災の能力単位が3、C火災（電気火災）にも対応」という意味です（電気火災には能力単位の表示はありません）。

消火器の能力単位は、規定の消火試験の結果をもとに算出されます。

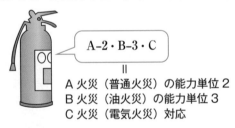

A-2・B-3・C
‖
A火災（普通火災）の能力単位2
B火災（油火災）の能力単位3
C火災（電気火災）対応

防火対象物に設置する消火器の本数は、その防火対象物の構造や延べ面積などから、必要な能力単位を算出して求めます。たとえば、A火災で10以上の能力単位が必要な防火対象物であれば、A火災に適応する能力単位2の消火器を5本以上、あるいは能力単位3の消火器を4本以上設置します。

能力単位 合計 10　　能力単位 合計 12

2

必要な消火器の本数を求める

能力単位の算定

重要度 ★ ★ ★

防火対象物に必要な能力単位は、次の計算式で求めます。

$$\text{必要な能力単位} \geq \frac{\text{延べ面積}}{\text{算定基準面積}}$$

暗記

このうち、算定基準面積は、74 ～ 76 ページで分類した防火対象物ごとに、次のように定められています。

●能力単位の算定基準面積

暗記

防火対象物	算定基準面積	
	標準	耐火構造
・延べ面積に関係なく設置が必要なもの（病院、待合、飲食店、自力避難困難者入所施設、舟車を除く）※1	50m^2	100m^2
・延べ面積 150m^2 以上で設置が必要なもの※2 ・待合、料理店、飲食店 ・病院・診療所・助産所 ・自力避難困難者入所施設	100m^2	200m^2
・延べ面積 300m^2 以上で設置が必要なもの※3	200m^2	400m^2

病院、飲食店、自力避難困難者入所施設の算定基準面積に注意。

※1 74 ページの令別表第 1(1) 項イ、(2) 項、(16 の 2) 項、(16 の 3) 項、(17) 項
※2 令別表第 1(1) 項ロ、(4) ～ (6) 項、(9) 項、(12) ～ (14) 項
※3 令別表第 1(7) 項、(8) 項、(10) 項、(11) 項、(15) 項

前ページの表のように、主要構造部が耐火構造で、かつ壁・天井の内装仕上げが難燃（不燃）材料の場合には、算定基準面積を標準の2倍で計算します。

【能力単位の計算例1】延べ面積800m²の事務所（主要構造部が耐火構造）に消火器を設置する場合

事務所は延べ面積300m²以上で消火器の設置が必要になる防火対象物（76ページ）なので、標準の算定基準面積は前ページ表より200m²です。耐火構造なので、倍の400m²を算定基準面積とします。したがって、必要な能力単位は次のようになります。

$$能力単位 = \frac{800m^2}{400m^2} = 2$$

【能力単位の計算例2】延べ面積500m²の木造アパートに消火器を設置する場合

アパート（共同住宅）は、延べ面積150m²以上で消火器の設置が必要になる防火対象物（75ページ）なので、標準の算定基準面積は前ページ表より100m²です。したがって、必要な能力単位は次のようになります。

$$能力単位 = \frac{500m^2}{100m^2} = 5$$

試験ではこう出る！

check!

防火対象物に設置する消火器具の能力単位を算定する際の算定基準面積として、誤っているものはどれか。ただし、いずれも耐火構造ではないものとする。

① 重要文化財‥‥‥‥ 50m²
② 病院‥‥‥‥‥‥‥ 100m²
③ 共同住宅‥‥‥‥‥ 200m²
④ 事務所‥‥‥‥‥‥ 200m²

合格のツボ

○① 重要文化財は、延べ面積に関係なく消火器の設置が必要な防火対象物（74ページ）で、能力単位の算定基準面積は 50m² です（79ページ）。

○② 病院は、延べ面積にかかわらず消火器の設置が必要な防火対象物ですが、能力単位の算定基準面積は 100m² になります。

×③ 共同住宅は、延べ面積 150m² 以上で消火器の設置が必要な防火対象物（75ページ）で、能力単位の算定基準面積は 100m² です。

○④ 事務所は、延べ面積 300m² 以上で消火器の設置が必要な防火対象物で、能力単位の算定基準面積は 200m² です。

（答え：③）

少量危険物・指定可燃物・電気設備・多量の火気を使用する場所　重要度 ★★★

①少量危険物を貯蔵・取り扱う防火対象物

少量危険物を貯蔵し、または取り扱う防火対象物には、貯蔵し、または取り扱う危険物の数量を、その危険物の指定数量（37ページ）で割った値以上の能力単位の消火器を設置します。

> 危険物の種類によって、A火災またはB火災に対する能力単位が適切な値になるようにします。

$$\text{必要な能力単位} \geq \frac{\text{少量危険物の数量}}{\text{危険物の指定数量}}$$

②指定可燃物を貯蔵・取り扱う防火対象物

指定可燃物を貯蔵し、または取り扱う防火対象物には、可燃物の数量を、危険物の規制に関する政令別表第4で定める数量の **50 倍**で割った値以上の能力単位の消火器を設置します。

$$\text{必要な能力単位} \geqq \frac{\text{指定可燃物の数量}}{\text{危政令別表第4で定める数量} \times 50}$$

③電気設備のある場所

　変圧器、配電盤などの電気設備のある場所には、床面積100m²以下につき1個の消火器を設置します。

$$\text{消火器具の個数} \geqq \frac{\text{床面積}}{100\text{m}^2}$$

　なお、設置する消火器は、電気設備の消火に適応するものでなければなりません。

④多量の火気を使用する場所

　鍛造場、ボイラー室、乾燥室など、多量の火気を使用する場所には、床面積を25m²で割った値以上の能力単位の消火器を設置します。

$$\text{必要な能力単位} \geqq \frac{\text{床面積}}{25\text{m}^2}$$

試験ではこう出る! ──────── check!

　防火対象物またはその部分に設ける消火器具の個数に関する次の説明の空欄に当てはまる数値の組合せとして、消防法令上、適切なものはどれか。

ア　指定可燃物を貯蔵し、または取り扱う防火対象物には、能力単位の合計が指定可燃物の数量を危政令別表第4に定める数量の□□□倍で除した値以上となるように設ける。

イ　電気設備がある場所には、その場所の床面積□□□m²以下ごとに1個設ける。

ウ　多量の火気を使用する場所には、能力単位の合計がその場所の床面積を[　　　]m²で除した値以上となるように設ける。

	ア	イ	ウ
①	1	100	25
②	1	50	100
③	50	100	25
④	50	25	100

合格のツボ

・指定可燃物を貯蔵・取り扱う防火対象物：

$$必要な能力単位 \geq \frac{指定可燃物の数量}{危政令別表第4で定める数量 \times 50}$$

・電気設備のある場所：$消火器具の個数 \geq \dfrac{床面積}{100m^2}$

・多量の火気を使用する場所：$必要な能力単位 \geq \dfrac{床面積}{25m^2}$　　（答え：③）

簡易消火用具の能力単位　　重要度 ★★★

　消火器以外の消火器具（水バケツ、水槽、乾燥砂、膨張ひる石、膨張真珠岩）を、簡易消火用具といいます。簡易消火用具の能力単位は、それぞれ次のように定められています。

●簡易消火用具

簡易消火用具	容量	能力単位
水バケツ	8L × 3個	1.0
水槽（消火専用バケツ3個付）	80L	1.5
水槽（消火専用バケツ6個付）	190L	2.5
乾燥砂（スコップ付）	50L	0.5
膨張ひる石・膨張真珠岩（スコップ付）	160L	1.0

暗記

水バケツは容量8Lのものが3個で、能力単位1とみなします。

2-3 消火器具の種類

<table>
<tr><td>ここで
学習する用語</td><td>● 消火器具 ······消火器と簡易消火用具の総称。
● 簡易消火用具 ···水バケツ、水槽、乾燥砂、膨張ひる石、膨張
真珠岩がある。
● ハロン1301消火器 ···ハロン1301（ブロモトリフルオロメ
タン）はハロゲン化物の一種だが、毒性が低いので、地下街
や準地下街などの換気しにくい場所に設置できる。</td></tr>
</table>

消火器具の種類　　　　　　　　　　　重要度 ★★★

　消火器と簡易消火用具をまとめて消火器具といいます。消火器には小型消火器、大型消火器、住宅用消火器の３種類があり、それぞれ放射する消火剤（水、強化液、粉末など）によっても種類が分かれます。

　一方、簡易消火用具には水バケツ、水槽(すいそう)、乾燥砂、膨張ひる石、膨張真珠岩があります。

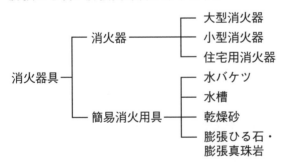

　消火器具には、火災の種類によって消火しやすいものと消火しにくいものがあるため、消火対象に応じて適切な消火器具を設置しなければなりません。

　主な消火対象には、以下のものがあります。

乾燥砂、膨張ひる石、膨張真珠岩は、いずれも火元にかぶせ、窒息作用によって消火するものです。主に、通常の消火器では消火できない危険物による火災に使います。

建築物その他の工作物	水、強化液、泡、粉末（りん酸塩類等）など、普通火災に対応した消火器具が適しています。
多量の火気を使用する場所	鍛造場、ボイラー室等には、「建築物その他の工作物」と同様に普通火災に対応した消火器具を設置します。
電気設備のある場所	霧状の水、霧状の強化液、二酸化炭素、ハロゲン化物、粉末など、電気火災に対応した消火器具が適しています。棒状の水や泡は感電のおそれがあるため使用できません。
危険物施設	それぞれの危険物の性質に応じた消火器具を使用します。たとえば第4類危険物は霧状の強化液、泡、二酸化炭素、ハロゲン化物、粉末など、油火災に対応した消火器具を使用します。

> ガソリンや灯油は水に浮くので、水を放射すると、かえって火災が広がることがあります。

　各消火器具がどんな消火対象に適応するのかは、「消防法施行令別表第2」で規定されています（次ページ）。

試験ではこう出る! ─────────── check!

　第4類危険物の火災に適応する消火器具として、誤っているものは次のうちどれか。
① 霧状の水を放射する消火器
② 霧状の強化液を放射する消火器
③ 二酸化炭素を放射する消火器
④ 機械泡を放射する消火器

合格のツボ　第4類危険物の火災には、二酸化炭素や泡、粉末などの消火剤を使用します。強化液は霧状であれば使用できますが、水は適切ではありません（次ページの表参照）。

（答え：①）

●消防法施行令別表第2

消火器具の区分	建築物その他の工作物（普通火災）	電気設備（電気火災）	危険物 第1類 アルカリ金属の過酸化物又はこれを含有するもの	危険物 第1類 その他の第1類の危険物	危険物 第2類 鉄粉，金属粉若しくはマグネシウム又はこれらのいずれかを含有するもの	危険物 第2類 引火性固体	危険物 第2類 その他の第2類の危険物	危険物 第3類 禁水性物品	危険物 第3類 その他の第3類の危険物	危険物 第4類（油火災）	危険物 第5類	危険物 第6類	指定可燃物 可燃性固体類又は合成樹脂類（不燃性又は難燃性でないゴム製品、ゴム半製品、原料ゴム及びゴムくずを除く。）	指定可燃物 可燃性液体類	指定可燃物 その他の指定可燃物
棒状の水を放射する消火器	○			○		○	○		○		○	○	○		○
霧状の水を放射する消火器	○	○		○		○	○		○		○	○	○		○
棒状の強化液を放射する消火器	○			○		○	○		○		○	○	○		○
霧状の強化液を放射する消火器	○	○		○		○	○		○	○	○	○	○	○	○
泡を放射する消火器	○			○		○	○		○	○	○	○	○	○	○
二酸化炭素を放射する消火器		○				○				○				○	
ハロゲン化物を放射する消火器		○				○				○				○	
消火粉末を放射する消火器 りん酸塩類等を使用するもの	○	○		○		○	○			○		○	○	○	○
消火粉末を放射する消火器 炭酸水素塩類等を使用するもの		○	○		○	○				○				○	
消火粉末を放射する消火器 その他のもの			○		○			○							
水バケツ又は水槽	○					○	○		○		○	○	○		○
乾燥砂			○	○	○	○	○	○	○	○	○	○			○
膨張ひる石又は膨張真珠岩			○	○	○	○	○	○	○	○	○	○			○

○印は，対象物の区分の欄に掲げるものに，各項の消火器具がそれぞれ適応するものであることを示す。

地下街等に設置できない消火器具 重要度 ★★★

3

消火器具の種類

　二酸化炭素消火器とハロゲン化物消火器（ハロン1301消火器を除く）は、以下に示す場所で使用することはできません。

●二酸化炭素消火器とハロゲン化物消火器（ハロン1301を除く）を設置できない場所

暗記

- 地下街
- 準地下街
- 地階・無窓階・居室（換気について有効な開口部の面積が床面積の 1 ／ 30 以下で、床面積が 20m^2 以下のもの）

　もっと詳しく　上記のような換気がしにくい場所では、消火剤が充満するおそれがあるため、人体に有害な二酸化炭素やハロゲン化物は使用が禁止されています。ただし、ハロゲン化物のうちハロン1301（ブロモトリフルオロメタン）については、毒性が低いので例外的に使用が認められています（179ページ）。

試験ではこう出る！ ── check! □□□

　地下街に設置する消火器として、適切なものはどれか。
①二酸化炭素消火器　　②ハロン1301消火器
③ハロン1211消火器　　④ハロン2402消火器

　合格のツボ　二酸化炭素消火器とハロゲン化物消火器は、地下街等に設置できませんが、人体への影響が少ないハロン1301（ブロモトリフルオロメタン）を使用するハロゲン化物消火器は、例外的に設置が認められています。

（答え：②）

2-4 消火器の設置基準

- **歩行距離**‥‥‥ 実際に人が歩いた場合の動線の距離。消火器は、建物のどこからでも、1つの消火器までの歩行距離が20m以下（大型消火器では30m以下）になるように設置する。
- **設置個数の減少**‥‥ 消火器を設置する場所に、屋内消火栓設備やスプリンクラー設備などの消防設備を設置した場合は、その有効範囲内に設置する消火器の設置個数を減らすことができる。

消火器の設置距離　　　　　重要度 ★★★

　小型消火器は、防火対象物の階ごとに、各部分から消火器までの**歩行距離が20m以下**となるように設置します。

　歩行距離とは、実際に人が歩いた場合の動線の距離です（水平距離とは異なるので注意）。能力単位（79ページ）の合計が足りていても、歩行距離が20mを超えてしまう場合は、設置個数を増やして歩行距離を20m以下にする必要があります。

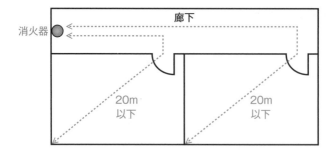

廊下

消火器

20m
以下

20m
以下

試験ではこう出る！ ──────── check!

　防火対象物に小型消火器を設置する場合、防火対象物の各部分から一の消火器に至る距離として、正しいものはどれか。

①水平距離 20m 以下　　②水平距離 30m 以下

③歩行距離 20m 以下　　④歩行距離 30m 以下

合格のツボ　小型消火器は、防火対象物の階ごとに、各部分から消火器までの歩行距離が 20m 以下となるように設置します。

（答え：③）

設置個数の減少　　　　　　　重要度 ★★★

　消火器具を設置する場所に、他の消火設備を設置する場合には、その消火設備の有効範囲内については、消火器具の能力単位の合計を減らすことができます。

暗記

他の消火設備	減少できる能力単位
大型消火器	1／2
屋内消火栓設備、スプリンクラー設備	1／3
水噴霧消火設備、泡消火設備、不活性ガス消火設備、ハロゲン化物消火設備、粉末消火設備	1／3

もっと詳しく　たとえば、本来なら能力単位 6 が必要な部分にスプリンクラー設備を設置すると、能力単位の合計を 6 × 1／3 ＝ 2 減らすことができます。この場合、必要な能力単位は 6 － 2 ＝ 4 になるので、能力単位 2 の小型消火器であれば 2 本設置すればよくなります。

　なお、設置する消火設備は、火災に対する適応性が消火器の適応性と同じものでないと、能力単位を減少

できません。

　また、防火対象物の 11 階以上に設置する消火器具については、能力単位を減らすことはできません。

試験ではこう出る！　　　　　　　　　　check!

　消火器具の設置が必要な防火対象物に粉末消火設備を技術上の基準に従って設置した場合、その有効範囲内の部分において、当該消火設備と適応性が同一の消火器具の能力単位の数値の合計を減少することができる。もともと必要な能力単位の合計が 12 であった場合、粉末消火設備の設置によって、必要な能力単位の合計はいくつになるか。

①　4　　　　②　6　　　　③　8　　　　④　10

合格のツボ　粉末消火設備を設置すると、その有効範囲内に設置する消火器具の能力単位の合計を、1 ／ 3 だけ減少することができます。もともと必要な能力単位が 12 だった場合、その 1 ／ 3 の 4 が減少するので、必要な能力単位の合計は、12 － 4 ＝ 8 になります。

（答え：③）

大型消火器を設置する場合　　　　重要度 ★★★

　指定可燃物を、定められた数量の 500 倍以上貯蔵し、または取り扱う場所には、一般的な小型消火器ではなく、**大型消火器**を設置します。

　大型消火器は、防火対象物の階ごとに、各部分から消火器までの歩行距離が 30m 以下となるように設置します。

　なお、大型消火器を設置すべき場所に、スプリンクラー設備等の適応性が同じ消火設備を設置した場合は、その場所に設置すべき大型消火器の設置を省略できます。

数量については、「危険物の規制に関する政令別表第4」に定められています。

消火器具に関する基準の細目　　重要度 ★ ★ ★

4

消火器の設置基準

もっと詳しく　消火器その他の消火器具は、以下の基準にしたがって設置します。

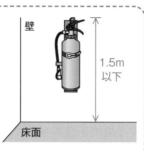

★ **床面**からの高さが1.5m 以下の箇所に設置すること。

・水その他消火剤が凍結したり、変質・噴出するおそれが少ない箇所に設置すること。

・地震による振動等による転倒を防止するための適当な措置を講じること（ただし、粉末消火器など、転倒によって消火剤が漏出するおそれのない消火器は除く）。

・消火器具を設置した箇所には、見やすい位置に以下の標識を設けること。

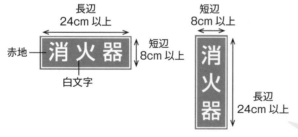

標識の地は赤で文字は白、大きさは長辺 24cm 以上×短辺 8cm 以上とします。

消火器具	標識の表示
消火器	「消火器」
水バケツ	「消火バケツ」
水槽	「消火水槽」
乾燥砂	「消火砂」
膨張ひる石・膨張真珠岩	「消火ひる石」

第2章 実践問題

解答と解説：101 ページ

[消火器具の設置]

問 1 check! ☐☐☐　　　　　　　　重要度 ★☆☆

消防法令上、延べ面積にかかわらず消火器具を設置しなければならない防火対象物はどれか。

❶ 飲食店（火を使う設備・器具を設けないもの）
❷ ホテル
❸ 小学校
❹ 重要文化財

問 2 check! ☐☐☐　　　　　　　　重要度 ★☆☆

消防法令上、延べ面積が 150m² 以上の場合に消火器具を設置しなければならない防火対象物はどれか。

❶ 神社
❷ 図書館
❸ 倉庫
❹ 準地下街

問 3 check! ☐☐☐　　　　　　　　重要度 ★☆☆

消防法令上、延べ面積が 300m² 以上の場合に消火器具を設置しなければならない防火対象物はどれか。

❶ 共同住宅
❷ 小学校
❸ 映画スタジオ
❹ 無床診療所

実践問題

問4 check! ☐☐☐　　　　　　　　　　　　　重要度 ★☆☆

　消防法令上、消火器具を設置しなくてもよい防火対象物はどれか。ただし、いずれも2階以下の普通階とする。

❶ 延べ面積が150m²の集会場
❷ 延べ面積が150m²の共同住宅
❸ 延べ面積が150m²の事務所
❹ 延べ面積が150m²の工場

問5 check! ☐☐☐　　　　　　　　　　　　　重要度 ☆☆☆

　消防法令上、必ず消火器具を設置しなければならない防火対象物はどれか。

❶ 延べ面積が100m²の幼稚園
❷ 延べ面積が100m²のデパート
❸ 延べ面積が150m²の銀行
❹ 延べ面積が200m²の病院

[必要な消火器の本数を数える]

問6 check! ☐☐☐　　　　　　　　　　　　　重要度 ☆☆☆

　防火対象物の地階、無窓階または3階以上の階で、消火器具を設けなければならないのは、床面積が何m²以上の場合か。ただし、延べ面積による設置義務は生じないものとする。

❶ 25
❷ 50
❸ 100
❹ 150

防火対象物またはその部分に設ける消火器具の説明として、消防法令上、誤っているものはどれか。

❶ 少量危険物を貯蔵し、または取り扱う建築物に設ける消火器具は、その能力単位の合計数が、当該危険物の数量を危政令別表第3に規定する指定数量で除した数以上となるようにする。

❷ 指定可燃物を貯蔵し、または取り扱う建築物に設ける消火器具は、その能力単位の合計数が、当該指定可燃物の数量を危政令別表第4に規定する数量の50倍で除した数以上となるようにする。

❸ 変圧器、配電盤その他これらに類する電気設備のある場所には、当該場所の床面積 $100m^2$ 以下ごとに1個の消火器を設ける。

❹ 鍛造場、ボイラー室、乾燥室その他多量の火気を使用する場所に設ける消火器具は、その能力単位の合計数が、当該場所の床面積を $50m^2$ で除して得た数以上となるようにする。

簡易消火用具と能力単位の組合せとして、消防法令上、誤っているものはどれか。

簡易消火用具   能力単位
❶ 容量8L以上の水バケツ3個 ……………………… 1.0
❷ 容量80Lの水槽（消火専用バケツ3個付）…… 1.0
❸ 50Lの乾燥砂1塊（スコップ付）……………… 0.5
❹ 160Lの膨張ひる石1塊（スコップ付）………… 1.0

能力単位を1とすることができる消火器具として、正しいものはどれか。

❶ 容量 4L の水バケツ 6 個
❷ 容量 6L の水バケツ 4 個
❸ 容量 8L の水バケツ 3 個
❹ 容量 12L の水バケツ 2 個

問 10 check! ☐☐☐　　　　　　　　　　　重要度 ☆☆☆

図書館に設置する消火器具の能力単位の合計数を算定する基準面積として、正しいものはどれか。ただし、図書館は木造とする。

❶ 50m² 　　**❷** 100m² 　　**❸** 200m² 　　**❹** 400m²

問 11 check! ☐☐☐　　　　　　　　　　　重要度 ☆☆☆

防火対象物またはその部分に設置する消火器の能力単位を算定する際の算定基準面積として、誤っているものは次のうちどれか。ただし、いずれも耐火構造ではないものとする。

❶ 劇場……………………………50m²
❷ 病院……………………………50m²
❸ 特別養護老人ホーム……100m²
❹ 集会場…………………………100m²

問 12 check! ☐☐☐　　　　　　　　　　　重要度 ☆☆☆

防火対象物またはその部分に設置する消火器の能力単位を算定する際の算定基準面積として、誤っているものは次のうちどれか。ただし、いずれも主要構造部は耐火構造で、かつ内装仕上げは不燃材料とする。

❶ 遊技場…………100m²
❷ 倉庫……………200m²
❸ 共同住宅………400m²
❹ 事務所…………400m²

延べ面積800m²のデパートに消火器具を設置する場合、必要な能力単位の合計の数値として、正しいものはどれか。ただし、デパートは主要部分が耐火構造で、内装仕上げは不燃材料とする。

❶ 2 　　　**❷** 4 　　　**❸** 8 　　　**❹** 16

延べ面積1,300m²の病院に消火器を設置する。設置する消火器の最少本数はいくつか。ただし、消火器1本の能力単位を1とし、病院の主要構造部は耐火構造で、かつ内装仕上げは不燃材料とする。

❶ 6 　　　**❷** 7 　　　**❸** 13 　　　**❹** 26

延べ面積2,000m²の共同住宅に、能力単位が2の消火器を技術上の基準にしたがって設置する場合、設置本数は最小で何本になるか。ただし、主要構造部は耐火構造で、内装仕上げは不燃材料とする。

❶ 3 　　　**❷** 5 　　　**❸** 10 　　　**❹** 20

[消火器具の種類]

ガソリン火災に適応する消火器具として、誤っているものはどれか。

❶ 霧状の水を放射する消火器
❷ 泡を放射する消火器
❸ りん酸塩類等を使用する消火粉末を放射する消火器
❹ 乾燥砂

実践問題

問 17 check! ☐☐☐　　　　　　　　　　　重要度 ★☆☆

電気設備の火災に適応する消火器具として、誤っているものはどれか。

❶ 霧状の水を放射する消火器
❷ 霧状の強化液を放射する消火器
❸ 泡を放射する消火器
❹ 二酸化炭素を放射する消火器

問 18 check! ☐☐☐　　　　　　　　　　　重要度 ★☆☆

次の説明は、消防法令上、二酸化炭素またはハロゲン化物（ハロン 1301 を除く）を放射する消火器を設置できない場所を示している。（　　）に当てはまる数値の組合せとして、正しいものはどれか。
「換気について有効な開口部の面積が床面積の（　ア　）以下で、かつ、当該床面積が（　イ　）㎡ 以下の地階、無窓階または居室」

	ア	イ
❶	1/20	20
❷	1/20	30
❸	1/30	20
❹	1/30	30

問 19 check! ☐☐☐　　　　　　　　　　　重要度 ★☆☆

消火器の設置場所について、消防法令上、誤っているものはどれか。

❶ ガソリンスタンドにハロン 1301 消火器を設置した。
❷ 11 階建てホテルの居室に強化液消火器を設置した。
❸ オフィスビルの地階にある電気室に二酸化炭素消火器を設置した。
❹ 病院の1階にあるボイラー室に粉末消火器を設置した。

消防法令上、地下街または準地下街に設置できない消火器はどれか。

❶ 強化液消火器
❷ 化学泡消火器
❸ 二酸化炭素消火器
❹ ハロン 1301 消火器

[消火器の設置基準]

消防法令の規定にしたがって防火対象物に消火器具（大型消火器を除く）を設置する場合、各部分から一の消火器具に至る距離として正しいものはどれか。

❶ 歩行距離 20m 以下
❷ 歩行距離 30m 以下
❸ 水平距離 20m 以下
❹ 水平距離 30m 以下

大型消火器の設置基準に関する次の記述中の（　　）に当てはまる数値の組合せとして、消防法令上、正しいものはどれか。
「指定可燃物を、危険物の規制に関する政令別表第4で定める数量の（　ア　）倍以上貯蔵し、または取り扱う防火対象物には、指定可燃物を貯蔵し、または取り扱う場所の各部分から一の大型消火器に至る歩行距離が（　イ　）m以下となるように、大型消火器を設置しなければならない。」

	ア	イ
❶	50	20
❷	50	30
❸	500	20
❹	500	30

問 23 check! ☐ ☐ ☐　　　　　　　　　　　重要度 ☆☆☆

　ある消火設備を技術上の基準にしたがって設置すると、その有効範囲内の部分において、当該消火設備と適応性が同一の消火器具の能力単位の合計を軽減することができる。このような消火設備として、誤っているものはどれか。

❶ 大型消火器
❷ スプリンクラー設備
❸ 屋内消火栓設備
❹ 屋外消火栓設備

問 24 check! ☐ ☐ ☐　　　　　　　　　　　重要度 ★☆☆

　消火器具の設置が必要な場所に他の消火設備を技術上の基準にしたがって設置した場合、その有効範囲内の部分において、当該消火設備と適応性が同一の消火器具の能力単位の数値の合計を減少することができる。設置する消火設備と、減少できる能力単位の合計数の割合の組合せとして、誤っているものはどれか。

❶ 大型消火器……………1／2
❷ 粉末消火設備…………1／3
❸ 水噴霧消火設備………1／3
❹ スプリンクラー設備…1／4

問 25 check! ☐ ☐ ☐　　　　　　　　　　　重要度 ★☆☆

　消火器具の設置が必要な場所にスプリンクラー設備を技術上の基準にしたがって設置すると、その有効範囲内の部分において、適応性が同一の消火器具の能力単位の合計の数を軽減できる。もともと必要な能力単位の合計が 6 だった場合、スプリンクラー設備の設置によって、必要な能力単位の合計の数はいくつになるか。

❶ 1　　　　**❷** 2　　　　**❸** 3　　　　**❹** 4

消火器具の設置が必要な防火対象物の部分に、当該消火器具と適応性が同一の消火設備を技術上の基準に従って設置する場合における消火器具の能力単位の合計の軽減について、誤っているものはどれか。

❶ 大型消火器を設置する場合には、その有効範囲内の部分について、消火器具の能力単位の数値の合計数の1／2までを軽減できる。

❷ 屋内消火栓設備またはスプリンクラー設備を設置する場合には、その有効範囲内の部分について、消火器具の能力単位の数値の合計数の1／3までを軽減できる。

❸ 指定可燃物を危険物の規制に関する政令別表第4で定める数量の500倍以上貯蔵し、または取り扱う防火対象物に、スプリンクラー設備等を設置する場合には、その有効範囲内の部分について、本来設置すべき大型消火器を1／2に軽減できる。

❹ 防火対象物の11階以上にスプリンクラー設備等を設置する場合には、消火器具の能力単位の数値の合計数を軽減できない。

消火器を設置する場合の床面からの高さについて、消防法令上、正しいものはどれか。

❶ 消火器の上端が床面から 1.5m 以下になるように設置する。
❷ 消火器の上端が床面から 1.8m 以下になるように設置する。
❸ 消火器の下端が床面から 1.5m 以下になるように設置する。
❹ 消火器の下端が床面から 1.8m 以下になるように設置する。

消火器具を設置した箇所に設ける標識の表示として、正しいものはどれか。

❶ 水バケツ……「水バケツ」　　　❷ 水槽…………「防火水槽」
❸ 乾燥砂………「乾燥砂」　　　　❹ 膨張ひる石…「消火ひる石」

第2章　実践問題の解答と解説

[消火器具の設置]

問1　④　　参照▶74〜76ページ

　重要文化財は、延べ面積にかかわらず消火器具の設置が義務付けられています（下記のゴロ合わせ）。飲食店、ホテルは延べ面積 150m² 以上、小学校は延べ面積 300m² 以上の場合に消火器を設置します。

ゴロ合わせで覚える

重病　老人、地下で火 遊び

重要文化財
病院
老人ホーム（自力避難困難者入所施設）
地下街
準地下街
火を使う飲食店等
娯楽関連施設（映画館・遊技場など）

問2　③　　参照▶74〜76ページ

　神社、図書館は、延べ面積 300m² 以上の場合に消火器具を設置します。準地下街は、延べ面積にかかわらず消火器具の設置が必要です。
　倉庫は、延べ面積 150m² 以上の場合に消火器具の設置が必要です。

ゴロ合わせで覚える

特定のスタジオが熱狂するソウ コウ シャ（装甲車）

スタジオ
浴場
倉庫 工場 車庫
特定防火対象物（①以外）　共同住宅

問3　②　　参照▶75〜76ページ

　共同住宅、映画スタジオ、無床診療所（入院施設のない診療所）は、いずれも延べ面積 150m² 以上の場合に消火器具を設置します。
　小学校は、延べ面積 300m² 以上の場合に消火器具を設置します。

問4　③　　参照▶75〜76ページ

　集会場、共同住宅、工場は、いずれも延べ面積 150m² 以上の場合に消火器具の設置が必要です。一般的な事務所は延べ面積 300m² 以上の場合に消火器具を設置します。

問5　④　　参照▶74〜76ページ

×❶　幼稚園は、延べ面積 150m² 以上で消火器具を設置します。
×❷　デパートは、延べ面積 150m² 以上で消火器具を設置します。
×❸　銀行（事務所）は、延べ面積 300m² 以上で消火器具を設置します。
○❹　病院は、延べ面積にかかわりなく消火器具を設置します。

[必要な消火器の本数を数える]

問6　②　　参照▶77ページ

　防火対象物の地階、無窓階または3階以上の階で、床面積が 50m² 以上のものには、消火器具を設置します。

問7 ④　　　参照▶81〜82ページ

多量の火気を使用する場所に設ける消火器具の能力単位の合計は、当該場所の床面積を 25m² で除して得た数以上となるようにします。

問8 ②　　　参照▶83ページ

水槽の能力単位は、容量 80L 以上のものを 1.5 として算定します。各簡易消火用具の容量と能力単位は、次のようになります。

簡易消火用具	能力単位
容量 8L 以上の水バケツ 3 個	1.0
容量 80L 以上の水槽（消火専用バケツ 3 個付）	1.5
容量 190L 以上の水槽（消火専用バケツ 6 個付）	2.5
50L 以上の乾燥砂 1 塊（スコップ付）	0.5
160L 以上の膨張ひる石・膨張真珠岩 1 塊（スコップ付）	1.0

問9 ③　　　参照▶83ページ

水バケツは、容量 8L 以上のもの 3 個で能力単位 1 とします。

問10 ③　　　参照▶79ページ

図書館（令別表第 1 (8) 項）は、延べ面積 300m² 以上で消火器具の設置義務がある防火対象物です。算定基準面積は標準で 200m²、耐火構造で 400m² になります。

問11 ②　　　参照▶79ページ

延べ面積に関係なく消火器具を設置する防火対象物の算定基準面積は、標準で 50m² です。ただし、病院、自力避難困難者入所施設については、例外として 100m² となります。以上から、①劇場の算定基準面積は 50m²、②病院、③特別養護老人ホームの算定基準面積は 100m² となります。

また、延べ面積 150m² 以上の場合に消火器具を設置する防火対象物の算定基準面積は、標準で 100m² です。したがって、④集会場の算定基準面積は 100m² となります。

問12 ③　　　参照▶79ページ

❶遊技場は、延べ面積に関係なく消火器具の設置義務がある防火対象物で、算定基準面積は標準で 50m²、耐火構造では倍の 100m² です。

❷倉庫と❸共同住宅は、延べ面積 150m² 以上の場合に消火器具の設置義務がある防火対象物で、算定基準面積は標準で 100m²、耐火構造では倍の 200m² です。

❹事務所は、延べ面積 300m² 以上の場合に消火器具の設置義務がある防火対象物で、算定基準面積は標準で 200m²、耐火構造では倍の 400m² です。

問13 ②　　　参照▶79〜80ページ

デパート（百貨店）の算定基準面

積は標準で100m²、耐火構造では200m²です。したがって、必要な能力単位の合計値は800 ÷ 200 ＝ 4になります。

問14 ❷ 　　参照▶79ページ

病院の算定基準面積は、標準で100m²、耐火構造の場合200m²です。したがって必要な能力単位は1,300m² ÷ 200 ＝ 6.5となります。
消火器1本の能力単位は1なので、少なくとも7本必要です。

問15 ❷ 　　参照▶79ページ

共同住宅は、延べ面積150m²以上で消火器具の設置義務がある防火対象物で、算定基準面積は標準で100m²、耐火構造では200m²です。したがって必要な能力単位の合計は、2000 ÷ 200 ＝ 10単位になります。1本当たりの能力単位が2なので、設置本数は10 ÷ 2＝5本になります。

［消火器具の種類］

問16 ❶ 　　参照▶85ページ

ガソリンや灯油は水に浮くため、水を放射するとかえって火災が広がるおそれがあります。そのため、水を放射する消火器は使用できません。なお、霧状の強化液や泡はガソリン火災にも対応します。

問17 ❸ 　　参照▶85ページ

電気設備の火災に対応する消火器

は、二酸化炭素消火器、ハロゲン化物消火器、粉末消火器です。また、水消火器と強化液消火器は、霧状に放射するものであれば電気設備の火災に対応します。泡消火器は、電気設備の火災には対応しません。

問18 ❸ 　　参照▶87ページ

二酸化炭素消火器やハロゲン化物消火器を設置できないのは、「換気について有効な開口部の面積が床面積の1/30以下で、かつ、当該床面積が20m²以下の地階、無窓階または居室」です。

問19 ❸ 　　参照▶85〜87ページ

○❶　ガソリンスタンドはガソリン等の第4類危険物を扱うので、第4類危険物に適応する消火器を設置します。
○❷　ホテルの居室には建築物その他の工作物に適応する消火器を設置します。
×❸　二酸化炭素消火器は地階に設置できません。
○❹　ボイラー室等の多量の火気を使用する場所には、建築物その他の工作物に適応する消火器を設置します。

問20 ❸ 　　参照▶87ページ

二酸化炭素消火器とハロゲン化物消火器は、地下街や準地下街などに設置することができません。ただし、ハロン1301消火器は例外として設

置が認められています。

［消火器の設置基準］

問 21 ❶　　　　**参照▶ 88 ページ**

消火器具は、防火対象物の階ごとに、各部分から一の消火器具までの歩行距離が 20m 以下となるように設置します。

問 22 ❹　　　　**参照▶ 90 ページ**

定められた数量の 500 倍以上の指定可燃物を貯蔵し、または取り扱う場所には、各部分からの歩行距離が 30m 以下となるように大型消火器を設置します。

問 23 ❹　　　　**参照▶ 89 ページ**

消火器具の能力単位の合計を軽減できるのは、以下の消火設備です。屋外消火栓設備は含まれていません。

大型消火器、屋内消火栓設備、スプリンクラー設備、水噴霧消火設備、泡消火設備、不活性ガス消火設備、ハロゲン化物消火設備、粉末消火設備

問 24 ❹　　　　**参照▶ 89 ページ**

スプリンクラー設備を設置した場合は、消火器具の能力単位の合計数の 1 ／ 3 を減少できます。

問 25 ❹　　　　**参照▶ 89 ～ 90 ページ**

スプリンクラー設備の設置によっ

て、必要な消火器具の能力単位の合計を 1 ／ 3 まで軽減できます。もともと必要な能力単位が 6 の場合は、6 ÷ 3 ＝ 2 単位を軽減できるので、軽減後の能力単位の合計は 6 － 2 ＝ 4 になります。

問 26 ❸　　　　**参照▶ 89 ～ 90 ページ**

指定可燃物を規定の数量の 500 倍以上貯蔵し、または取り扱う防火対象物には、大型消火器を設置します。ただし、この防火対象物に他の消火栓設備（大型消火器と適応性が同一のものに限る）を設置する場合には、その有効範囲内の部分について、大型消火器を設置しないことができます。

問 27 ❶　　　　**参照▶ 91 ページ**

消火器具は、床面からの高さが 1.5m 以下の箇所に設置します。下端の高さを 1.5m にすると、消火器本体が 1.5m より上の位置になるので、誤りです。

問 28 ❹　　　　**参照▶ 91 ページ**

消火器具の標識は、すべて「消火〇〇」と表示されます。

× ❶　水バケツ……「消火バケツ」
× ❷　水槽…………「消火水槽」
× ❸　乾燥砂………「消火砂」
○ ❹　膨張ひる石…「消火ひる石」

第3章

機械に関する
基礎知識

3-1 「力」について

ここで
学習する用語

- 力の三要素 ・・・・・・ 力の①大きさ、②方向、③作用点。
- ベクトル量 ・・・・・・・ 「大きさ」と「方向」を同時にもつ力の量。
- 合力 ・・・・・・・・・・・ 複数の力の量（ベクトル量）を合成した
  もの。
- 反力 ・・・・・・・・・・・ 荷重に対するつり合いの力。
- 力のモーメント ・・・ 物体を回転させる作用の大きさ。トルク
  ともいう。

力とベクトル　重要度 ★★★

　物体を移動させたり、形を変えたりするには、その物体に何らかの「力」を作用させます。このように、「力」とは**物体の状態に何らかの変化を与える量**のことです。

　ボーリングを例に考えてみましょう。投げたボールがピンに当たると、ボールに加えられた力がピンに伝わり、ピンが倒れます。

　このとき、ボールに与える力が大きいほど、ボールは速く転がります。同時に、ボールに与える力の方向がずれると、ボールはピンを外れてしまいます。

> 力の大きさの単位はニュートン（単位記号：N）です。1kg の物体に作用する地球の重力は、約 9.8 ニュートンになります。

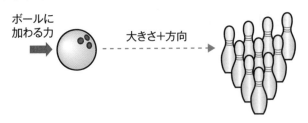

ボールに
加わる力

大きさ＋方向

　このように、力は**大きさと方向**を同時にもっています。このような量のことを**ベクトル量**といいます。

ベクトル量は、次のような矢印で表すことができます。矢印の長さが大きさ、矢印の向きが方向です。

力を矢印で表す場合は、力が物体に加わる点を矢印の始点とします。この点を**作用点**といいます。力の大きさと方向、作用点の3つを、**力の三要素**といいます。

> 大きさと方向をもつベクトル量に対し、大きさのみの量を**スカラー量**といいます。

力の合成

重要度 ★★★

複数の力を合成した力を**合力**といいます。複数の力を合成した合力は、ベクトルによる作図で求めることができます。

例として、次のような2つの力 F_1、F_2 の合力 F を求めてみましょう。

① F_1、F_2 を2辺とする平行四辺形を描く。

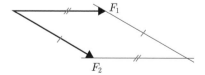

②**平行四辺形の対角線を、F_1、F_2 の合力 F とする。**

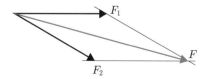

> 下図のように、2つの力の終点と始点をつないで、F_1 の始点と F_2 の終点を合力とする方法もあります。

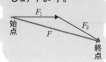

試験ではこう出る！

図のように、物体を2つの力 F_1、F_2
で引っ張っている。2つの力の合力 F
の大きさは何 N か。

① 5N

② $5\sqrt{2}$ N

③ 10N

④ $10\sqrt{2}$ N

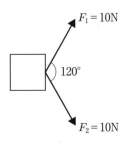

合格のツボ F_1、F_2 の合力 F を作図すると、次のよう
になります。

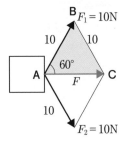

図の三角形 ABC に注目すると、辺 AB は $F_1 = 10$、
辺 BC は $F_2 = 10$ です。また、∠A は 120° の半分な
ので 60°、∠C も ∠A と等しく 60° です。以上から、
三角形 ABC は正三角形なので、$F = 10$N となります。

（答え：③）

力のモーメント

重要度 ★★★

次ページの図のように、レンチを使ってボルトを締
め付けることを考えます。ボルトを回す力は、レンチ
に加える力が大きいほど大きくなります。また、レン
チに加える力が同じなら、レンチの柄が長いほど、ボ
ルトに作用する力が大きくなります。

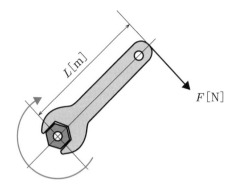

1

「力」について

このように、ボルトを回転させる力は、レンチに加える力 F とレンチの柄の長さ L に比例します。ボルトに作用する回転力を力のモーメントといい、$F \times L$ で表します。

力のモーメント： $M = F \times L$ 　 $[N \cdot m]$

暗記

> 力のモーメントのことを「トルク」ともいいます。

力のモーメントの単位には、N・m（ニュートン・メートル）や N・cm（ニュートン・センチメートル）を用います。

> 1Nm = 100N・cm

 試験ではこう出る！ ──

check!

長さ 50cm のパイプレンチがある。丸棒の中心から 40cm のところを持って 100N の力を加えたとき、丸棒が受ける力のモーメントはいくらか。

① 4N・m　　② 5N・m　　③ 40N・m　　④ 50N・m

合格のツボ レンチの長さではなく、中心から力の働く点までの長さで計算します。

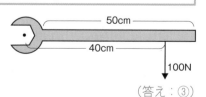

$M = 100N \times 0.4m = 40N \cdot m$

（答え：③）

平行力のつり合い

　図のように、両端を支点で支えられている棒を考えます。この棒上の点Pに、F［N］の荷重を加えると、それにちょうどつり合う力（**反力**）が点aと点bにかかります。反力F_a、F_bの大きさを求めましょう。

> このような棒または板を両端支持はりといいます（140ページ）。

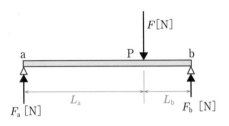

　まず、点aを基準に考えると、荷重Fによって、点aを中心に回転する右回りのモーメントが生じます。棒を水平に保つには、F_bによる左回りのモーメントが、右回りのモーメントとつり合っていなければなりません。

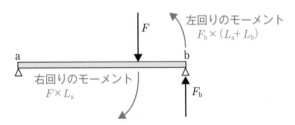

　したがって、次の式が成り立ちます。

$$F \times L_a = F_b \times (L_a + L_b) \quad \therefore \quad F_b = \frac{L_a}{L_a + L_b} \cdot F$$

　次に点bを基準に考えると、荷重Fによって、点bを中心に回転する左回りのモーメントが生じます。棒を平行に保つには、F_aによる右回りのモーメントが、左回りのモーメントとつり合う必要があります。

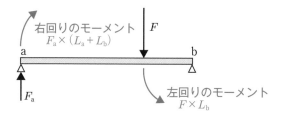

したがって、次の式が成り立ちます。

$$F \times L_b = F_a \times (L_a + L_b) \quad \therefore \ F_a = \frac{L_b}{L_a + L_b} \cdot F$$

F_a と F_b を加えると、

$$F_a + F_b = \frac{L_a}{L_a + L_b} \cdot F + \frac{L_b}{L_a + L_b} \cdot F = F$$

となり、荷重 F と等しくなります。

 試験ではこう出る!

図のように、両端支持はりに 100N と 300N の荷重が働いている
とき、反力 F_a と F_b の値はいくらか。

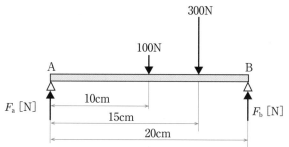

	F_a	F_b
①	80	320
②	125	275
③	275	125
④	320	80

111

合格のツボ 点Aを基準に考えると、100Nと300Nの荷重によって右回りのモーメントが生じ、反力F_bによる左回りのモーメントが、それとつり合います。

右回りのモーメント $= 100 \times 10 + 300 \times 15$
$$= 5500 \ [\text{N} \cdot \text{cm}] \ \cdots ①$$

左回りのモーメント $= F_b \times 20 \ [\text{N} \cdot \text{cm}] \ \cdots ②$

①と②は等しいので、$F_b = 5500 \div 20 = 275 \ [\text{N}]$

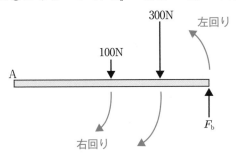

次に、点Bを基準に考えると、100Nと300Nの荷重は左回りのモーメントとなるので、反力F_aによる右回りのモーメントが、それとつり合います。

左回りのモーメント
$$= 100 \times (20 - 10) + 300 \times (20 - 15)$$
$$= 100 \times 10 + 300 \times 5 = 2500 \ [\text{N} \cdot \text{cm}] \ \cdots ③$$

右回りのモーメント $= F_a \times 20 \ [\text{N} \cdot \text{cm}] \ \cdots ④$

③と④は等しいので、$F_a = 2500 \div 20 = 125 \ [\text{N}]$

ここでは練習のためF_aとF_bをそれぞれ計算していますが、荷重の合計と反力の合計は等しいので、$F_b = 275$が求められれば、F_aは次のように求められます。
$F_a = (100 + 300) - 275 = 125$

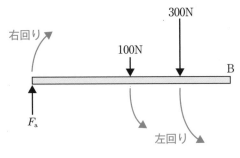

（答え：②）

3-2 加速度

ここで学習する用語

- 速度 ‥‥‥ 移動する物体の単位時間当たりの移動距離。
- 加速度 ‥‥‥ 移動する物体の単位時間当たりの速度の変化量。
- 等加速度運動 ‥‥ 物体が一定の加速度で移動すること。
- 自由落下運動 ‥‥ 重力によって、物体が等加速度運動で落下すること。

速度と加速度

重要度 ★★★

速度とは、物体が単位時間当たりに移動する距離です。t 秒間に S [m] 移動する物体の速度 v は、次の式で表せます。

　公式　**速度：$v = \dfrac{S}{t}$ [m/s]**　暗記

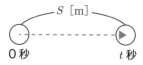

物体の移動する速度が変化する場合、単位時間当たりの速度の変化量を加速度といいます。物体の速度が、t 秒間の間に v_0 から v_1 に変化する場合、加速度 α は次の式で表せます。

　公式　**加速度：$\alpha = \dfrac{v_1 - v_0}{t}$ [m/s²]**　暗記

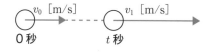

等加速度運動

物体が、一定の加速度で移動するとき、この運動を等加速度運動といいます。初速が v_0、加速度 α の等加速度運動の t 秒後の速度 v は、次の式で表せます。

 等加速度運動：$v = v_0 + \alpha t$ [m/s] 暗記

これを横軸に時間、縦軸に速度をとったグラフで表すと、次のような直線のグラフになります。

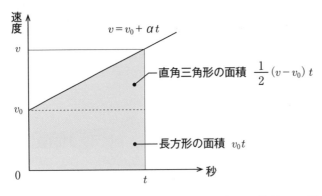

このとき、グラフの色網部分の面積は、物体の t 秒後の移動距離 S を表します。

$$S = v_0 t + \frac{1}{2}(v - v_0)t = v_0 t + \frac{1}{2}(v_0 + \alpha t - v_0)t$$

$$\underset{}{\quad\quad v = v_0 + \alpha t}$$

$$= v_0 t + \frac{1}{2}\alpha t^2 \ [m]$$

とくに、静止した状態（$v_0 = 0$）からの等加速度運動の場合、t 秒後の移動距離は、

$$S = \frac{1}{2}\alpha t^2 \ [m]$$

となります。

計算してみよう

check!

静止していた状態から一定の加速度で自転車を漕ぎ出して、5秒後に時速36kmに達した。加速度 α [m/s^2] はいくらか。また、移動した距離 S [m] はいくらか。

2

加速度

合格のツボ

時速36kmとは、1時間（3600秒）に36km進む速度なので、1秒間では $36000\,[\text{m}] \div 3600\,[秒] = 10\,[\text{m}]$ 進みます。すなわち、時速36km = 10m/s です。

5秒間で $0\,[\text{m/s}]$ から $10\,[\text{m/s}]$ に速度が変化したので、加速度は

時速1km
$= \dfrac{1000}{3600}\,[\text{m/s}]$

$$\alpha = \frac{10 - 0}{5} = 2\ [\text{m/s}^2]$$

となります。

また、移動距離 S は、$S = \dfrac{1}{2}\alpha\,t^2$ より、

$$S = \frac{1}{2} \times 2 \times 5^2 = 25\ [\text{m}]$$

です。

（答え：$\alpha = 2\ [\text{m/s}^2]$　　$S = 25\ [\text{m}]$）

自由落下運動

重要度 ★★★

空中で物体をもった手を離すと、物体は地面に落下します。これは物体に**重力**という見えない力が働いているからです。

重力は常に一定の力で物体を引っ張るため、物体の落下は等加速度運動になります。重力による加速度 g は $9.8\ [\text{m/s}^2]$ なので、静止した状態から落下した物体の t 秒後の速度は $9.8t$ [m/s] になります。また、t 秒後の落下距離は $4.9t^2$ [m] になります。

実際には、地球に近づくほど重力は増えますが、地上ではほぼ変わらないので一定とみなします。

115

公式 t秒後の速度：$v = gt = 9.8t$ [m/s]

t秒後の落下距離：$S = \dfrac{1}{2}gt^2 = 4.9t^2$ [m]

暗記

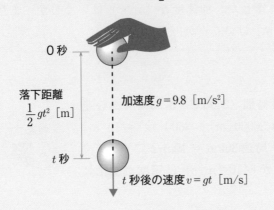

0秒

落下距離
$\dfrac{1}{2}gt^2$ [m]

加速度 $g = 9.8$ [m/s^2]

t秒

t秒後の速度 $v = gt$ [m/s]

計算してみよう

check!

高さ19.6mのビルの上から、重さ490gのボールを落とした。ボールが地面に到達するのは何秒後か。また、そのときのボールの速度 [m/s] はいくらか。ただし、空気抵抗は考えないものとする。

合格のツボ

落下距離の式 $S = \dfrac{1}{2}gt^2 = 4.9t^2$ [m] に、$S = 19.6$ を代入します。

$$19.6 = 4.9t^2 \quad \rightarrow \quad t^2 = \dfrac{19.6}{4.9} = 4 \quad \therefore t = 2 \text{ [秒]}$$

また、このときのボールの速度は、

$$v = 9.8t = 9.8 \times 2 = 19.6 \text{ [m/s]}$$

となります。

ボールの重さは関係ないことに注意。

（答え：2秒後　19.6m/s）

116

物体を上に投げる場合

重要度 ★★★

物体を真上に投げ上げると、その物体は重力に引っ張られてマイナスの加速度がつくため、高く上がるにつれて速度が落ちていきます。速度がゼロになったところが最大の高さになり、その後落下します。

計算してみよう ─────────── check! ☐☐☐

ボールを 29.4m/s の速度で真上に投げ上げたとき、ボールの高さが最大になるのは何秒後か。ただし、空気抵抗は考えないものとする。

合格のツボ

物体を投げ上げるときの初速を v_0 とすると、t 秒後の速度 v は

$$v = v_0 - gt \ [\mathrm{m/s}]$$

と表せます。物体の高さが最大になるのは速度 $v = 0$ のときなので、ボールが最大の高さになるまでの時間は、

$$v_0 - gt = 0 \quad \therefore t = \frac{v_0}{g} \ [秒]$$

したがって、

$$t = \frac{29.4}{9.8} = 3 \ [秒]$$

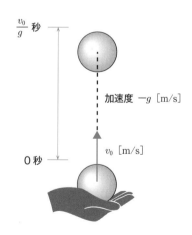

$\dfrac{v_0}{g}$ 秒

加速度 $-g$ [m/s]

v_0 [m/s]

0 秒

（答え：3秒後）

117

3-3 運動と仕事

ここで学習する用語

- **慣性の法則**・・・物体は外部からの力が加わらない限り、現在の状態を保とうとする性質がある。
- **運動の法則**・・・物体に外部からの力が加わると、その方向に加速度が生じる。加速度αは加わる力Fに比例し、物体の質量 m に反比例する。
- **作用・反作用の法則**・・・・物体に力を加えると（作用）、それを打ち消す同じ力が生じる（反作用）。

運動の法則 重要度 ★★★

　物体の運動に関する法則には、ニュートンが発見した３つの法則があります。

①慣性の法則（運動の第１法則）

　物体は、外部から何らかの力が働かない限り、現在の状態を保とうとする性質があります。このような性質を慣性といいます。

> 慣性の法則により、静止している物体は静止し続け、運動している物体は運動し続けようとします。

②運動の法則（運動の第２法則）

　物体に力が加わると、その方向に加速度が生じます。質量 m ［kg］の物体に F ［N］の力を加えたときに生じる加速度 α は、力 F に比例し、質量 m に反比例します。この性質を式で表すと、次のようになります。

> 式を変形すると、$F = ma$ ［N］となります。

公式 運動の法則：$\alpha = \dfrac{F}{m}$ ［m/s²］

 暗記

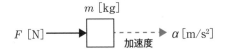

m ［kg］

F ［N］ ⟶ □ ----▶ α ［m/s²］
　　　　　　　　加速度

③作用・反作用の法則（運動の第3法則）

　物体に力を加えると、物体にはそれを打ち消すような同じ大きさの力が働きます。これを**作用・反作用の法則**といいます。

　机の上に置いたコーヒーカップが静止しているのは、重力とは反対の反作用の力が、コーヒーカップを置いた机に生じているからです。また、ロケットが燃料を後ろに噴射して前に進むのも、後ろの方向に力を加えることで、反作用の力が働くからです。

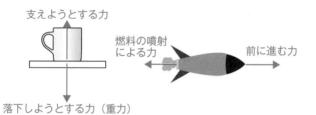

支えようとする力

燃料の噴射による力　　　前に進む力

落下しようとする力（重力）

試験ではこう出る！

check!

　運動の第2法則に関する次の文中の（　）に当てはまる語句の組合せとして、正しいものはどれか。

「物体に力を加えたときに生じる加速度の大きさは、（ア）に比例し、（イ）に反比例する。」

	（ア）	（イ）
①	物体の質量	力の大きさ
②	力の大きさ	物体の質量
③	物体の体積	力の大きさ
④	力の大きさ	物体の摩擦力

合格のツボ　運動の第2法則は $\alpha = F / m$ で表されます。式より、加速度 α は力 F が大きいほど大きく、質量 m が大きいほど小さくなります。すなわち、加速度

は力の大きさに比例し、物体の質量に反比例します。 （答え：②）

摩擦力　　　　　　　　　　　　　　　　重要度 ★ ★ ★

　床に置いた物体を動かそうとすると、それを 妨 げ
ようとする力が働きます。この力を摩擦 力 といいま
す。摩擦力は、床と物体の接触面に生じ、物体を動か
そうとする力と逆の向きになります。

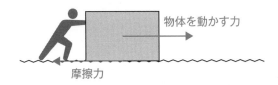

物体を動かす力

摩擦力

　物体を動かす力と摩擦力の間には、作用・反作用の法
則が成り立ち、両者の力がつり合っています。押す力と
摩擦力がつり合っているあいだは、物体は動きません。
しかし、動かす力を大きくすると、やがて物体が滑りは
じめます。このときの力 F を最大摩擦力といいます。
　最大摩擦力の大きさは、接触面の状態と、物体を接
触面に押し付ける力（物体の重み）によって決まりま
す。接触面の状態を摩擦係数 μ、押し付ける力の大き
さを垂直抗力 N で表すと、最大摩擦力 F は次の式で
表すことができます。

公式　**最大摩擦力：$F = \mu N$ [N]**

暗記

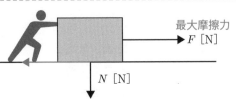

最大摩擦力
F [N]

N [N]

重みによって接触面に垂直にかかる力

摩擦係数 μ は、一
般にザラザラした
接触面では大きく
なり、つるつるし
た接触面では小さ
くなります。

計算してみよう ──────────────────── **check!**

> 重量 500N の物体が、水平な床に置かれている。床の摩擦係数が 0.7 であるとき、接触面の最大摩擦力［N］はいくらか。

3

運動と仕事

合格のツボ $F = \mu N$ より、最大摩擦力 F は次のように計算できます。

$$F = 0.7 \times 500 = 350 \ [\text{N}]$$

（答え：350N）

もっと詳しく 下図のように、重量 W［N］の物体を斜面に置き、物体が滑り出すまで斜面を徐々に傾けます。物体が滑り出したときの斜面の角度をθとします。

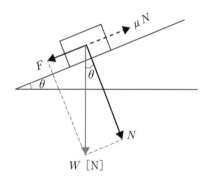

最大摩擦力 F は、$F = \mu N$ で表せます。一方、重量 W を斜面に垂直な成分と斜面に水平な成分に分解すると、斜面に垂直な成分は垂直抗力 N に等しく、斜面に水平な成分は最大摩擦力 F に等しいので、

$\cdot \sin \theta = \dfrac{F}{W}$

$\cdot \cos \theta = \dfrac{N}{W}$

$$N = W \times \cos \theta \ 、\ F = W \times \sin \theta$$

が成り立ちます。これらを $F = \mu N$ の式に代入すると、

$$W \times \sin \theta = \mu \times W \times \cos \theta \quad \therefore \ \mu = \frac{\sin \theta}{\cos \theta} = \tan \theta$$

このように、**摩擦係数は物体の重量に関わりなく、**

物体が滑り出す斜面の角度 θ によって求めることができます。

仕事と動力 重要度 ★ ★ ★

物体に F [N] の力を加えて、物体をその力の向きに s [m] 動かしたとき、$F \times s$ を、力が物体にした**仕事**といいます。仕事の単位には、**ニュートンメートル** [N・m] または**ジュール** [J] を用います。1 [N・m] ＝ 1 [J] です。

公式 仕事：$W = Fs$ [N・m] または [J]

暗記

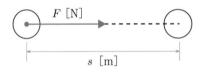

F [N]

s [m]

また、単位時間当たりに行う仕事の量を、**動力**（仕事率）といいます。t 秒間に W [J] の仕事をした場合の動力 P は、次のようになります。

> 単位 J/s は、ジュール毎秒と読みます。

公式 動力：$P = \dfrac{W}{t}$ [W] または [J／s]

暗記

> 電力とは、電気が行う単位時間当たりの仕事量です。

動力の単位は、電力と同じ**ワット** [W] です。

計算してみよう

check!

重量 200N の物体を垂直に 8m 引っ張り上げたときの仕事量 [kJ] はいくらか。また、この仕事を 10 秒間で行った場合の動力 [W] はいくらか。

合格のツボ 仕事量は $W = Fs$ より、

$$W = 200 \times 8 = 1600 \ [\text{J}] = 1.6 \ [\text{kJ}]$$

> 1kJ = 1,000J

また、動力は $P = \dfrac{W}{t}$ より、

$$P = \frac{1600}{10} = 160 \ [\text{W}]$$

（答え：仕事量＝1.6［kJ］　動力＝160［W］）

滑車

重要度 ★★★

　滑車には、軸が固定されている**定滑車**と、固定されていない**動滑車**があります。

　定滑車を使うと、ロープを下方向に引っ張って物体を持ち上げることができます。重量 W［N］の物体を持ち上げるには、W［N］の力が必要です。

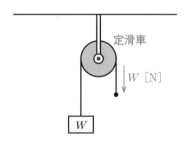

　動滑車では、ロープの一方が天井に固定されているので、重量を2本のロープで支えることができます。そのため、物体を持ち上げるのに必要な力も半分で済みます。

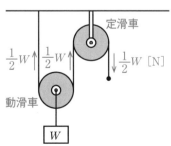

> 動滑車は、定滑車の半分の力で物を持ち上げることができます。しかし、物を1m持ち上げるのに2m分のロープを引く必要があるので、全体の仕事量は変わりません。

動滑車を 1 個増やすごとに、物体を持ち上げるのに
必要な力は半分になります。一般に、重量 W [N] の
物体を、n 個の動滑車を使って持ち上げるのに必要な
力 F [N] は、次のように表せます。

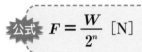 $F = \dfrac{W}{2^n}$ [N]　　　　　　　 暗記

計算してみよう

check!

　図のような滑車を使って、重量
1600N の物体を持ち上げるのに必
要な力 F はいくらか。

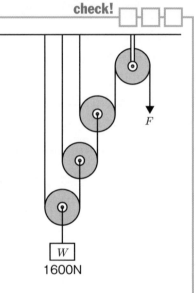

F

W
1600N

合格のツボ　動滑車が 3 個あるので、必要な力は次の
ように計算できます。

$$F = \frac{1600}{2^3} = 200 \text{ [N]}$$

（答え：200N）

3-4 荷重と応力

> **ここで学習する用語**
>
> ● **荷重**‥‥‥ 物体に外部から加わる力。向きや方向が一定の「静荷重」、向きや方向が変化する「動荷重」がある。
> ● **応力**‥‥‥ 物体に外部から荷重が加わったときに、物体の内部で正反対の向きに生じる抵抗する力。
> ● **ひずみ**‥‥‥ 物体に外部から荷重が加わったときに、物体に生じる変形の度合い。
> ● **許容応力**‥‥ 材料の荷重に対して安全であると考えられる応力のうちで、最大の応力。

荷重とは   重要度 ★★★

　機械を構成する各部品には、外部からさまざまな力が加わります。これらの力を荷重（外力）といいます。

　荷重には、向きと大きさが一定の静荷重と、向きや大きさが変化する動荷重があります。

●荷重の種類

> ・静荷重‥‥‥ 常に向きと大きさが一定の荷重
> ・動荷重‥‥‥ 向きや大きさが変化する荷重
> 　①繰返し荷重‥ 同じ荷重が繰り返し加わる荷重
> 　②交番荷重‥‥‥ 大きさと方向が交互に変わる荷重
> 　③衝撃荷重‥‥‥ 瞬間的に加わる荷重

　物体は、荷重が加わることによって変形します。荷重は変形のしかたによって、次のような種類に分けることもできます。

125

● 物体の変形による荷重の種類

引張り荷重
物体を引き伸ばす。

圧縮荷重
物体を押しつぶす。

せん断荷重
はさみのように物体に断面
を生じさせる。

曲げ荷重
物体を曲げる。

ねじり荷重
物体をねじる。

材料に一定の荷重を長時間加え続けると、時間ととも
に材料が変形します。この現象を**クリープ**といいます。

クリープによって
生じるひずみをク
リープひずみとい
い、時間がたって
も、ひずみが増加
しない荷重の最大
値をクリープ限度
といいます。ク
リープは、高温で
荷重が大きいほど
生じやすくなりま
す。

応力とは

重要度 ★★★

物質に荷重を加えると、それに抵抗する力が物質の
内部に生じます。この力を応力（おうりょく）といいます。応力の
大きさは加えられた荷重の大きさに等しく、向きは正

応力は英語でスト
レス（stress）とい
う。

反対で荷重とつり合っています。

　応力には、荷重の種類に応じて、次のような種類が
あります。

●**応力の種類**

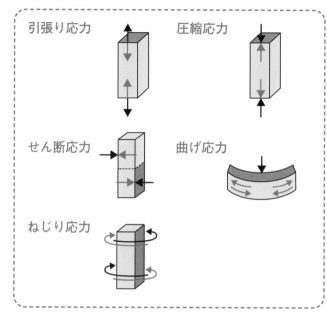

暗記

引張り応力と圧縮
応力をまとめて垂
直応力といいます。

もっと詳しく 垂直応力、せん断応力、曲げ応力の大
きさは、それぞれ次のように求めます。応力の単位に
はメガパスカル [MPa] が用いられます。

暗記

1MPa = 1,000,000Pa

公式

$$垂直（せん断）応力 = \frac{荷重 [N]}{断面積 [mm^2]} [MPa]$$

$$曲げ応力 = \frac{曲げモーメント [N\cdot mm]}{断面係数} [MPa]$$

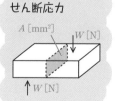

せん断応力

127

試験ではこう出る!

図のようなボルトに 1600N のせん断荷重を加えた
ところ、応力は 4MPa であった。ボルトの断面積は
いくらか。

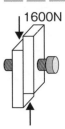

1600N

① 2.5mm²　　② 40mm²　　③ 25mm²　　④ 400mm²

合格のツボ　「せん断応力 ＝ 荷重 ／ 断面積」より、

$$断面積 ＝ \frac{荷重\ [N]}{せん断応力\ [MPa]}\ [mm^2]$$

となります。したがって、ボルトの断面積は次のよう
に求められます。

1600 ÷ 4 ＝ 400 [mm²]

（答え：④）

応力とひずみの関係　　重要度 ★★★

物体に荷重を加えると、物体は伸びたりゆがんだり
します。この変形の度合いを**ひずみ**といいます。
元の長さ L_0 が L_1 に変化したときのひずみ ε は、次
の式で表します。

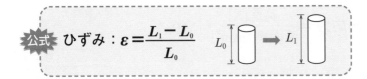

公式 ひずみ：$\varepsilon ＝ \dfrac{L_1 - L_0}{L_0}$

荷重を増していくにつれて、物体のひずみも大きく
なります。荷重がまだ小さいうちは、荷重を取り除け

ば物体も元の形に戻りますが、ある点を超えるともう元の形に戻らなくなります。

　荷重とひずみの関係を、応力とひずみの関係に置き換えてグラフで表すと、次のような曲線になります。

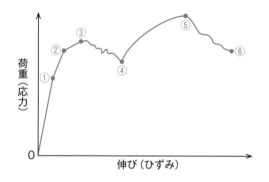

①～⑥の各点の意味を理解しましょう。

① **比例限度**：荷重の大きさとひずみの大きさが比例して増加する限界点。この点を超えると、荷重とひずみの比例関係がくずれはじめます。

② **弾性限度**：荷重を取り除いたとき、物体が元の形に戻る限界点。この点を超えると、物体は元の形に戻らなくなります。

③ **上部降伏点**：物体は急に応力を失い、荷重を加えなくても変形してしまいます。

④ **下部降伏点**：そのまま荷重を加えないでいると、この点で変形が止まります。

⑤ **極限強さ（引張り強さ）**：再度荷重を加えていくと、物体は応力を取り戻しますが、変形は次第に大きくなっていき、やがて応力の限界に達します。この点が物体の応力の最大値になります。

⑥ **破壊点**：最大応力を超えて荷重を加えると、物体はこの点で破壊されます。

フックの法則：荷重が比例限度以下では、荷重とひずみが比例すること。

荷重が弾性限度内であっても、熱や時間経過によってはクリープ（126ページ）が生じることがあります。

試験ではこう出る！

金属材料に荷重を加えた場合の材料の応力とひずみの関係を表した次のグラフに関する記述として、正しいものはどれか。

① A 点を比例限度という。
② B 点までは、荷重とひずみが比例する。
③ C 点を極限強さという。
④ E 点を降伏点という。

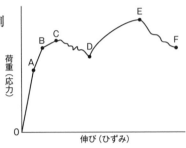

荷重（応力）／伸び（ひずみ）

合格のツボ

○① A 点は**比例限度**です。荷重とひずみの大きさは、A 点までは比例します。

×② B 点は**弾性限度**です。B 点までは、荷重を取り除くとひずみが元に戻ります。

×③ C 点は**上部降伏点**です。C 点を超えると、荷重を加えなくても物体は変形します。

×④ E 点は**極限強さ**（引張り強さ）です。これ以上の荷重を加えると物体は破壊されます。

（答え：①）

許容応力と安全率　　　重要度 ★★★

　機械を設計する際には、使用する部品がどの程度の荷重に耐えられるかを考慮しなければなりません。部品に加えてもよい荷重＝必要とされる応力の最大値を、**許容応力**といいます。

　許容応力は、材料が実際に耐えられる荷重の限度より低く見積もる必要があります。許容応力を、材料の

基準となる強さ（極限強さなど）に対してどのくらいの割合に設定するかを**安全率**といいます。

 公式 $$\text{安全率} = \frac{\text{基準強さ}}{\text{許容応力}}$$ 暗記

4

荷重と応力

　安全率を低く設定しすぎると、許容応力に余裕がなくなり、荷重に耐えられなくなる可能性が高くなります。逆に安全率を高くしすぎると、材料にかかるコストが高くなります。

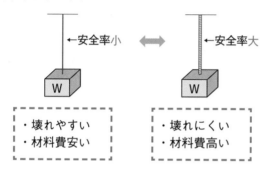

←安全率小 ⟷ ←安全率大

・壊れやすい
・材料費安い

・壊れにくい
・材料費高い

 試験ではこう出る！ ─────── check!

　次の式の（　）内に入る記号はどれか。

　　許容応力　＝　基準強さ　（　）　安全率

① ＋　　② －　　③×　　④÷

合格のツボ　「安全率 ＝ 基準強さ ÷ 許容応力」より、

　許容応力　＝　基準強さ　÷　安全率
　基準強さ　＝　許容応力　×　安全率

となります。

（答え：④）

3-5 金属材料

<table>
<tr><td rowspan="5">ここで
学習する用語</td></tr>
</table>

- 合金‥‥単体の金属に他の元素を混ぜ、金属材料としての性能を高めたもの。
- 鉄鋼‥‥鉄に炭素などの元素を混ぜ、金属材料としての性能を高めたもの。
- 炭素鋼‥鉄に2%以下程度の炭素を混ぜ、硬度を高めた合金。
- 鋳鉄‥‥鉄に2%以上の炭素を混ぜた、主に鋳造用の合金。
- 合金鋼‥炭素鋼にクロムやニッケルを混ぜ、耐熱性を高めた合金。

金属の性質　　　　　　　　　　　重要度 ★★★

　機械部品の材料には、金属がよく用いられています。一般に、金属には次のような性質があります。

- 常温で固体である（例外：水銀は常温で液体）。
- 展性がある（たたいて薄く広げることができる）。
- 延性がある（引っ張ると細く伸びる）。
- 電気の良導体である（電気をよく通す）。
- 熱伝導性が高い（熱が伝わりやすい）。
- 金属光沢がある（ピカピカしている）。

　金属の比重は種類によって異なりますが、一般に1より大きく、水に沈みます。白金（21.45）や金（19.32）は比重が大きく、マグネシウム（1.74）やアルミニウム（2.7）は比重が小さい金属です。

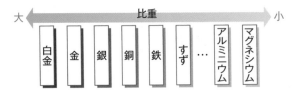

> 比重：物質の密度と、基準となる物質（固体・液体では水）の密度との比。

132

試験ではこう出る！　　　　　　　　　　　check!

次のうち、最も比重の大きな金属はどれか。

①銅　　②鉄　　③金　　④アルミニウム

合格のツボ　前ページの図を参照。　　　　　　　　（答え：③）

合金の性質　　　　　　　　　　　重要度 ★★★

単体の金属に、他の元素を添加したものを合金といいます。合金は、一般に元の金属の性質を変化させ、金属材料としての性能を高めたものです。

●合金の特性

- 硬度が増加する。
- 可鋳性（か ちゅうせい）が増加する（鋳造（ちゅうぞう）しやすくなる）。
- 可鍛性（か たんせい）が減少する（鍛造（たんぞう）しにくくなる）。
- 耐食性が増加する（さびにくくなる）。
- 融点が低くなる（例：はんだ）。
- 熱や電気の伝導性は低下する（熱や電気は伝わりにくくなる）。

鋳造：金属を溶かして鋳型（いがた）に流し込み、目的の形に造ること。
鍛造：金属を加熱してハンマーやプレスで打ち延ばし、目的の形に加工すること。

試験ではこう出る！　　　　　　　　　　check!

元の金属と比較した場合の合金の特性として、誤っているものはどれか。

①硬度が増加する。

②融点が高くなる。

③可鍛性が減少する。

④熱伝導性が減少する。

合格のツボ はんだ付けに使うはんだ（鉛とすずの合金）は、はんだごてを使えばすぐ溶けます。このように、合金にすると一般に融点は低くなります。

（答え：②）

代表的な合金には、次のような種類があります。

●代表的な合金

 暗記

炭素鋼	鉄 ＋ 炭素（約0.02～2%）
鋳鉄 (ちゅうてつ)	鉄 ＋ 炭素（約2%以上）
ステンレス鋼	炭素鋼 ＋ クロム ＋ニッケル
黄銅（真鍮）(しんちゅう)	銅 ＋ 亜鉛
青銅（砲金）	銅 ＋ すず
ジュラルミン	アルミニウム ＋ 銅 ＋ マグネシウム ＋ マンガン
はんだ	鉛 ＋ すず

> 黄銅はブラス、青銅はブロンズともいいます。

鉄鋼
重要度 ★★★

鉄鋼 (てっこう)（鋼 (はがね)）は、鉄を主成分にした合金で、工業用の材料として広く使われています。鉄鋼は含有成分によってさまざまな種類があります。

①炭素鋼（鉄 ＋ 炭素）

鉄と炭素の合金で、炭素の含有量が約0.02～2%程度のものをいいます。一般に、炭素含有量が多いと材料の硬度・引張り強さは増しますが、もろくなり、炭素含有量が少ないほど柔らかく、加工しやすくなります。

●炭素鋼の特性

暗記

	炭素含有量大	炭素含有量小
硬度	増加	減少
引張り強さ	増加	減少
伸び	減少	増加

②鋳鉄（鉄 ＋ 炭素）

　炭素含有量が2%以上のものを鋳鉄といいます。炭素鋼に比べると硬くてもろく、主に鋳造に用いられます。

③合金鋼（特殊鋼）

　炭素鋼に他の元素を混ぜたもので、代表的なものにステンレス鋼や耐熱鋼があります。これらは炭素鋼にクロムとニッケルを加えたもので、耐食性や耐熱性に優れています。

> クロム18%、ニッケル8%を含むものを18-8ステンレスといいます。

　試験ではこう出る！ ── check! ☐☐☐

　　耐熱鋼は何の合金か。
　①炭素鋼＋モリブデン＋すず
　②炭素鋼＋クロム＋ニッケル
　③炭素鋼＋ケイ素＋亜鉛
　④炭素鋼＋ニッケル＋マンガン

 ステンレス鋼と耐熱鋼は、どちらも炭素鋼にクロムとニッケルを添加したものです。

（答え：②）

135

金属の熱処理

　鉄鋼は炭素の含有量などによって性質が変わりますが、加熱・冷却によってさらに材料の性質を変化させることができます。この過程を熱処理といい、次のような種類があります。

●熱処理

①焼入れ	高温に加熱した後、水や油で急冷却する➡ **硬度を増す**	
②焼戻し	焼入れ後に再加熱し、徐々に冷却する➡ **粘りを出して強靭にする**	
③焼なまし	一定時間加熱した後、徐々に冷却する➡ **軟らかくする**	
④焼ならし	加熱後、大気中で自然冷却する➡ **組織を均一にならす**	

 試験ではこう出る！

　鋼の熱処理の説明で、誤っているものはどれか。

①焼入れは、鋼を高温に加熱した後に急冷却する処理で、鋼の硬度を増すために行う。

②焼戻しは、鋼を再加熱後に急冷却する処理で、鋼の加工性を増すために行う。

③焼なましは、鋼を長時間加熱した後に徐々に冷却する処理で、鋼を軟らかくするために行う。

④焼ならしは、鋼を加熱後に大気中で自然冷却する処理で、ひずみを除去して組織を均一化するために行う。

合格のツボ　焼戻しは、鋼を再加熱した後、徐々に冷却する処理で、鋼に粘りを出し、強靭にするために行います。　　　　（答え：②）

3-6 ねじとはり

ここで
学習する用語

- ●呼び径‥‥ ねじの規格上の直径。
- ●ピッチ‥‥ ねじ山とねじ山の間の距離。
- ●リード‥‥ ねじが一回転したときの移動距離。
- ●止めねじ‥ ねじの先端で部品を固定するねじ。
- ●座金（ワッシャー）‥‥‥締め付け面（ナットなど）との間に挟んでゆるみを防ぐ金具。
- ●ボルト‥‥ 部品と部品を締めつけて、固定するためのねじ。
- ●ナット‥‥ ボルトを固定するための金具。

ねじ

重要度 ★★★

ねじの形状は、直径やピッチ、ねじ山の角度などによって決まります。

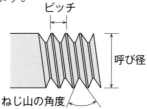

ピッチ

呼び径

ねじ山の角度

直径は測り方によって外径と内径などがありますが、規格上の直径（通常は外径）を呼び径といいます。

また、ねじ山の距離をピッチ、ねじを1回転したときの移動量をリードといいます。リードとピッチは多くのねじで一致していますが、リードがピッチの2倍、3倍になるねじもあります。一般に、ピッチやリードが小さいほど、ねじの締め付けが強くなります。

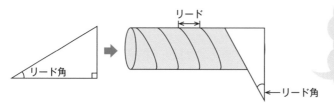

リード

リード角

リード角

ねじの溝は、直角三角形を丸めて円筒を作ったときの斜辺にあたります。

ねじのゆるみを防止するものとして、誤っているものはどれか。

①ピン・止めねじを使用する。

②座金を使用する。

③リード角の異なるねじを使用する。

④ナットを使用して締める。

合格のツボ

○① 止めねじは、ねじの先端で部品の動きを止める
　　ねじです。ピンはねじではありませんが、同様
　　に穴に差し込んで部品の動きを止めるのに使い
　　ます。

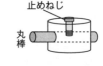

止めねじ

丸棒

○② 座金（ワッシャー）は、締め付け面との間に通
　　して、ゆるみを防ぐのに使います。

座金
（ワッシャー）

×③ ねじの溝は、直角三角形を丸めて円柱にしたと
　　きの斜辺に相当します。この斜辺の角度をリー
　　ド角といいます（前ページ図）。リード角が異な
　　ると、ねじを回すことができないので、この記
　　述は誤りです。

ナット

ボルト

○④ ナットは、ボルトとセットで使い、ねじを締め
　　付けます。

（答え：③）

ねじの規格

重要度 ★★★

　ねじの寸法と形状は、JIS 規格によって細かく規定
されていますが、大きく次の3種類に分類できます。

①メートルねじ

　直径やピッチをミリメートルで表したねじ。表記に
は記号「M」を用います。

例 M10 ねじ←直径 10 ミリのメートルねじ

②ユニファイねじ（インチねじ）

ピッチを 1 インチ当たりの山数で表すねじ。UNC は「並目ねじ」、UNF は「細目ねじ」を表します。

> 一般的なピッチのねじを並目ねじ、ピッチが小さくねじ山数が多いねじを細目ねじといいます。

例 No.10-24UNC ←山数が 1 インチ当たり 24 のユニファイ並目ねじ

③管用ねじ

管の接続に利用されるねじで、G は平行ねじ、R はテーパねじを表します。

> 径が同じねじを平行ねじ、先が細くなっている形状のねじをテーパねじといいます。

例 G 1/2 ←直径 1/2 インチの管用平行ねじ

試験ではこう出る！　　check!

　　M10 と表記されたボルトの説明として、正しいものはどれか。
　①1 インチ当たりの山数が 10 である。
　②ボルトの直径は 10mm である。
　③ボルトの直径は 10cm である。
　④ユニファイ並目ねじである。

合格のツボ　「M10」という表記は、直径10mmのメートルねじのことです。

（答え：②）

はり

重要度 ★★★

　主にせん断荷重や曲げ荷重を受ける棒状の部材を、はり（梁）といいます。代表的なはりの種類を覚えておきましょう。

●はりの種類

①片持ちはり
一端を固定したはり。

②固定はり
両端を固定したはり。
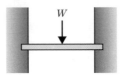

③両端支持はり
両端に支点があるはり。
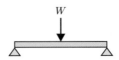

④張出しはり
支点の外側に荷重が加
わるはり。
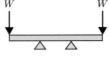

⑤連続はり
3つ以上の支点で支え
られているはり。

○か？× か？

check!

2個以上の支点で支えられているはりを、連続はりという。

合格のツボ　連続はりは、3個以上の支点で支えられ
ているはりです。

（答え：×）

3-7 気体と圧力

| ここで
学習する用語 | ● パスカルの原理 ‥‥‥ 密閉された容器中の液体に圧力を加え
　　　　　　　　　　　　ると、その圧力は均等に加わる。
● ボイルの法則 ‥‥‥‥ 温度が一定のとき、気体の体積は圧力
　　　　　　　　　　　　に反比例する。
● シャルルの法則 ‥‥‥ 圧力が一定のとき、気体の体積は絶対
　　　　　　　　　　　　温度に比例する。
● ボイル・シャルルの法則 ‥‥ 気体の体積は圧力に反比例し、
　　　　　　　　　　　　絶対温度に比例する。 |

大気圧とゲージ圧　重要度★★★

　地球の表面は空気の層で覆（おお）われているので、地上に
は空気の重みによる圧力がかかります。この圧力を大
気圧といいます。大気圧の標準的な大きさは
101325Pa です。

　大気中で物体に圧力をかけると、実際にはその圧力
に加えて大気圧もかかります。大気圧を含めた圧力を
絶対圧力といい、大気圧を含めない圧力をゲージ圧
（相対圧力）といいます。

> 101325Pa
> 　　（パスカル）
> ＝約 1013hPa
> （ヘクトパスカル）
> ＝約 0.1MPa
> 　（メガパスカル）

公式　絶対圧力 ＝ ゲージ圧 ＋ 大気圧

暗記

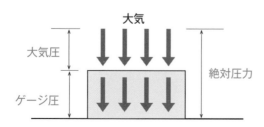

パスカルの原理

　密閉された容器中の液体の一部に圧力を加えると、その圧力は均等に同じ強さで液体の各部に伝わります。これをパスカルの原理といいます。

　図のように、U字型の管に液体を入れ、一方のピストンを P_1 の力で押し下げると、もう一方のピストンには押し上げる力 P_2 が働きます。

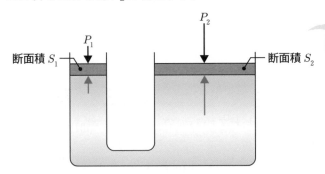

S_2 が S_1 の2倍の大きさのとき、P_2 の力の大きさは P_1 の2倍に等しい。

　それぞれのピストンの断面積を S_1、S_2 とすると、パスカルの原理により、次の式が成り立ちます。

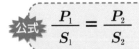 公式

$$\frac{P_1}{S_1} = \frac{P_2}{S_2}$$

 暗記

ボイル・シャルルの法則

　温度を一定とすると、気体の体積は圧力に反比例します。すなわち、加える圧力を大きくするほど、体積は小さくなります（ボイルの法則）。

　圧力を P、体積を V とすれば、この法則は次の式で表せます。

$PV = $ 一定

今度は圧力を一定とすると、気体の体積は絶対温度に比例します。すなわち、絶対温度を高くするほど体積が増加します（**シャルルの法則**）。

絶対温度をT、体積をVとすれば、この法則は次の式で表せます。

$$\frac{V}{T} = \text{一定}$$

以上から、「気体の体積は圧力に反比例し、絶対温度に比例する」ことがわかります。これを**ボイル・シャルルの法則**といいます。

ボイル・シャルルの法則を式で表すと、次のようになります。

> $PV／T$の値が一定になるので、体積Vが増えれば、圧力Pを減らすか絶対温度Tを増やさなければなりません。つまり、体積は圧力に反比例し、絶対温度に比例します。

公式
$$\frac{PV}{T} = \text{一定}$$

 暗記

 試験ではこう出る！ check!

気体に加える圧力を5倍に、絶対温度を3倍にしたとき、この気体の体積は何倍になるか。
① 1／5倍　　② 1／3倍　　③ 3／5倍　　④ 5／3倍

合格のツボ

気体の体積は圧力に反比例するので、圧力を5倍にすれば体積は1／5倍になります。

また、気体の体積は絶対温度に比例するので、絶対温度を3倍にすると体積も3倍になります。

以上から、気体の体積は、

$$\frac{1}{5}\text{倍} \times 3\text{倍} = \frac{3}{5}\text{倍}$$

になります。

（答え：③）

143

第3章 実践問題

解答と解説：153 ページ

[「力」について]

問1 check! ☐☐☐　　　　　　　　　　重要度 ☆☆☆

　長さ60cmのパイプレンチがある。丸棒の中心から40cmのところを持って50Nの力を加えたとき、丸棒が受ける力のモーメントはいくらか。

❶ 20N・m　　**❷** 30N・m　　**❸** 200N・m　　**❹** 300N・m

問2 check! ☐☐☐　　　　　　　　　　重要度 ☆☆☆

　図のような片持ちはりの自由端に200Nの荷重を加えたときの最大曲げモーメントはいくらか。

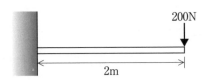

❶ 10N・m　　**❷** 40N・m　　**❸** 100N・m　　**❹** 400N・m

問3 check! ☐☐☐　　　　　　　　　　重要度 ☆☆☆

　2つの力 F_1、F_2 が図のように同時に作用するとき、2つの力の合力の大きさはいくらか。

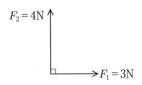

❶ $3\sqrt{3}$ N　　**❷** $4\sqrt{2}$ N　　**❸** 5N　　**❹** 7N

問4 check! ☐☐☐　　　　　　　　　　　重要度 ★☆☆

片側が張り出している図のようなはりに、100Nと200Nの集中荷重が働いているとき、2つの支点にかかる反力 F_a、F_b の値はいくらか。

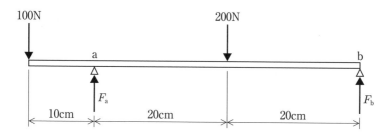

	F_a	F_b
❶	75	225
❷	100	200
❸	200	100
❹	225	75

[加速度]

問5 check! ☐☐☐　　　　　　　　　　　重要度 ★☆☆

1周500mの湖を2分30秒で1周した場合、時速は何km/時か。

❶ 9　　　❷ 10　　　❸ 12　　　❹ 15

問6 check! ☐☐☐　　　　　　　　　　　重要度 ★☆☆

10kgの物体を19.6m/sの速度で真上に投げ上げたとき、物体は最大で何mの高さまで上がるか。ただし、空気抵抗は考えないものとする。

❶ 4.9　　　❷ 9.8　　　❸ 19.6　　　❹ 29.4

[運動と仕事]

運動の法則に関する次の文中の（　）に当てはまる語句の組合せとして、正しいものはどれか。

「2つの物体A、Bがあり、AがBに対して力を及ぼすとき、Bはそれと大きさが等しく（　ア　）の力をAに対して及ぼす。これを（　イ　）という。」

	ア	イ
❶	同じ方向	運動の第2法則
❷	同じ方向	運動の第3法則
❸	逆向き	運動の第2法則
❹	逆向き	運動の第3法則

水平面上に置かれた重量200Nの物体を、徐々に力を入れながら水平に押したところ、120Nの力で物体が動きはじめた。物体と水平面の間の摩擦係数はいくらか。

❶ 0.6　　　❷ 0.8　　　❸ 1.7　　　❹ 2.4

水平な板の上に重量100Nの物体を置き、板を徐々に傾けたところ、角度が30°になったところで物体が滑りはじめた。接触面の摩擦係数として、最も近い値はどれか。ただし、sin30° ＝ 0.5、cos30° ＝ 0.87、tan30° ＝0.58とする。

30°　100N

1 0.5　　**2** 0.6　　**3** 0.8　　**4** 0.9

問 10 check! ☐☐☐　　　　　　　　重要度 ☆☆☆

　重量 2kN の物体を、10m/s の速度で引き上げるのに必要な動力は何 kW か。

1 2　　　**2** 5　　　**3** 10　　　**4** 20

問 11 check! ☐☐☐　　　　　　　　重要度 ☆☆☆

　図のような滑車を使って、重量 1000N の物体を持ち上げるのに必要な力は何 N か。

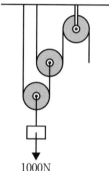

1000N

1 125　　**2** 250　　**3** 500　　**4** 750

[荷重と応力]

問 12 check! ☐☐☐　　　　　　　　重要度 ☆☆☆

　断面積 A のボルトに、せん断荷重 W が加わったときのせん断応力 τ を表す式として正しいものはどれか。

1 $\tau = A \div W$
2 $\tau = W \div A$
3 $\tau = W \times A$
4 $\tau = W \times A^2$

　金属材料に荷重を加えた場合の材料の応力とひずみの関係を表した次の図に関する記述として、誤っているものはどれか。

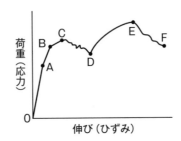

❶ A 点を比例限度という。
❷ B 点を弾性限度という。
❸ C 点を上部降伏点という。
❹ D 点を極限強さという。

金属材料におけるクリープの説明として、誤っているものはどれか。

❶ 温度が高いほど発生しやすい。
❷ 応力が高いほど発生しやすい。
❸ 加えられる荷重が一定でも、時間とともにひずみは増加する。
❹ 加えられる荷重が弾性限度内であれば発生しない。

蓄圧式の消火器の本体容器に加わる主な荷重は次のうちどれか。

❶ せん断荷重
❷ 圧縮荷重
❸ 引張り荷重
❹ ねじり荷重

問 16 check! ☐☐☐　　　　　　　　　　　重要度 ★☆☆

　金属材料の許容応力、基準強さ、安全率の関係式として、正しいものはどれか。

❶ 安全率＝許容応力÷基準強さ
❷ 基準強さ＝許容応力÷安全率
❸ 許容応力＝基準強さ×安全率
❹ 基準強さ＝許容応力×安全率

問 17 check! ☐☐☐　　　　　　　　　　　重要度 ★☆☆

　断面積が 10mm^2、引張り強さ（基準強さ）450N/mm^2 の鋼材がある。安全率を 3 とする場合、この鋼材の許容応力はいくらか。

❶ 150N/mm^2
❷ 300N/mm^2
❸ 450N/mm^2
❹ 1500N/mm^2

［金属材料］

問 18 check! ☐☐☐　　　　　　　　　　　重要度 ★☆☆

　炭素含有量が 1%以下の炭素鋼の常温における性質について、正しいものはどれか。

❶ 炭素含有量が多くなると、引張強さと伸びは増加するが、硬さは減少する。
❷ 炭素含有量が多くなると、引張強さと硬さが増加するが、伸びは減少する。
❸ 炭素含有量が少なくなると、硬さは増加するが、引張強さと伸びは減少する。
❹ 炭素含有量が少なくなると、硬さと伸びが増加するが、引張強さは減少する。

鉄鋼材料でないものはどれか。

① ステンレス
② 鋳鉄
③ 黄銅
④ 耐熱鋼

　ステンレス鋼に関する次の記述の（　　）内に入る語句の組合せとして、正しいものはどれか。
「18－8ステンレス鋼は、（　ア　）を18%、（　イ　）を8%含む合金鋼である。」

	ア	イ
①	クロム	ニッケル
②	ニッケル	クロム
③	クロム	マンガン
④	マンガン	クロム

鉄鋼材料の熱処理である「焼戻し」の説明として、正しいものはどれか。

① 高温に加熱した後に急冷却する処理で、鋼の硬度を増す。
② 加熱後に大気中で自然冷却する処理で、ひずみを除去して組織を均一化する。
③ 再加熱後に徐々に冷却する処理で、鋼に粘りを出して強靭にする。
④ 長時間加熱した後、徐々に冷却する処理で、鋼を軟らかくする。

問 22 check! ☐☐☐   重要度 ☆☆☆

「M10」と表記されたねじの種類として、正しいものはどれか。

❶ ユニファイ並目ねじ
❷ メートル並目ねじ
❸ 管用平行ねじ
❹ 管用テーパねじ

問 23 check! ☐☐☐   重要度 ☆☆☆

図で示すはりの名前として、誤っているものはどれか。

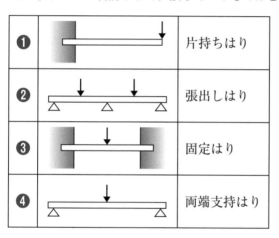

❶		片持ちはり
❷		張出しはり
❸		固定はり
❹		両端支持はり

[気体と圧力]

問 24 check! ☐☐☐ 　　　　　　　　　　　重要度 ★☆☆

　図の水圧器において、ピストン A の断面積 A は、ピストン B の断面積 B の 2 倍の大きさである。ピストン A とピストン B にそれぞれ力 P_A、P_B を加えたところ、両者は同じ高さ H でつり合った。このときの力 P_A、P_B の関係として、正しいものはどれか。

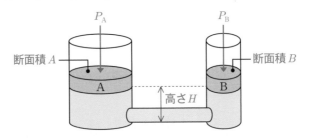

❶ P_A の大きさは P_B の 1/2 に等しい。
❷ P_A の大きさは P_B と等しい。
❸ P_A の大きさは P_B の 2 倍に等しい。
❹ P_A の大きさは P_B の 3 倍に等しい。

問 25 check! ☐☐☐ 　　　　　　　　　　　重要度 ☆☆☆

ボイル・シャルルの法則の説明として、正しいものはどれか。

❶ 気体の体積は、絶対温度に比例し、圧力に反比例する。
❷ 気体の体積は、圧力に比例し、絶対温度に反比例する。
❸ 気体の体積は、絶対温度と圧力に比例する。
❹ 気体の体積は、圧力に比例し、絶対温度にかかわらず一定である。

問 26 check! ☐☐☐ 　　　　　　　　　　　重要度 ☆☆☆

　ある気体に加わる圧力を 3 倍にし、絶対温度を 4 倍にしたとき、この気体の体積は何倍になるか。

❶ 1／12 倍　　　❷ 3／4 倍　　　❸ 4／3 倍　　　❹ 12 倍

第３章　実践問題の解答と解説

［「力」について］

問1 ❶　　　参照▶109ページ

力のモーメントは、「力の大きさ×力の中心からの距離」で求めるので、

50〔N〕× 0.4〔m〕＝20〔N・m〕

となります。

問2 ❹　　　参照▶109ページ

曲げモーメント（力のモーメントと計算方法は同じ）は、200〔N〕× 2〔m〕＝400〔N・m〕となります。

問3 ❸　　　参照▶107ページ

F_1 と F_2 の合力を作図すると、下図のようになります。

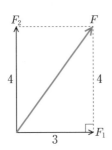

合力 F は、F_1 を底辺、F_2 を高さとする直角三角形の斜辺に当たるので、三平方の定理より、$F = \sqrt{F_1{}^2 + F_2{}^2}$ が成り立ちます。したがって、

$$F = \sqrt{3^2 + 4^2} = \sqrt{9 + 16}$$
$$= \sqrt{25} = 5 \ \text{〔N〕}$$

となります。

問4 ❹　　　参照▶110～112ページ

支点 a を中心に考えると、200N の荷重による右回りのモーメントに、反力 F_b と 100N の荷重による左回りのモーメントがつり合います。

右回り：$200 \times 20 = 4000 \cdots ①$
左回り：$F_b \times (20+20)$
$\qquad +100 \times 10$
$\qquad = F_b \times 40 + 1000 \cdots ②$

①、②は等しいので、
$\qquad F_b \times 40 + 1000 = 4000$
$\qquad \therefore F_b = (4000 - 1000) \div 40$
$\qquad\qquad = 75 \ \text{〔N〕}$

次に、支点 b を中心に考えると、100N と 200N の荷重による左回りのモーメントに、反力 F_a による右回りのモーメントがつり合います。

左回り：$100 \times (10+20+20)$
$\qquad +200 \times 20 = 9000 \cdots ③$
右回り：$F_a \times (20 + 20)$
$\qquad = F_a \times 40 \cdots ④$

③、④は等しいので、$F_a \times 40 = 9000$
$\qquad \therefore F_a = 9000 \div 40 = 225 \ \text{〔N〕}$

問5 ③

参照▶113ページ

距離500m＝1／2km、所要時間2分30秒＝150秒＝150／3600時間なので、速度＝距離÷時間より、

$$\frac{1}{2} \div \frac{150}{3600} = \frac{1 \times 3600}{2 \times 150}$$
$$= \frac{3600}{300} = 12 \ [km／時]$$

問6 ③

参照▶115〜117ページ

物体の初速が19.6m/sのとき、t秒後の速度vは、

$$v = 19.6 - 9.8t$$

と表せます。物体が最高点に達するとき、速度vは0になるので、次の式が成り立ちます。

$$19.6 - 9.8t = 0 \quad \therefore t = 2 \ [秒]$$

時間tと速度の関係をグラフで表すと、下図のようになります。物体の移動距離Sは、色網の部分の面積に等しいので、次のように計算できます。

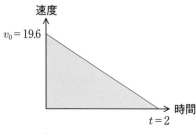

$$S = \frac{1}{2} \times 2 \times 19.6 = 19.6 \ [m]$$

[運動と仕事]

問7 ④

参照▶119ページ

2つの物体A、Bがあり、AがBに対して力を及ぼすとき、Bはそれと大きさが等しく逆向きの力をAに対して及ぼします。これを運動の第3法則（作用・反作用の法則）といいます。

問8 ①

参照▶120ページ

物体の重量をN［N］、最大摩擦力をF［N］、摩擦係数をμとすると、$F = \mu N$より、

$$\mu = \frac{F}{N}$$

この式に$N = 200$、$F = 120$を代入すると、摩擦係数は次のようになります。

$$\mu = 120 \div 200 = 0.6$$

問9 ②

参照▶121ページ

物体が滑りはじめるときの角度をθとすると、斜面の摩擦係数は、物体の重量に関わりなく、$\tan\theta$で求められます。したがって、摩擦係数は$\tan 30° \fallingdotseq 0.6$となります。

問10 ④

参照▶122ページ

重量2kNの物体を10m引き上げるのに必要な仕事量は、$W = Fs$より、

$$2 \times 10 = 20 \ [kJ]$$

です。10m/s の速度で引き上げるには、1 秒間に 20kJ の仕事量が必要です。動力は単位時間（1 秒）当たりの仕事量なので、必要な動力は20 [kJ/s] ＝ 20 [kW] となります。

問 11 ②　　　参照▶ 124 ページ

動滑車が２個あるので、必要な力 F は次のように計算できます。

$$F = \frac{1000}{2^2} = 250 \ [N]$$

［荷重と応力］

問 12 ②　　　参照▶ 127 ページ

応力 τ は荷重÷断面積なので、

$$\tau = W \div A$$

となります。

問 13 ④　　　参照▶ 129 ページ

D 点は下部降伏点です。極限強さは E 点になります。

問 14 ④　　　参照▶ 126 ページ

クリープは、高温状態で材料に一定の荷重を加えると、時間経過につれてひずみが増大していく現象です。クリープは、加えられる荷重が弾性限度内であっても生じます。

問 15 ③　　　参照▶ 126 ページ

蓄圧式の消火器は、内部に高圧のガスが充てんされているため、内側から膨らもうとする力が働きます。

そのため、消火器の本体容器は内側から外側に引っ張られます。

問 16 ④　　　参照▶ 131 ページ

安全率は、材料の基準強さ（極限強さや引張り強さ）が、許容応力の何倍にあたるかを表す数値で、次の式で求めます。

安全率＝基準強さ÷許容応力

上の式を変形すると、

許容応力＝基準強さ÷安全率
基準強さ＝許容応力×安全率

となります。

問 17 ①　　　参照▶ 131 ページ

「許容応力 ＝ 基準強さ ÷ 安全率」で求めます。断面積は関係ありません。

$$450 \div 3 = 150 \ [N/mm^2]$$

［金属材料］

問 18 ②　　　参照▶ 135 ページ

炭素鋼は、炭素含有量が多いほど硬度と引張り強さが増加しますが、伸びは減少します。

問 19 ③　　　参照▶ 134 ページ

鉄鋼は鉄を主成分とした合金で、炭素鋼（鉄＋炭素）、鋳鉄（鉄＋炭素）、ステンレス（炭素鋼＋クロム＋ニッケル）、耐熱鋼（炭素鋼＋クロ

ム＋ニッケル）などがあります。

黄銅は銅と亜鉛の合金で、真鍮ともいいます。

問 20 ❶ 参照▶ 135 ページ

18−8ステンレス鋼は、炭素鋼にクロム 18%、ニッケル 8%を含む合金鋼です。

問 21 ❸ 参照▶ 136 ページ

× ❶ 「焼入れ」の説明です。
× ❷ 「焼ならし」の説明です。
○ ❸ 「焼戻し」の説明です。
× ❹ 「焼なまし」の説明です。

問 22 ❷ 参照▶ 139 ページ

「M10」はメートル（並目）ねじの呼び径（直径）を表します。

問 23 ❷ 参照▶ 140 ページ

❷の図は、3つ以上の支点があるので「連続はり」です。張出しはりは、支点の外側に荷重がかかるはりです。

張出しはり

［気体と圧力］

問 24 ❸ 参照▶ 142 ページ

パスカルの原理より、次の式が成り立ちます。

$$\frac{P_A}{A} = \frac{P_B}{B} \quad \therefore P_A = P_B \times \frac{A}{B} \cdots ①$$

断面積 A は断面積 B の 2 倍なので、$A = 2B$ です。これを式①に代入すると、

$$P_A = P_B \times \frac{2B}{B} \quad \rightarrow \quad P_A = 2P_B$$

以上から、P_A は P_B の 2 倍の大きさになります。

問 25 ❶ 参照▶ 143 ページ

気体の体積は、圧力が一定であれば絶対温度に比例し、絶対温度が一定であれば圧力に反比例します。

問 26 ❸ 参照▶ 143 ページ

気体の体積は絶対温度に比例するので、温度を 4 倍にすれば体積も 4 倍になります。また、圧力に反比例するので、圧力を 3 倍にすると体積は 1 ／ 3 になります。以上から、

$$4 \times \frac{1}{3} = \frac{4}{3} \text{ 倍}$$

になります。

第4章

消火器の構造

4-1 燃焼と消火の原理

ここで
学習する用語

- 燃焼の四要素・・・・①可燃物
　　　　　　　　　②酸素供給源
　　　　　　　　　③点火源
　　　　　　　　　④連鎖反応
- 消火の四要素・・・・①除去作用
　　　　　　　　　②窒息作用
　　　　　　　　　③冷却作用
　　　　　　　　　④抑制作用（負触媒作用）

燃焼の四要素

重要度 ★★★

　モノが燃えるためには、絶対に欠かせない要素が4つあります。これを燃焼の四要素といいます。

①可燃物
②酸素供給源　　　　　　燃焼の四要素
③点火源（熱）
④連鎖反応

連鎖反応を除いて、「燃焼の三要素」ということもあります。

　たとえば、ロウソクの燃焼では、ロウソクが可燃物、空気が酸素供給源、ロウソクに火をつけるマッチやライターが点火源になります。

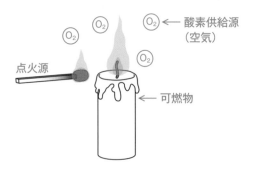

酸素供給源
（空気）

点火源

可燃物

①可燃物

　燃焼とは、物質が光と熱を発して酸素と反応する現象です。燃える物質を可燃物といいます。

②酸素供給源

　酸素を与えるものを酸素供給源といいます。もっとも身近な酸素供給源は空気です。

> 空気には酸素が約21％含まれています。

③点火源

　可燃物と空気があっても、それだけで燃焼が起こるわけではありません。可燃物は、発火点以上の温度になってはじめて燃えはじめます。そのため、可燃物に熱を与える点火源が必要です。

④連鎖反応

　いったん燃焼がはじまると、その熱によって可燃物が高温になり、さらに可燃物が燃焼します。モノが燃え続けるのは、この連鎖反応によるものです。

消火の四要素　　　　　　　　重要度 ★★★

　モノが燃えるには、可燃物、酸素供給源、点火源、連鎖反応の4つの要素が必要です。言い換えると、これらのうちどれか1つを取り除けば、燃焼は起こりません。これを消火の四要素といいます。

①除去作用 ←可燃物を取り除く
②窒息作用 ←酸素供給源を取り除く 　消火の四要素
③冷却作用 ←熱を取り除く
④抑制作用 ←連鎖反応を取り除く

①除去作用

　燃えているモノ自体を取り除けば、燃焼は起こりません。たとえば、ガスの元栓を閉めてガスコンロの火を消すのは、可燃性のガスを取り除く除去作用によるものです。

②窒息作用

　酸素がなければ燃焼は起こりません。たとえば、砂や土をかけて火を消すのは、周囲の空気を遮断する窒息作用によるものです。

③冷却作用

　可燃物の温度を発火点より下げれば、燃焼は起こりません。水をかけて火を消すのは、主に可燃物の温度を下げる冷却作用によるものです。

④抑制作用（負触媒作用）

　連鎖反応が起きなければ、燃焼は継続できません。ハロゲン化物やりん酸塩類などには、可燃物の酸化反応を抑制する作用があります。

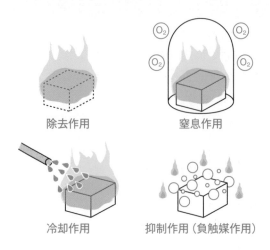

除去作用　　窒息作用

冷却作用　　抑制作用（負触媒作用）

　消火器に使われている消火剤は、窒息作用、冷却作用、抑制作用のいずれかによって燃焼を止めます。

●消火剤と消火作用

消火剤の種類	消火作用	説明
水	冷却作用	注水により周囲の空気の熱を奪う。
強化液	冷却作用＋抑制作用	水による冷却作用に、炭酸カリウムなどの抑制作用をプラス。
泡（化学泡、機械泡）	窒息作用＋冷却作用	燃焼物を泡で覆い、空気を遮断する。泡の水分による冷却作用もある。
二酸化炭素	窒息作用	燃焼物を二酸化炭素で覆い、酸素を遮断する。
ハロゲン化物	窒息作用＋抑制作用	燃焼物をハロゲン化物で覆い、酸素を遮断する。ハロゲン化物には抑制作用もある。
粉末	抑制作用＋窒息作用	りん酸アンモニウム（りん酸塩類）などの粉末による抑制作用と、粉末による窒息作用。

試験ではこう出る！

check!

　消火剤と主な消火作用についての記述として、誤っているものはどれか。

①強化液は冷却作用と抑制作用によって消火する。
②化学泡は窒息作用と抑制作用によって消火する。
③二酸化炭素は窒息作用によって消火する。
④消火粉末は抑制作用と窒息作用によって消火する。

合格のツボ　泡消火剤には化学泡と機械泡がありますが、消火作用はいずれも窒息作用と冷却作用です。

（答え：②）

161

4-2 消火器の分類

- 消火剤による分類‥‥ 水消火器、強化液消火器、機械泡消火器、化学泡消火器、二酸化炭素消火器、ハロゲン化物消火器、粉末消火器
- 加圧方式による分類‥‥ 蓄圧式、ガス加圧式、反応式
- 運搬方式による分類‥‥ 手さげ式、据置式、背負式、車載式
- 大型消火器‥‥消火薬剤量が所定の量以上で、A火災に対する能力単位が10以上、B火災に対する能力単位が20以上の消火器

消火剤の種類

重要度 ★★★

消火器は、本体容器に詰めた**消火剤**を放射して火災を消火します。消火剤の種類によって、次のような種類があります。

消火器の種類	消火剤
• 水消火器	水（浸潤剤入り）
• 強化液消火器	強化液
• 泡消火器	機械泡または化学泡
• 二酸化炭素消火器	二酸化炭素
• ハロゲン化物消火器	ハロゲン化物
• 粉末消火器	粉末消火剤

このほか、現在では使われなくなった消火器に酸アルカリ消火器があります。

それぞれの消火器の構造については、次節でくわしく説明します。

適応火災

重要度 ★★★

消火器は、使用する消火剤によって適応する火災の

種類が異なります。火災の種類には、

① A火災（木材や紙などによる火災）
② B火災（引火性液体などによる火災）
③ 電気火災（電線、モーターなどによる火災）

の3種類があり、それぞれ**普通火災**、**油火災**、**電気火災**といいます。
　消火器本体には、適応する火災の種類が丸い絵表示によって示されています。

> 規格上は、B火災以外の火災をA火災といいます。

> 電気火災をC火災と呼ぶこともあります。

2
消火器の分類

普通火災用（A火災）　油火災用（B火災）　電気火災用

●消火剤と適応火災

 暗記

	A火災 （普通火災）	B火災 （油火災）	電気火災
水（浸潤剤入り）	○		○ （霧状のみ）
強化液	○	○ （霧状のみ）	○ （霧状のみ）
機械泡／化学泡	○	○	
二酸化炭素		○	○
ハロゲン化物		○	○
粉末	○※	○	○

> ガソリン、灯油などの第4類危険物には、B火災に適応する消火器を使います。

※りん酸アンモニウムのみ

試験ではこう出る！ ────────────

　消火剤の適応火災についての記述として、誤っているものはどれか。

①霧状に放射する強化液は、A火災、B火災に適応するが、電気火災には適応しない。

②二酸化炭素は、B火災、電気火災に適応するが、A火災には適応しない。

③機械泡は、A火災、B火災に適応するが、電気火災には適応しない。

④りん酸塩類の粉末は、A火災、B火災、電気火災に適応する。

合格のツボ

×① 強化液は、霧状に放射する場合はA火災、B火災、電気火災すべてに適応します。

○② 二酸化炭素は人間が窒息するおそれがあるため、普通火災には使用しません。

○③ 泡は水分なので、電気火災では感電やショートのおそれがあります。

○④ りん酸塩類の粉末は、A火災、B火災、電気火災（C火災）すべてに適応するため、ABC粉末ともいいます。

（答え：①）

加圧方式　　　　　　　　　重要度 ★★★

　消火剤を放射するには消火器の内部に圧力が必要です。この圧力を加える方式には、蓄圧式と加圧式があります。また、加圧式はガス加圧式と反応式の2種類に分かれます。

①蓄圧式

　本体容器内に圧縮ガスを充てんしているもの。バル

ブを開くと、圧縮ガスの圧力によって消火薬剤がサイホン管に吸い込まれ、外に放射されます。蓄圧式消火器には指示圧力計がついていて、圧力が正常かどうか確認できるようになっています（二酸化炭素消火器、ハロゲン化物消火器を除く）。

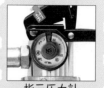

指示圧力計

②ガス加圧式

　本体に、圧縮ガスを充てんした加圧用ガス容器を取り付けたもの。使用時は加圧用ガス容器から本体内部に圧縮ガスを送り、その圧力で消火剤を放射します。

③反応式

　化学泡消火器の方式で、2種類の薬剤を混ぜると化学反応によってガスが発生し、その圧力によって消火剤を放射します。

酸アルカリ消火器は、使用時に炭酸水素ナトリウムと硫酸を混合させ、圧力源となる炭酸ガスを発生させるもので、反応式に分類されます。

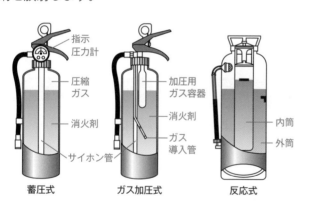

指示圧力計　圧縮ガス　消火剤　サイホン管　蓄圧式

加圧用ガス容器　消火剤　ガス導入管　ガス加圧式

内筒　外筒　反応式

○か？×か？　　　check!

　指示圧力計が設けられている消火器は、ガス加圧式消火器である。

合格のツボ　指示圧力計は、蓄圧式の消火器（二酸化炭素消火器、ハロゲン化物消火器を除く）に設けられ

ます。ガス加圧式消火器にはありません。　　　　　　（答え：×）

●消火器の種類と加圧方式

	蓄圧式	ガス加圧式	反応式
水消火器	○	(○)	
強化液消火器	○	○	
機械泡消火器	○	○	
化学泡消火器			○
二酸化炭素消火器	○		
ハロゲン化物消火器	○		
粉末消火器	○	○	

二酸化炭素消火器とハロゲン化物消火器は、構造上蓄圧式しかありません。また、化学泡消火器は構造上反応式しかありません。
その他の消火器は、蓄圧式とガス加圧式のどちらの方式も可能ですが、ガス加圧式の水消火器は実際には製造されていません。

運搬方式　　　　　　　　　　　　　重要度 ★★★

　消火器は、本体の運搬方式によっても次のように分類されます。

①手さげ式　もっとも一般的なタイプで、本体容器を手にさげて使用します。
②据置式　床に据え置いた状態で、ホースを伸ばして使用します。
③背負式　本体容器をベルトで背負って使用します。
④車載式　本体容器に運搬用の車輪が付いているタイプです。

手さげ式

据置式

背負式

車載式

　運搬方式は、消火器の重量によって次のように決まっています。

本体重量	運搬方式
28kg以下	手さげ式、据置式または背負式
28kgを超え35kg以下	据置式、背負式または車載式
35kg超	車載式

暗記

 空欄を埋めよう check!

　本体重量が（　A　）kgを超え（　B　）kg以下の消火器は据置式、背負式または車載式にしなければならない。

合格のツボ　消火器の運搬方法は、本体重量28kgと35kgを境に規定されています。この2つの数値を覚えておきましょう。　　　　　（答え：A－28　　B－35）

大型消火器　　　　　　　　　　重要度 ★★★

　規定の数量の500倍以上の可燃物を取り扱う施設

には、**大型消火器**の設置が義務付けられています（90
ページ）。大型消火器とは、A 火災に対する能力単位
（192 ページ）が 10 以上、B 火災に対する能力単位
が 20 以上で、消火剤の量が以下の消火器です。

暗記

消火器の種類	消火剤の量
水消火器	80L 以上
強化液消火器	60L 以上
化学泡消火器	80L 以上
機械泡消火器	20L 以上
ハロゲン化物消火器	30kg 以上
二酸化炭素消火器	50kg 以上
粉末消火器	20kg 以上

リットルとキログラムの単位の違いに注意！

　大型消火器以外の消火器は、**小型消火器**に分類され
ます。大型消火器はすべて車載式です（ただし、車載
式の小型消火器もあります）。

○　大型消火器ならば、車載式
×　車載式ならば、大型消火器

試験ではこう出る！　　　　　　　　　　　check!

　大型消火器に充てんする消火薬剤の最少量として、規格省令上、誤っているものはどれか。

①強化液消火器…………60L

②化学泡消火器…………60L

③二酸化炭素消火器……50kg

④粉末消火器……………20kg

合格のツボ　大型化学泡消火器の薬剤量は80L 以上です。

（答え：②）

危険物規制による消火設備の分類　　**重要度** ★ ★ ★

　危険物を貯蔵・取り扱う施設に設置する消防用設備については、消防法とは別に、「危険物の規制に関する政令」という法律で定められています。この法律では、消防用設備を次のように第1種から第5種に分類しています。

区分	消火設備
第1種	屋内消火栓設備、屋外消火栓設備
第2種	スプリンクラー設備
第3種	水噴霧消火設備、泡消火設備、不活性ガス消火設備、ハロゲン化物消火設備、粉末消火設備
第4種	大型消火器
第5種	小型消火器、簡易消火器具

大型消火器は第4種消火設備、小型消火器は第5種消火設備に分類されるということだけ覚えておきましょう。

2

消火器の分類

169

4-3 消火器の構造と機能

ここで学習する用語

- **発泡ノズル** ··· 薬剤を放射する際に空気吸入孔から空気を取り入れ、泡をつくる（機械泡消火器）
- **破蓋転倒式** ··· 押し金具を押し、カッターで内筒の封板を破ってから転倒する方式（化学泡消火器）
- **開蓋転倒式** ··· ハンドルを回して内筒ふたを開いてから転倒する方式（化学泡消火器）
- **逆流防止器装置** ガス導入管に粉末消火薬剤が侵入するのを防ぐ装置（ガス加圧式粉末消火器）
- **粉上り防止封板** サイホン管に粉末消火薬剤が侵入するのを防ぐ封板がついている（ガス加圧式粉末消火器）

水消火器

重要度 ★★★

消火剤	水（浸潤剤入り）
主な消火作用	冷却作用
加圧方式	蓄圧式
使用温度範囲	0℃～＋40℃
使用圧力範囲	0.7～0.98MPa（メガパスカル）
適応火災	普通火災、電気火災（霧状のみ）

①消火剤

　水は比熱と蒸発熱が大きく、注水すると周囲の空気から熱を奪います。水消火器は、この水の冷却作用によって火災を消火します。使用温度範囲は一般に0℃～＋40℃です。

　水消火器に使われる水には、木材などへの浸透性や付着性を高める浸潤剤や、0℃以下でも凍結しない不

> 比熱：1gの物質を1℃上げるのに必要な熱量のこと。比熱が大きいほど多くの熱を吸収できるので、冷却作用が大きい。

凍剤が添加されています。浸潤剤には抑制作用も期待できます。

② 構造

　現在製造されている水消火器は**蓄圧式**です（指示圧力計あり）。ガス加圧式のものは現在製造されていません。

　蓄圧式消火器は、本体容器内には圧縮空気や窒素ガスが充てんされており、0.7 ～ 0.98MPa に加圧されています。本体内の圧力は指示圧力計で確認できます。

　ノズルは水を棒状に放射するものと霧状に放射するものがありますが、手さげ式のものは一般に**霧状放射**に固定されています。レバーを握るとバルブが開いて水が放射され、レバーを離すとバルブが閉じて放射が停止する仕組みです（**開閉バルブ方式**）。

3

消火器の構造と機能

以前は「手動ポンプにより作動する水消火器」がありました。現在では使われていませんが、規格省令には規定が残っています。

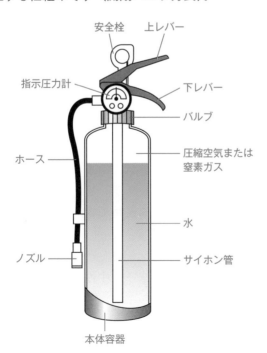

安全栓　上レバー
指示圧力計
ホース
ノズル
下レバー
バルブ
圧縮空気または窒素ガス
水
サイホン管
本体容器

水消火器には、指示圧力計が設けられています。ただし、外観上は蓄圧式の強化液消火器と区別がつきません。

③適応火災

水消火器は、普通火災に適しています。油火災では、油が水に浮いて火災が広がってしまうおそれがあるため、適していません。また、霧状の水を放射するノズルであれば電気火災にも対応します。

> 棒状の水は感電のおそれがあるため、電気火災には使用できません。

強化液消火器

重要度 ★★★

消火剤	強化液
主な消火作用	冷却作用、抑制作用
加圧方式	蓄圧式、ガス加圧式（大型消火器のみ）
使用温度範囲	− 20℃〜＋ 40℃
使用圧力範囲	0.7 〜 0.98MPa
適応火災	普通火災、油火災（霧状のみ）、電気火災（霧状のみ）

①消火剤

強化液は、炭酸カリウム（K_2CO_3）の濃厚なアルカリ性水溶液です（pH 約 12）。色は無色透明ですが、淡黄色に着色されている場合もあります。水による冷却作用のほか、抑制作用によっても消火します。また、− 20℃でも凍らないので、寒冷地でも使用できます。使用温度範囲は− 20℃〜＋ 40℃です。

最近では、界面活性剤にりん酸塩類などを配合した中性強化液（pH 約 7）もよく使われています。中性強化液には窒息作用もあります。

> pH：ピーエッチまたはペーハーと読みます。物質が酸性かアルカリ性かを 0 〜 14 の数値の度合いで示します。pH7 が中性で、7 より大きい場合をアルカリ性、7 より小さい場合を酸性といいます。

②構造

　手さげ式の強化液消火器は一般に**蓄圧式**（指示圧力計あり）で、**霧状**に放射するノズルと、レバー式の開閉バルブが装備されています。

　なお、大型の強化液消火器は一般にガス加圧式です。

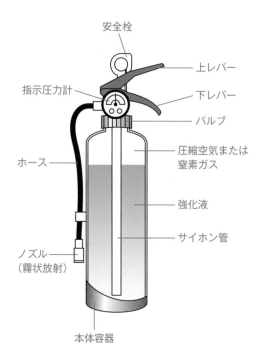

安全栓
上レバー
指示圧力計
下レバー
バルブ
圧縮空気または窒素ガス
ホース
強化液
サイホン管
ノズル
（霧状放射）
本体容器

> 蓄圧式強化液消火器には、指示圧力計が設けられています。外観上は水消火器と区別がつきません。

③適応火災

　強化液消火器は、**普通火災**のほか、**油火災や電気火災**にも対応します（霧状放射の場合）。このため、粉末消火器と並んで広く使用されています。

空欄を埋めよう　　　　　　　　　　　　　　check! □□□

　蓄圧式強化液消火器の使用圧力範囲は、（　A　）～（　B　）MPa である。

（縦書き）3　消火器の構造と機能

蓄圧式消火器の使用圧力範囲は、すべて
0.7 〜 0.98MPa です。　　　　　　　　　（答え：A − 0.7　　B − 0.98）

機械泡消火器　　　　　　　　　　　重要度 ★★★

消火剤	機械泡（水成膜、界面活性剤の水溶液）
主な消火作用	窒息作用、冷却作用
加圧方式	蓄圧式、ガス加圧式（大型消火器のみ）
使用温度範囲	− 20℃〜＋ 40℃
使用圧力範囲	0.7 〜 0.98MPa
適応火災	普通火災、油火災

①消火剤

　機械泡消火器は、発泡ノズルから消火剤を放射する
際に、ノズルから空気を取り入れ、泡を作って放射す
る消火器です。燃焼物を泡で覆うことによる窒息作用
と、泡による冷却作用によって消火します。消火剤は
水成膜や界面活性剤の水溶液で、使用温度範囲は
− 20℃〜＋ 40℃です。

　発泡ノズルは根元に空気吸入孔があり、消火剤がノ
ズルを通るときに空気を吸入し、泡を作ります。

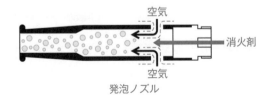

空気

消火剤

空気

発泡ノズル

②構造

　手さげ式の機械泡消火器は一般に蓄圧式（指示圧力計あり）ですが、大型消火器にはガス加圧式のものもあります。

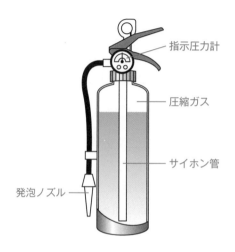

指示圧力計

圧縮ガス

サイホン管

発泡ノズル

> 機械泡消火器は発泡ノズルが特徴的。蓄圧式の機械泡消火器には指示圧力計が設けられている。

③適応火災

　機械泡消火器は、**普通火災**と**油火災**に適応します。電気火災は感電のおそれがあるので適していません。

化学泡消火器 　重要度 ★★★

消火剤	化学泡（A剤、B剤）
主な消火作用	窒息作用、冷却作用
加圧方式	反応式
使用温度範囲	＋5℃〜＋40℃
適応火災	普通火災、油火災

3

消火器の構造と機能

①消火剤

　化学泡消火器の消火剤は、炭酸水素ナトリウムを主成分とする**A剤**と、硫酸アルミニウムの**B剤**です。それぞれの水溶液を使用時に混合すると、化学反応によって多量の二酸化炭素の泡が発生します。これを燃焼物に放射し、泡による**窒息作用**と**冷却作用**で消火します。

　化学泡消火器は、低温になると化学反応がにぶくなるため、使用温度範囲の下限は**5℃以上**となります。

②構造

　化学泡消火器は、本体容器（外筒）の内部に**内筒**が入っていて、**外筒にA剤、内筒にB剤**の水溶液が充てんされています。使用時に消火器本体をひっくり返すと、内筒のふたが落下してA剤とB剤が混合する仕組みです。

誤って B 剤（硫酸アルミニウム）を外筒に入れると、鋼製の本体が腐食するので注意が必要です。

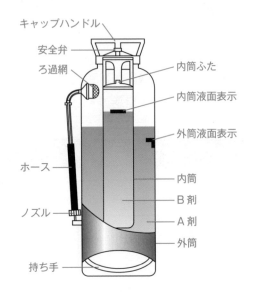

キャップハンドル
安全弁
ろ過網
内筒ふた
内筒液面表示
外筒液面表示
ホース
ノズル
内筒
B剤
A剤
外筒
持ち手

ひっくり返したときに手に持てるように、本体容器の底に持ち手がついています。

　また、消火器を誤って転倒した場合に、内筒のふたが開かないようにした**破蓋転倒式**（はがい）や**開蓋転倒式**（かいがい）があります。

176

転倒式	ひっくり返すだけで内筒のふたが落下する型式。
破蓋転倒式 （は がい）	キャップの押し金具を押し、内筒を密封している鉛封板を破ってから転倒する型式。
開蓋転倒式 （かいがい）	キャップのハンドルを回して、内筒ふたを開いてから転倒する方式。大型消火器に多い型式です。

実技試験の記述式の答案では、「破蓋」「開蓋」はそれぞれ「破がい」「開がい」と書いてかまいません。

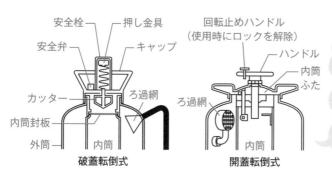

破蓋転倒式	**開蓋転倒式**

破蓋転倒式の安全栓は、押し金具にかぶせるキャップの形式です（安全キャップ）。開蓋転倒式では、回転止めハンドルが安全栓の役割をします。

③適応火災

　化学泡消火器は、**普通火災**と**油火災**に適応します。
電気火災は感電のおそれがあるので適していません。

二酸化炭素消火器　　　重要度 ★★★

消火剤	二酸化炭素
主な消火作用	窒息作用
加圧方式	蓄圧式
使用温度範囲	− 30℃〜＋ 40℃
適応火災	油火災、電気火災

①消火剤

　二酸化炭素消火器は、燃焼物の周囲を二酸化炭素（炭酸ガス）で覆い、窒息作用によって消火します。二酸化炭素は通常は気体ですが、圧力をかけると液体になります。二酸化炭素消火器の本体容器内には、高圧の液化炭酸ガスが封入されており、バルブを開くとその圧力で勢いよく二酸化炭素が放射されます。

②構造

　二酸化炭素消火器は蓄圧式の消火器ですが、指示圧力計は装備していません。ノズルの部分には長いホーンが取り付けられています。二酸化炭素が気化する際に、ホーンの部分が冷却されるため、凍傷防止用のホーン握りがついています。

　二酸化炭素消火器は、高圧の炭酸ガスを使用します。そのため高圧ガス保安法の定めにより、容器の１／２以上を緑色に塗装されています（200ページ）。また、容器内の圧力が上昇したときにガスを放出する安全弁が設けられています。

高圧ガス保安法：高圧ガスの製造・貯蔵・販売等を規制する法律のこと。

1/4（25％）以上は赤色に塗装されています。

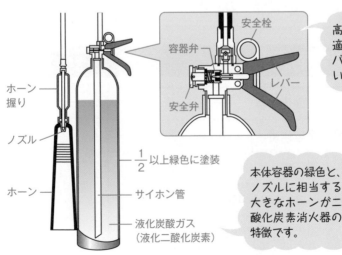

高圧ガス保安法の適用を受ける開閉バルブは容器弁といいます。

安全栓

容器弁

レバー

安全弁

ホーン握り

ノズル

ホーン

$\frac{1}{2}$以上緑色に塗装

サイホン管

液化炭酸ガス（液化二酸化炭素）

本体容器の緑色と、ノズルに相当する大きなホーンが二酸化炭素消火器の特徴です。

178

③適応火災

　二酸化炭素消火器は、**油火災と電気火災**に適応します。とくに、二酸化炭素は電気を通さず、放射しても汚損_{おそん}がないので、電気設備などによく用いられています（85ページ）。一方、密閉された空間で使用すると人間が窒息するおそれがあるため、地下街などには設置できません。

ハロン1301消火器（ハロゲン化物消火器） 重要度 ★★★

消火剤	ハロン1301（ブロモトリフルオロメタン）
主な消火作用	窒息作用、抑制作用
加圧方式	蓄圧式
使用温度範囲	− 30℃〜＋ 40℃
適応火災	油火災、電気火災

①消火剤

　ハロゲン化物とは、フッ素、塩素、臭素などの元素（ハロゲン）と炭素などとの化合物です。消火剤としてはハロン2402、ハロン1211、ハロン1301などの種類があり、いずれも**窒息作用**と**抑制作用**によって燃焼物を消火します。ただし、オゾン層破壊物質に指定されているため、現在ではいずれも生産されていません。また、ハロン1301消火器以外は、地下街などへの設置が禁止されています（87ページ）。

現在使用されているハロゲン化物消火器はすべてリサイクル品です。

②構造

　ハロン1301消火器は、高圧で液化したハロン

1301 を充てんした蓄圧式の消火器です。指示圧力計は設けられていません。高圧ガス保安法の定めにより、**本体容器の１／２以上はねずみ色に塗装されています**（200 ページ）。また、容器内の圧力が上昇したときにガスを放出する**安全弁**が設けられています。

> ハロン 1211 とハロン 2402 消火器は、本体容器内に窒素ガスが充てんされており、指示圧力計が設けられています。

安全栓 —

安全弁 — 　　　　　　— レバー

　　　　　　— $\frac{1}{2}$ 以上ねずみ色に塗装

　　　　　　— サイホン管

ノズル —

ホーン — 　　　　　　— ハロン 1301

③適応火災

　ハロン 1301 消火器は、**油火災と電気火災**に適応します。

粉末消火器（蓄圧式）　　　　重要度 ★★★

消火剤	粉末（ABC、Na、K、KU）
主な消火作用	窒息作用、抑制作用
加圧方式	蓄圧式
使用温度範囲	－ 30℃〜＋ 40℃
使用圧力範囲	0.7 〜 0.98MPa
適応火災	普通火災（ABCのみ）、油火災、電気火災

①消火剤

　粉末消火器は、粉末状の消火薬剤を放射し、**窒息作用と抑制作用**によって燃焼物を消火する消火器です。消火薬剤には次の4種類があり、区別するために着色されています。

暗記

表記	成分	着色
粉末（ABC）	りん酸アンモニウム	淡紅色
粉末（Na）	炭酸水素ナトリウム	白色
粉末（K）	炭酸水素カリウム	紫色
粉末（KU）	炭酸水素カリウムと尿素の反応生成物	ねずみ色

　このうち、現在もっとも普及しているりん酸アンモニウムは、A火災（普通火災）、B火災（油火災）、電気火災のすべてに適応するので、**ABC消火器**とも呼ばれます。

　薬剤は直径180マイクロメートル以下の乾燥した微細な粉末で、吸湿防止や流動性を高めるため、表面処理されています。

②構造

　粉末消火器には**蓄圧式**と**ガス加圧式**があります。蓄圧式（指示圧力計あり）のものには**窒素ガス**が充てんされており、レバーによってバルブを開閉し、粉末を放射する仕組みになっています（**開閉バルブ方式**）。使用圧力範囲は0.7〜0.98MPaです。

圧縮空気は湿気を含むため使用されません。

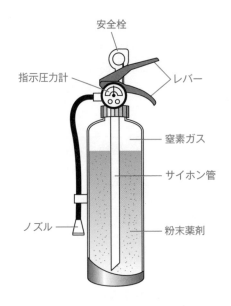

安全栓

指示圧力計

レバー

窒素ガス

サイホン管

ノズル

粉末薬剤

蓄圧式の粉末消火
器には、指示圧力
計が設けられてい
ます。水消火器や
強化液消火器とは、
ノズルの形が異な
ります。

③適応火災

　粉末（ABC）消火剤は、**普通火災、油火災、電気火
災**のすべてに適応します。その他の粉末消火剤は、油
火災と電気火災のみに適応し、普通火災には不適です。

粉末消火器（ガス加圧式）　　　　重要度 ★★★

消火剤	粉末（ABC、Na、K、KU）
主な消火作用	窒息作用、抑制作用
加圧方式	ガス加圧式
使用温度範囲	－20℃〜＋40℃
適応火災	普通火災（ABCのみ）、油火災、電気火災

①消火剤

　粉末消火器（蓄圧式）と同じです。

②構造

　ガス加圧式の粉末消火器には、本体容器の内部に**加圧用ガス容器**が収納されています。レバーを握ると、バルブについているカッターが加圧用ガス容器の封板を破り、充てんされている**炭酸ガスがガス導入管**から本体内部に放射されます。これによって加圧された粉末消火剤が、サイホン管を通ってノズルから放射される仕組みです。

　バルブは**開閉式バルブ**（レバーを離すとバルブが閉じて放射が止まる）のタイプと、**開放式バルブ**（いったんバルブを開くと消火剤がなくなるまで放射を中断できない）のものがあります。

カッター

加圧用ガス容器

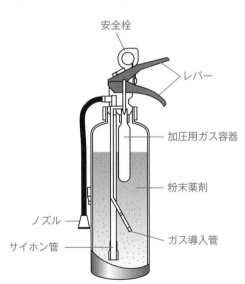

安全栓

レバー

加圧用ガス容器

粉末薬剤

ノズル

サイホン管

ガス導入管

ガス加圧式消火器には、指示圧力計がありません。

　ガス導入管の先端には、粉末が逆流するのを防ぐ**逆流防止装置**が設けられています。また、サイホン管の

粉上り防止用封板は、消火器の未使用時に粉末消火剤がサイホン管に侵入したり、外部から湿気が入るのを防いでいます。

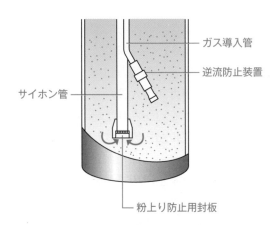

逆流防止装置と粉上り防止用封板は、ガス加圧式の粉末消火器にのみ設けられています。

ガス導入管

逆流防止装置

サイホン管

粉上り防止用封板

③適応火災

粉末消火器（蓄圧式）と同じです。

試験ではこう出る！

check! ☐☐☐

　手さげ式のガス加圧式粉末消火器の構造・機能に関する記述として、誤っているものはどれか。
①加圧用ガス容器には圧縮空気が充てんされている。
②サイホン管の先端には粉上り防止用封板が設けられている。
③ガス導入管の先端には逆流防止装置が設けられている。
④開放式バルブのものは、いったん開くと途中で消火剤の放射を中断できない。

合格のツボ　手さげ式粉末消火器用の加圧ガス容器には、圧縮空気ではなく炭酸ガスが充てんされています。　　　　　（答え：①）

第4章 実践問題

解答と解説：189 ページ

［燃焼と消火の原理］

問 1 check! □□□　　　　　　　　重要度 ★☆☆

消火器の主たる消火作用として、誤っているものはどれか。

❶ 二酸化炭素消火器……窒息作用
❷ 化学泡消火器…………窒息作用、冷却作用
❸ 強化液消火器…………冷却作用、窒息作用
❹ 粉末消火器……………抑制作用、窒息作用

［消火器の分類］

問 2 check! □□□　　　　　　　　重要度 ★☆☆

次のうち、指示圧力計が設けられている消火器はどれか。

❶ 化学泡消火器
❷ 二酸化炭素消火器
❸ 蓄圧式粉末消火器
❹ ハロン 1301 消火器

問 3 check! □□□　　　　　　　　重要度 ★☆☆

電気火災に適応しない消火器はどれか。

❶ 機械泡消火器
❷ 二酸化炭素消火器
❸ ハロン 1301 消火器
❹ 粉末消火器

消火器の本体重量と運搬方式の組合せとして、正しいものはどれか。

	本体重量	運搬方式
❶	20kg 以下のもの	手さげ式または据置式
❷	20kg を超え 28kg 以下のもの	据置式または背負式
❸	28kg を超え 35kg 以下のもの	据置式、背負式または車載式
❹	35kg を超えるもの	背負式または車載式

問5 check! ☐☐☐　　　　　　　　　　　　　　　　　重要度 ★☆☆

大型消火器に充てんする消火薬剤の最少量として、正しいものはどれか。

❶ 強化液消火器…………80L
❷ 化学泡消火器…………60L
❸ 機械泡消火器…………20L
❹ 二酸化炭素消火器……20kg

[消火器の構造と機能]

問6 check! ☐☐☐　　　　　　　　　　　　　　　　　重要度 ★☆☆

蓄圧式の強化液消火器の使用圧力範囲として、正しいものはどれか。

❶ 0.58 ～ 0.70MPa
❷ 0.60 ～ 0.98MPa
❸ 0.70 ～ 0.98MPa
❹ 0.98 ～ 1.70MPa

問7 check! ☐☐☐　　　　　　　　　　　　　　　　　重要度 ★☆☆

蓄圧式の強化液消火器の構造と機能について、誤っているものはどれか。

❶ 消火薬剤には、アルカリ性のものと中性のものがある。

❷ 指示圧力計が設けられている。

❸ 本体容器内には圧縮空気または窒素ガスが充てんされている。

❹ 手さげ式のものは、ノズルが棒状放射と霧状放射に切り替えられる。

問8 check! ☐☐☐　　　　　　　　　　　　　重要度 ☆☆☆

化学泡消火器の構造と機能について、正しいものはどれか。

❶ 消火薬剤を放射する際、ノズルから空気を取り込んで発泡する。

❷ 開蓋転倒式のものは、使用時に押し金具を押し、内筒の封板をカッターで破ってから転倒させる。

❸ 指示圧力計が設けられている。

❹ 安全弁が設けられている。

問9 check! ☐☐☐　　　　　　　　　　　　　重要度 ☆☆☆

化学泡消火器の使用温度範囲として、正しいものはどれか。

❶ − 30℃ ～ 40℃

❷ − 20℃ ～ 40℃

❸ 0℃ ～ 40℃

❹ 5℃ ～ 40℃

問10 check! ☐☐☐　　　　　　　　　　　　　重要度 ★☆☆

ハロゲン化物消火器の構造と機能について、正しいものはどれか。

❶ 加圧方式は蓄圧式またはガス加圧式である。

❷ ハロン1301消火器は、地下街、準地下街並びに総務省令で定める地階、無窓階その他の場所に設置してはならない。

❸ ハロン1211およびハロン2402消火器には、指示圧力計が設けられていない。

❹ ハロン1301消火器には、安全弁が設けられている。

実践問題

二酸化炭素消火器の構造と機能について、誤っているものはどれか。

① 安全弁が設けられている。
② 本体容器の1／2以上がねずみ色に塗装されている。
③ ホーン握りが設けられている。
④ 指示圧力計は設けられていない。

蓄圧式の粉末消火器の構造と機能について、正しいものはどれか。

① 本体容器内には放射圧力源として炭酸ガスが充てんされている。
② 使用圧力範囲は 0.7MPa ～ 0.98MPa である。
③ サイホン管の先端には粉上り防止用封板が設けられている。
④ バルブには開閉式のものと開放式のものがある。

りん酸アンモニウムを主成分とする粉末消火薬剤は、何色に着色されているか。

① 白色　　　② 紫色　　　③ 淡紅色　　　④ ねずみ色

第4章 実践問題の解答と解説

[燃焼と消火の原理]

問1 ③ 参照▶161ページ

強化液消火器は、主に冷却作用と抑制作用によって消火する消火器です。

[消火器の分類]

問2 ③ 参照▶165ページ

指示圧力計は、蓄圧式の消火器（ただし二酸化炭素消火器、ハロン1301消火器を除く）に設けられています。

問3 ① 参照▶163ページ

機械泡消火器は電気火災には適応しません。

問4 ③ 参照▶167ページ

消火器の本体重量ごとの運搬方式は、次のように規定されています。

28kg以下	手さげ式、据置式または背負式
28kg超35kg以下	据置式、背負式または車載式
35kg超	車載式

問5 ③ 参照▶168ページ

大型消火器に充てんする消火薬剤量は、以下のとおりです。

大型水消火器	80L以上
大型強化液消火器	60L以上
大型化学泡消火器	80L以上
大型機械泡消火器	20L以上
大型二酸化炭素消火器	50kg以上
大型ハロゲン化物消火器	30kg以上
大型粉末消火器	20kg以上

[消火器の構造と機能]

問6 ③ 参照▶172ページ

蓄圧式の強化液消火器や機械泡消火器、粉末消火器の使用圧力範囲は、いずれも0.70〜0.98MPaです。

問7 ④ 参照▶172ページ

手さげ式消火器のノズルは固定式なので、棒状放射と霧状放射に切り替えることはできません。そのため一般には、A火災、B火災、電気火災すべてに適応する霧状放射用のノズルが装着されています。

問8 ④　　　　　参照▶176 ページ

×❶　機械泡消火器に設けられている発泡ノズルの説明です。

×❷　破蓋転倒式の説明です。

×❸　化学泡消火器には指示圧力計は設けられていません。

○❹　本体容器内に異常圧力が生じたときのために、安全弁が設けられています。

問9 ④　　　　　参照▶175 ページ

低温下では化学反応が鈍り、十分に発泡しないため、化学泡消火器の使用温度の下限は 5℃以上になっています。

問10 ④　参照▶179 〜 180 ページ

×❶　ハロゲン化物消火器はすべて蓄圧式です。

×❷　ハロン1301 は毒性が低いため、地下街等に設置することができます（ハロン1211、ハロン2402は不可）。

×❸　ハロン1301消火器には指示圧力計はありませんが、ハロン1211やハロン 2402 消火器には指示圧力計が設けられています。

○❹　ハロン1301 消火器とハロン1211 消火器は高圧ガス保安法の適用を受けるため、安全弁が設けられています。

	ハロン 1211	ハロン 2402	ハロン 1301
地下街等への設置	×	×	○
指示圧力計	○	○	×
安全弁	○	×	○

問11 ②　　　　　参照▶178 ページ

二酸化炭素消火器は、高圧ガス保安法の規定により、本体容器の 1／2 以上が緑色に塗装されています。1／2 以上がねずみ色なのは、ハロン1301 消火器です。

問12 ②　　　　　参照▶181 ページ

×❶　蓄圧式の粉末消火器には、窒素ガスが充てんされます。

○❷　使用圧力範囲は 0.7MPa 〜0.98MPa です。

×❸　粉上り防止用封板はガス加圧式の粉末消火器に設けられています。

×❹　蓄圧式の粉末消火器のバルブは、レバーを握ると開き、放すと閉じる開閉式です。

問13 ③　　　　　参照▶181 ページ

りん酸アンモニウムを成分とする粉末薬剤（ABC）は、淡紅色に着色されています。

第5章

消火器の規格

5-1 消火器の規格

ここで学習する用語

- 大型消火器に必要な能力単位···A火災10以上、B火災20以上。
- 第1消火試験················A火災に対する消火器の能力単位を測定する試験。
- 第2消火試験、第3消火試験···B火災に対する消火器の能力単位を測定する試験。

能力単位

重要度 ★★★

消火器の能力単位は、A火災（普通火災）、B火災（油火災）のいずれかの能力単位（78ページ）が、次の値でなければなりません。

電気火災に対する能力単位はありません（適応するか、しないかのみ）。

小型消火器	A火災：1以上 または B火災：1以上
大型消火器	A火災：10以上 または B火災：20以上

暗記

消火器のラベルには、能力単位が「A-3・B-7・C」などのように表示されています。

 試験ではこう出る！　check! ☐☐☐

消火器（住宅用消火器を除く）に必要な能力単位の数値について、規格省令上、誤っている記述はどれか。

①小型消火器で、A火災に適応するものにあっては、1以上
②小型消火器で、B火災に適応するものにあっては、1以上
③大型消火器で、A火災に適応するものにあっては、10以上
④大型消火器で、B火災に適応するものにあっては、10以上

合格のツボ 大型消火器の能力単位は、A 火災につい
ては 10 以上、B 火災については 20 以上が必要です。 （答え：④）

能力単位の測定 重要度★★★

消火器の能力単位は、次のような消火試験を実施し
て測定します。

① A 火災の能力単位の測定（第 1 消火試験）

杉の角材を組んだ模型を並べて点火し、消火した模
型の数をもとに能力単位を算定します（第 1 消火試
験）。模型には第 1 模型（複数個）と第 2 模型（1 個）
があります。

杉の気乾材×144 本

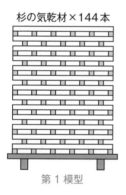

第 1 模型

杉の気乾材×90 本

第 2 模型

気乾材：生材を大
気中に放置して乾
燥させたもの。

［能力単位の算定方法］
・第 1 模型を S 個消火した場合：能力単位＝ S × 2
・第 1 模型を S 個と第 2 模型を 1 個消火した場合：

能力単位＝ S × 2 ＋ 1

②B 火災の能力単位の測定（第 2 ＋第 3 消火試験）

鉄板製の箱に水とガソリンを入れた模型に点火し、
消火器で消火します。第 2 消火試験と第 3 消火試験

1

消火器の規格

の2種類があり、消火した模型の大きさと個数をもとに、B火災の能力単位を算出します。

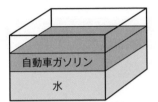
第2消火試験・第3消火試験用の模型

 計算してみよう check! □□□

第1消火試験において、以下の模型を消火した場合の能力単位はいくつになるか。

| 第1
模型 | + | 第1
模型 | + | 第1
模型 | + | 第2
模型 |

合格のツボ 第1模型が3個、第2模型が1個なので、
能力単位は 3 × 2 + 1 = 7 となります。　　　　　　　　　　　（答え：7）

操作の機構　　　　　　　　　重要度 ★★★

消火器は、以下の動作数で容易に、かつ確実に放射を開始できるものとします（保持装置から取りはずす動作、背負う動作、安全栓をはずす動作、ホースをはずす動作を除く）。

手さげ式（化学泡消火器を除く）	1動作
化学泡消火器、据置式、背負式	2動作以内
車載式	3動作以内

 暗記

　このうち手さげ式消火器の操作方法は、大別すると以下の5種類があります。

←安全栓
上レバー
下レバー

①レバーを握る

　安全栓（安全装置）をはずし、ノズルまたはホーンを火元に向けてレバーを握る方式です。現在の消火器は、化学泡消火器を除きほとんどがこの方式です。

←押し金具

②押し金具をたたく

　キャップをはずし、押し金具をたたいて放射を開始する方式です。現在では使われていません。

③ひっくり返す（転倒式、破蓋転倒式）

④ふたをあけてひっくり返す（開蓋転倒式）

　いずれも化学泡消火器の方式です（177ページ）。

ひっくり返す

⑤ハンドルを上下する

　手動ポンプ式の水消火器の方式です。現在では使われていません。

ハンドルを上下に

1
消火器の規格

消火器の区分		操作方法				
		レバーを握る	押し金具をたたく	ひっくり返す	ふたをあけてひっくり返す	ハンドルを上下する
粉末消火器	消火剤の質量が1kg超	○				
	その他のもの	○	○			
強化液消火器	A火災またはB火災に対する能力単位が1を超えるもの	○				
	その他のもの	○	○[※1]			
泡消火器		○		○	○	
二酸化炭素・ハロゲン化物消火器	B火災に対する能力単位が1を超えるもの	○				
	B火災に対する能力単位が1のもの	○	○[※1]			
水消火器	手動ポンプにより作動するもの					○[※1]
	その他のもの	○				

※1　現在は製造されていない。

消火薬剤の規格

重要度 ★★★

　消火器に充てんする消火薬剤については、以下の規定があります。

①共通的性状

- 著しい毒性または腐食性を有しないこと。また、著しい毒性または腐食性のあるガスを発生しないこと。
- 水溶性および液状の消火薬剤の場合は、結晶の析出、溶液の分離、浮遊物または沈殿物の発生その他の異常を生じないこと。
- 粉末状の消火薬剤の場合は、塊状化（かいじょうか）、変質その他の異常を生じないこと。
- 一度使用されたものや、使用されずに収集・廃棄されたものは、原料として用いないこと（再利用消火薬剤を除く）。
- ★消火器用消火薬剤の容器や包装には、以下の事項を表示します。
  - ①品名
  - ②消火器の区別
  - ③消火薬剤の容量または質量
  - ④充てん方法
  - ⑤取扱い上の注意事項
  - ⑥製造年月
  - ⑦製造者名または商標
  - ⑧型式番号

②強化液消火薬剤

- アルカリ金属塩類の水溶液にあっては、アルカリ性反応を呈すること。
- ★凝固点が− 20℃以下であること。

二酸化炭素以外の消火器用消火薬剤、泡消火薬剤は検定対象品（59ページ）なので、次のような検定合格ラベルが付いています。

③泡消火薬剤

- 防腐処理を施したものであること（腐敗、変質等のおそれのないものを除く）。
- 耐火性を持続することができるものであること。
- ★粉末状の化学泡消火薬剤は、水に溶けやすい乾燥状態のものであること。
- 液状または粉末状の機械泡消火薬剤は、水に溶けやすいものであり、取扱い上の注意事項として「飲料水を使用すること」と容器に表示すること。
- ★放射される泡の容量は、消火器に充てんされた消火薬剤の温度が20℃のとき、次の容量になること。

化学泡消火器 （手さげ式・背負式）	消火薬剤の容量の7倍以上
化学泡消火器 （車載式）	消火薬剤の容量の5.5倍以上
機械泡消火器	消火薬剤の容量の5倍以上

 暗記

④粉末消火薬剤

- ★呼び寸法180マイクロメートル以下の消火上有効な微細な粉末であること。
- 水面に均一に散布した場合において、1時間以内に沈降しないこと。
- ★りん酸塩類等は淡紅色系に着色すること。

⑤二酸化炭素

- 二酸化炭素消火器に充てんされた消火薬剤は、JIS K1106の2種または3種に適合する液化二酸化炭素であること。

197

試験ではこう出る！

check! □□□

泡消火器が放射する泡の容量として、規格省令上、誤っているものはどれか。ただし、消火器に充てんされた消火薬剤の温度は20℃とする。

①手さげ式の化学泡消火器……消火薬剤の容量の5倍以上
②背負式の化学泡消火器………消火薬剤の容量の7倍以上
③車載式の化学泡消火器………消火薬剤の容量の5.5倍以上
④機械泡消火器……………………消火薬剤の容量の5倍以上

合格のツボ 手さげ式または背負式の化学泡消火器の
放射量は、消火薬剤の容量の7倍以上とします。 （答え：①）

自動車用消火器 重要度 ★★★

自動車に設置する消火器は、次のいずれかの消火器でなければなりません。

- 強化液消火器（霧状の強化液を放射するもの）
- 機械泡消火器
- ハロゲン化物消火器
- 二酸化炭素消火器
- 粉末消火器

水消火器と化学泡消火器以外とします。また、棒状放射の強化液消火器は、自動車には設置できません。

試験ではこう出る！

check! □□□

規格省令上、自動車用消火器として適当でないものはどれか。
①霧状の強化液を放射する強化液消火器
②化学泡消火器
③二酸化炭素消火器
④粉末消火器

合格のツボ 化学泡消火器は自動車用消火器としては
使用できません。 （答え：②）

放射性能

重要度 ★★★

消火器の放射性能については、以下の規定があります。

- 放射の操作が完了した後すみやかに消火剤を有効に放射するものであること。
- ★放射時間は10秒以上であること（温度20℃の場合）。
- 消火に有効な放射距離を有するものであること。
- ★充てんされた消火剤の容量または質量の90％以上（化学泡消火器は85％以上）の量を放射できるものであること。

試験ではこう出る！　check!

消火器の放射性能について、規格省令上、誤っているものはどれか。

①放射の操作が完了した後すみやかに消火剤を有効に放射するものであること。

②放射時間は、温度が20℃において10秒以上であること。

③化学泡消火器にあっては、充てんされた消火剤の容量または質量の90％以上の量を放射できるものであること。

④消火に有効な放射距離を有するものであること。

合格のツボ　消火器が放射できる量は、原則として消火剤の90％以上ですが、化学泡消火器については85％以上となっています。

（答え：③）

使用温度範囲

重要度 ★★★

消火器は、以下の温度範囲で使用した場合に正常に操作でき、消火および放射の機能を有効に発揮できなければなりません。

199

> 化学泡消火器　　　：5℃以上 40℃以下
> 化学泡消火器以外：0℃以上 40℃以下

暗記

現在市販されている消火器（化学泡消火器、水消火器を除く）の使用温度範囲の下限は、−20℃または−30℃です。

温度範囲は 10℃単位で広げることができます。

 試験ではこう出る! ——————————— check! ☐☐☐

　化学泡消火器の使用温度範囲として、規格省令上、正しいものはどれか。

① −10℃以上 40℃以下

② 0℃以上 40℃以下

③ 5℃以上 40℃以下

④ 10℃以上 40℃以下

`合格のツボ` 消火器の規格省令上の使用温度範囲は、化学泡消火器が 5℃以上 40℃以下、その他の消火器が 0℃以上 40℃以下となります。

（答え：③）

消火器の塗装　　　　　　　　　　重要度 ★★★

　消火器の外面は、**25%以上を赤色仕上げ**とします。また、高圧ガス保安法の規定により、二酸化炭素消火器は**緑**、ハロン 1301 消火器は**ねずみ色**に塗装します（全体の **1 ／ 2 以上**）。

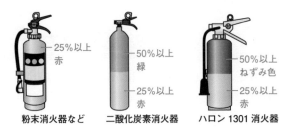

粉末消火器など　　　二酸化炭素消火器　　ハロン 1301 消火器

空欄を埋めよう check!

　二酸化炭素消火器の容器は、（　A　）％以上を赤色、（　B　）％以上を緑色に塗装しなければならない。

（答え：A－25　　B－50）

消火器の表示

重要度 ★★★

1

消火器の規格

　消火器には、見やすい位置に以下の事項を表示しなければなりません。

①消火器の種別
②住宅用消火器でない旨（「業務用消火器」と表示）
③加圧式または蓄圧式の区別
④使用方法（手さげ式、据置式消火器では図示も必要）
⑤使用温度範囲
⑥B火災または電気火災に使用してはならない場合はその旨
⑦A火災、B火災に対する能力単位の数値
⑧放射時間
⑨放射距離
⑩製造番号
⑪製造年
⑫製造者名
⑬型式番号
⑭本体容器の耐圧試験値
⑮安全弁の作動圧力値
⑯充てんされた消火剤の容量または質量
⑰総質量（消火剤を容量で表すものを除く）
⑱ホースの有効長（据置式消火器のみ）

201

⑲取扱い上の注意事項

- 加圧用ガス容器に関する事項
- 指示圧力計に関する事項
- 安全上支障なく使用できる標準的な期間または期限
- 使用時の安全な取扱いに関する事項
- 維持管理上の適切な設置場所に関する事項
- 点検に関する事項
- 廃棄時の連絡先および安全な取扱いに関する事項
- その他取扱い上注意すべき事項

●消火器の表示例

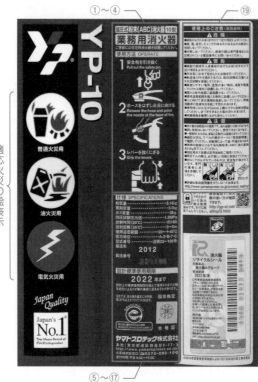

　また、消火器には、適応火災を示す以下のような絵表示を見やすい位置に表示しなければなりません（163ページ）。

A 火災	B 火災	電気火災
普通火災用	油火災用	電気火災用
炎は赤色、可燃物は黒色、地色は白色	炎は赤色、可燃物は黒色、地色は黄色	閃光(せんこう)は黄色、地色は青色

もっと詳しく　絵表示の大きさは、消火剤の容量が2L（または3kg）以下の場合は半径1cm以上、2L（または3kg）より多い場合は半径1.5cm以上とします。

試験ではこう出る！　　　　　　　　　　check!

　消火器に表示しなければならない事項として、規格省令上、誤っているものはどれか。
①加圧式または蓄圧式の区別
②使用温度範囲
③電気火災に対する能力単位の数値
④取扱い上の注意事項

合格のツボ　電気火災に対する能力単位は規定されていません。電気火災に使用してはならない消火器の場合は、その旨を表示します。

（答え：③）

5-2 部品に関する規格

ここで学習する用語

- **減圧孔（減圧溝）**・・・・キャップをゆるめたときに本体容器内部の残圧を逃がすための穴または溝
- **排圧栓**・・・・・・・・・・本体容器内部の残圧を排出する栓
- **安全栓**・・・・・・・・・・消火器の不時の作動を防ぐためにレバーを固定しておく器具
- **安全弁**・・・・・・・・・・本体容器内の圧力が異常上昇した場合に圧力を逃がす装置
- **ブルドン管**・・・・・・・・指示圧力計の圧力検出部の機構

本体容器　重要度 ★★★

消火器の本体容器は、鋼板またはステンレス製です。容器の厚さについては以下のように規定されています。

容器の材質	内径	板厚
鋼板（JIS G3131）	120mm 未満	1.0mm 以上
	120mm 以上	1.2mm 以上
ステンレス鋼板（JIS G4304）	100mm 未満	0.8mm 以上
	100mm 以上	1.0mm 以上

なお、二酸化炭素消火器の本体容器の内容積は、充てんする液化炭酸ガスの質量 1kg につき、1500cm^3（1.5L）以上の容積とします。

内容積と充てんする液化炭酸ガス量の比は、次のようになります。

$$\frac{内容積}{ガス量} \geqq 1.5$$

キャップ　重要度 ★★★

消火器のキャップは、本体とレバーやホースを接続すると同時に、本体容器を密封する部品です。これらは次のような規格にしたがいます。

★キャップと口金の間には、容易にはずれないよ
うにパッキンをはめ込むこと。

•所定の耐圧試験を行った場合において、漏れを
生ぜず、かつ、著しい変形を生じないこと。

•かん合部分は、パッキンをはめ込んだときにか
ん合が確実で、かつ、所定の圧力に耐えるよう
に口金にかみ合うこと。

★キャップをはずすときに本体容器内部の圧力を
減圧するため、キャップまたは口金に有効な減
圧孔または減圧溝を設けること。また、キャッ
プは減圧が完了するまでの間、本体容器内の圧
力に耐えられること。

減圧孔
キャップ

•パッキンは消火剤に侵されないもので、かつ、
使用温度範囲内で消火器の機能に悪影響を与え
ないものであること。

2

部品に関する規格

キャップをはずすとき、消火器内部の圧力が急激に
減圧されると危険なので、キャップをまわすと減圧孔
から徐々に圧力が逃げていく仕組みになっています。

消火器によって
は、分解前に本体
容器内の圧力を抜
くために、キャッ
プに排圧栓が設け
られています(249,
270ページ)。

バルブ

重要度 ★★★

バルブ（弁）は、本体内部のサイホン管とホースの間
を開閉する装置です。バルブに関する主な規格には、
次のものがあります。

- 所定の耐圧試験を行った場合において、漏れを生ぜず、かつ、著しい変形を生じないこと（高圧ガス保安法の適用を受けるものを除く）。
- ハンドル車式のバルブは、$1+\dfrac{1}{4}$ 以下の回転で全開すること。
- バルブを開放したとき、バルブが分解したり、離脱しないこと。

$1+\dfrac{1}{4}$ 回転

ハンドル車式のバルブは、大型消火器に設けられている場合があります。

ホース

重要度 ★ ★ ★

消火器のホースに関する主な規格には、次のものがあります。

- 所定の耐圧試験を行った場合において、漏れを生ぜず、かつ、著しい変形を生じないこと。
- ★消火剤を有効に放射するに足る長さであること（据置式の消火器では、有効長10メートル以上）。
- 使用温度範囲内で耐久性があり、円滑に操作できること。
- ホースを延長して使用する場合は、延長の操作により変形、き裂その他の異常を生じないものであること。

バルブ部分に直接ノズルが付いている

もっと詳しく 消火器には原則としてホースを取り付けますが、例外として、次の消火器はホースを取り付けなくてもよいことになっています。

- 消火剤の質量が 4kg 未満のハロゲン化物消火器
- 消火剤の質量が 1kg 以下の粉末消火器

暗記

ノズル

重要度 ★★★

　ホースの先端に取り付けるノズルには、**開閉式ノズル**（放射の開閉を切り替える）や**切替式ノズル**（霧状放射と棒状放射を切り替える）があります。

　手さげ式消火器は1動作で放射を開始しなければならないので、**開閉式や切替式ノズルは使用できません**。据置式または背負式の消火器では開閉式ノズル、車載式消火器では開閉式・切替式ノズルを設けることができます。

手さげ式の水消火器、強化液消火器のノズルは切替式にできないため、霧状に固定されています。

	開閉式ノズル	切替式ノズル
手さげ式	×	×
据置式・背負式	○	×
車載式	○	○

 暗記

ろ過網と液面表示

重要度 ★★★

　ろ過網は、ホースやノズルの目詰まりを防ぐため、本体容器内の薬剤導出管の開口部に設けます。ろ過網が必要なのは以下の消火器に限ります。

- 手動ポンプにより作動する水消火器
- ガラスびんを使用する酸アルカリ消火器、強化液消火器
- 化学泡消火器

手動ポンプ式の消火器やガラスびんを使用する消火器は、現在使用されていません。

　ろ過網の目の最大径は、ノズルの最小径の**3/4**以下とします。また、ろ過網の目の部分の面積は、ノズルの開口部の最小断面積の**30**倍以上とします。

2

部品に関する規格

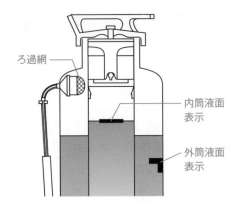

ろ過網

内筒液面
表示

外筒液面
表示

　液面表示は、充てんされた消火剤の液面を表示する
もので、以下の消火器の本体容器の内面に設けます。

- 手動ポンプにより作動する水消火器
- 酸アルカリ消火器
- 化学泡消火器

強化液消火器には
液面表示は必要あ
りません。

安全栓

重要度 ★★★

　安全栓は、消火器の**不時の作動を防止**するために、
消火器のレバーを固定する器具です。手動ポンプで作
動する水消火器、転倒式の化学泡消火器（転倒の1動
作で作動する消火器）以外のすべての消火器には、安
全栓を設けます。

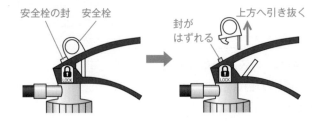

安全栓の封　安全栓

封が
はずれる

上方へ引き抜く

　安全栓は、 1動作で容易に引き抜くことができ、か つ、その引き抜きに支障のない封が施されていなけれ ばなりません。

　また、手さげ式消火器の安全栓については、次の規 格が定められています。

★内径が2cm以上のリング部、軸部および軸受部 より構成されていること。

●装着時において、リング部は軸部が貫通する上 レバーの穴から引き抜く方向に引いた線上にあ ること。

★リング部の塗色は黄色仕上げとすること。

●材質はステンレス鋼（SUS304）またはこれと同 等以上の耐食性および耐候性を有すること。

★上方向（消火器を水平面上に置いた場合、垂直軸 から30度以内の範囲）に引き抜くよう装着されて いること。

●安全栓に衝撃を加えた場合およびレバーを強く 握った場合においても引き抜きに支障を生じない こと。

●引き抜く動作以外の動作によっては容易に抜け ないこと。

リング部（黄色）

ステンレス鋼

安全栓の形状は消 火器によって異な ります。

試験ではこう出る!

　手さげ式の消火器（押し金具をたたく1動作およびふたをあけて転倒させる動作で作動するものを除く）に設けられている安全栓に関する記述のうち、規格省令上、誤っているものはどれか。

① 手動ポンプにより作動する水消火器または転倒の1動作で作動する消火器には、安全栓を設けなくてもよい。

② 1動作で容易に引き抜くことができ、かつ、その引き抜きに支障のない封が施されていること。

③ 内径2cm以上のリング部・軸部および軸受部より構成されていること。

④ 消火器の作動操作の途中において自動的にはずれるものであること。

合格のツボ 安全栓は、引き抜く動作以外の動作によっては容易に抜けないように装着します。 （答え：④）

保持装置

重要度 ★★★

　手さげ式消火器（自動車用消火器を除く）には、原則として消火器を安定した状態に保たせるための保持装置を設けます。ただし、鉛直に置くことができるもの（現在販売されているほとんどの消火器が該当）については、保持装置なしでかまいません。

保持装置

安全弁

重要度 ★★★

　安全弁は、本体容器内の圧力が異常に上昇した場合に、圧力を逃がすための装置です。安全弁を設けなければならない消火器には、以下のものがあります。

👉 暗記

- 二酸化炭素消火器、ハロン 1301 消火器（高圧ガス保安法の適用を受けるもの）
- 化学泡消火器

　安全弁は、以下の規定にしたがって設置します。

- 本体容器内の圧力を有効に減圧できること。
- みだりに分解・調整できないこと。
- 封板式のものは、吹出し口に封を施すこと。
- 「安全弁」と表示すること。

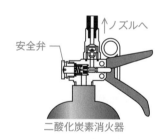

二酸化炭素消火器

加圧用ガス容器

重要度 ★★★

　加圧用ガス容器は、ガス加圧式消火器の構成部品で、消火剤を放射するときの圧力源として使います。手さげ式の消火器では本体容器内部に収納しますが、大型消火器では本体容器の外側に装備されているものもあります。

2

部品に関する規格

①充てんガス

　容器に充てんされているガスとしては、**液化二酸化炭素**や**窒素ガス**、両者の混合ガスがあります。一般に、容量の大きい大型消火器用のものには窒素ガスが用いられます。

②手さげ式消火器用

　手さげ式消火器の本体内部に収納する加圧用ガス容器は、充てん口が**作動封板**によって密封されています。消火器のレバーを握ると作動封板が破れて、容器内のガスがガス導入管を通じて消火器本体内に充満する仕組みです。

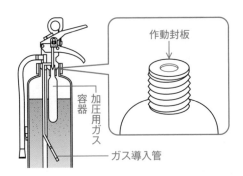

作動封板

容器
加圧用ガス

ガス導入管

　このタイプの容器は、内容積が**100cm³**以下のものが一般的で、外面に総質量、ガスの種類、消火器本体に取り付けるねじの種類などが表示されています。

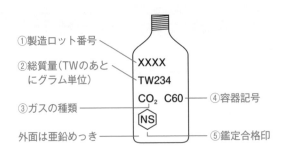

①製造ロット番号

②総質量(TWのあとにグラム単位)

③ガスの種類

外面は亜鉛めっき

XXXX

TW234

CO_2　C60

NS

④容器記号

⑤鑑定合格印

> 容器記号のアルファベットはねじの種類、数字がガスの質量（g）を表します。
> 容器のみの重さを求めると、総質量が「TW234」、容器記号が「C60」なので、234 − 60 = 174g となります。

③大型消火器用

　大型消火器に搭載される加圧用ガス容器は**容器弁**（バルブ）が付いており、使用時に容器弁を全開にして、ガスを消火器本体内に送ります。

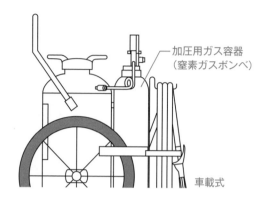

加圧用ガス容器
（窒素ガスボンベ）

車載式

　大型消火器では加圧用ガス容器も大型になりますが、内容積が $100cm^3$ を超えると、**高圧ガス保安法**の適用を受けます。そのため、**二酸化炭素**が充てんされているものは**緑色**に、**窒素ガス**が充てんされているものは**ねずみ色**に塗装されています。

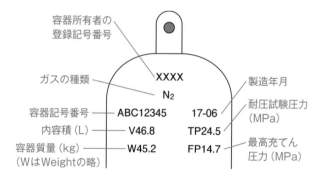

容器所有者の
登録記号番号

ガスの種類 ── XXXX

N₂

容器記号番号 ── ABC12345

内容積（L）── V46.8

容器質量（kg）── W45.2
（WはWeightの略）

製造年月

17-06　　耐圧試験圧力
　　　　　（MPa）

TP24.5

FP14.7　　最高充てん
　　　　　圧力（MPa）

④規格

　この他、加圧用ガス容器については、以下のような規定があります。

★ ガスを充てんして40℃の温水中に2時間浸す試験を行った場合に漏れが生じないこと。

● 本体容器の内部に取り付ける場合は、容器の外面が消火剤によって侵されないもので、表示や塗料がはがれないこと。

● 本体容器の外部に取り付ける場合は、外部からの衝撃から保護されていること。

★ 二酸化炭素を用いる加圧用ガス容器の内容積は、液化炭酸1グラムにつき1.5cm³ 以上であること。

内容積と充てんする液化炭酸ガス量の比は、次のようになります。

$$\frac{内容積}{ガス量} \geqq 1.5$$

試験ではこう出る! ──────────── check!

　作動封板を有する内容積100cm³ 以下の加圧用ガス容器について、誤っているものはどれか。

① 高圧ガスが充てんされているので、高圧ガス保安法の適用を受ける。

② 容器の外面は亜鉛めっきである。

③ 刻印 C60 のうち、C はねじの種類、60 は充てんされているガスの質量 (g) を表す。

④ 刻印 TW285 は、総質量が285gであることを表す。

合格のツボ 内容積100cm³ 以下の加圧用ガス容器は、高圧ガス保安法の適用外です。 (答え：①)

圧力調整器 重要度 ★★★

　圧力調整器は、一部の大型消火器の加圧用ガス容器に装着するもので、ガス圧を適切な範囲に調整する装置です（251ページ）。

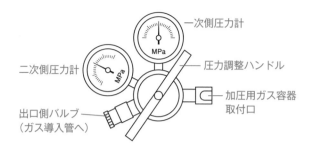

一次側圧力計
MPa
二次側圧力計
MPa
圧力調整ハンドル
加圧用ガス容器
取付口
出口側バルブ
（ガス導入管へ）

指示圧力計

重要度 ★★★

　指示圧力計は、蓄圧式消火器（二酸化炭素、ハロン1301消火器を除く）の本体内の圧力を表示する計器です。指示圧力計については、以下の規定にしたがいます。

- 指示圧力の許容誤差が、各種試験を行った場合において使用圧力範囲の上下10%以内であること。
- 指標は見やすいものであること。
- 指針および目盛り板は、耐食性を有する金属であること。
- 圧力検出部およびその接合部は耐久性を有すること。
- ★圧力検出部（ブルドン管）の材質、使用圧力範囲（単位メガパスカル）および㊫の記号を表示すること。
- ★使用圧力範囲（0.7～0.98MPa）を示す部分を緑色で明示すること。
- 外部からの衝撃に対して保護されていること。

ブルドン管は、弾性のある金属製の管で、管内の圧力が増えると変形し、その変位によって圧力を測定する。

変位

圧力

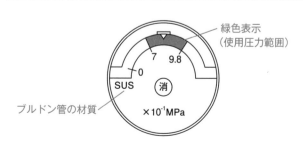

緑色表示
（使用圧力範囲）

7　9.8

0

SUS　㊫

ブルドン管の材質

×10⁻¹MPa

圧力検出部（ブルドン管）の材質には、ステンレス鋼、黄銅、りん青銅、ベリリウム銅があります。水系の消火器には耐食性のあるステンレス鋼が使われます。

材質	記号	適合消火器
ステンレス鋼	SUS	水、強化液、機械泡、粉末
黄銅	Bs	粉末
りん青銅	PB	粉末
ベリリウム銅	BeCu	粉末

 暗記

 試験ではこう出る！ ────────── check!

　蓄圧式の消火器の指示圧力計について、誤っているものはどれか。

①指示圧力の許容誤差は使用圧力範囲の圧力値の上下10パーセント以内であること。

②使用圧力範囲（単位メガパスカル）および㊙の記号を表示すること。

③使用圧力の範囲を示す部分を緑色で明示すること。

④圧力検出部の材質がベリリウム銅の場合はSUSと表示すること。

合格のツボ 圧力検出部（ブルドン管）の材質記号は、ベリリウム銅の場合BeCuとなります。SUSはステンレス鋼の材質記号です。

（答え：④）

使用済みの表示　　　重要度 ★★★

　手さげ式の消火器には、消火器を使用した場合に、使用済みであることを判別できる表示装置を設けなければなりません。

　一般的なものでは、レバーを握ると自動的に表示が

はずれて、使用済みであることがわかるようになって
います。

使用済み表示装置は、以下の消火器では必要ありま
せん。

- 指示圧力計のある蓄圧式消火器
- バルブのない消火器
- 手動ポンプにより作動する水消火器

> 二酸化炭素消火器、ハロゲン化物消火器、ガス加圧式の消火器には、使用済み表示装置を設けます。

試験ではこう出る！   check!

　規格省令上、使用済み表示装置を設けなければならない消火器
はどれか。
①蓄圧式の強化液消火器
②開閉バルブのない粉末消火器
③二酸化炭素消火器
④化学泡消火器

合格のツボ 指示圧力計のある蓄圧式消火器、バルブの
ない消火器には、使用済み表示装置は不要です。二酸化
炭素消火器は蓄圧式ですが、指示圧力計は装着されてい
ないので、使用済み表示装置を設けます。化学泡消火器は
構造上バルブがないので、使用済み表示装置は不要です。　（答え：③）

5-3 住宅用消火器の規格

ここで
学習する用語

●**住宅用消火器**···業務用消火器ではなく、一般の住宅に設置する消火器。普通火災、天ぷら油火災、ストーブ火災、電気火災に適応する。加圧方式は蓄圧式で、消火剤の再充てんはできない。

　ここまでは、基本的に防火対象物に設置するための業務用消火器について説明してきました。一般の住宅に設置する消火器は、**住宅用消火器**と呼ばれ、業務用消火器とは異なる規定があります。

住宅用消火器の規定　　　　重要度 ★★★

①加圧方式は**蓄圧式**で、消火剤を再充てんすることはできない（再使用不可）。

②普通火災、天ぷら油火災、ストーブ火災に対して所定の消火性能をもち、かつ、電気火災に適応すること。

③1動作で容易かつ確実に放射を開始できること（保持装置から取り外す動作、安全栓をはずす動作、ホースをはずす動作を除く）。

④安全栓、レバー等の操作部分に、操作方法を表示すること。

能力単位の数値を表示する必要はありません。

適応火災の絵表示

⑤ハロゲン化物、液化二酸化炭素は消火剤として使用しないこと。

⑥キャップ、プラグ、口金およびパッキンは、溶接等により完全に固定され、取り外すことができない構造とすること。

普通火災適応

⑦充てんされた消火剤の容量または質量の85%以上の量を放射できるものであること。

⑧見やすい位置に次の事項を表示すること
- 消火器の種別（水、強化液、泡、粉末）
- 住宅用消火器である旨
- 使用方法（併せて図示すること）
- 使用温度範囲
- 適応火災の絵表示（右図）
- 放射時間、放射距離
- 製造番号、製造年、製造者名、型式番号
- 消火剤の容量または質量
- ホースの有効長（据置式の場合のみ）
- 取扱い上の注意事項

天ぷら油火災適応

ストーブ火災適応

電気火災適応

3

住宅用消火器の規格

試験ではこう出る！

check!

住宅用消火器についての記述として、規格省令上、誤っているものはどれか。

①蓄圧式の消火器であること。

②消火剤はハロゲン化物消火剤または液化二酸化炭素であってはならない。

③消火剤を再充てんできる構造であること。

④普通火災、天ぷら油火災、ストーブ火災に対する消火性能を有し、かつ、電気火災に適応すること。

合格のツボ 住宅用消火器は、消火剤の再充てんができない構造でなければなりません。

（答え：③）

解答と解説：228 ページ

[消火器の規格]

問1 check! ☐☐☐　　　　　　　　　　　重要度 ★☆☆

大型消火器に必要な薬剤量および能力単位の数値を満たしているものはどれか。

	消火器種別	薬剤量	能力単位
❶	強化液消火器	60L	A-10　B-15　C
❷	化学泡消火器	60L	A-10　B-20
❸	二酸化炭素消火器	30kg	B-20　C
❹	粉末消火器	25kg	A-10　B-20　C

問2 check! ☐☐☐　　　　　　　　　　　重要度 ★☆☆

消火器が放射を開始するまでの動作数として、規格省令上、誤っているものはどれか。ただし、保持装置から取りはずす動作、安全栓をはずす動作およびホースをはずす動作は除くものとする。

❶ 手さげ式の粉末消火器にあっては、1 動作
❷ 手さげ式の化学泡消火器にあっては、1 動作
❸ 据置式の強化液消火器にあっては、2 動作以内
❹ 車載式の二酸化炭素消火器にあっては、3 動作以内

問3 check! ☐☐☐　　　　　　　　　　　重要度 ★☆☆

消火器用消火薬剤の技術上の規格について、規格省令上、誤っているものはどれか。

❶ 著しい毒性または腐食性を有しないこと。また、著しい毒性または腐食性のあるガスを発生しないこと。

❷ 再利用消火薬剤を除き、一度使用されたものや、使用されずに収集もしくは廃棄されたものを原料として用いないこと。

❸ 強化液消火薬剤は凝固点が－20℃以下であること。

❹ 粉末消火薬剤は、水面に均一に散布した場合において、30分以内に沈降しないこと。

問4　check! □□□　　　　　　　　　　　　重要度 ★☆☆

規格省令上、消火薬剤の容器に表示しなければならない事項として、誤っているものはどれか。

❶ 消火薬剤の容量または質量
❷ 製造者名または商標
❸ 放射時間
❹ 充てん方法

問5　check! □□□　　　　　　　　　　　　重要度 ★☆☆

消火器用消火薬剤に表示される検定ラベルとして、正しいものはどれか。

❶ 　　❷ 　　❸ 　　❹

問6　check! □□□　　　　　　　　　　　　重要度 ★☆☆

規格省令上、消火器（化学泡消火器を除く）が正常な操作方法で放射できる消火剤の量は、充てんされた消火剤の容量または質量の何%以上でなければならないか。

❶ 80%　　　❷ 85%　　　❸ 90%　　　❹ 95%

消火器（化学泡消火器を除く）の最も狭い使用温度範囲として、規格省令上正しいものはどれか。

❶ − 20℃ 以上 40℃ 以下
❷ − 10℃ 以上 40℃ 以下
❸ 0℃ 以上 40℃ 以下
❹ 5℃ 以上 40℃ 以下

次の文中の（　　）に入る数値として、規格省令上、正しいものはどれか。
「消火器の外面は、その（　　）%以上を赤色仕上げとしなければならない。」

❶ 25
❷ 40
❸ 50
❹ 75

規格省令上、消火器に表示しなければならない事項として、誤っているものはどれか。

❶ 充てんされた消火剤の容量または質量
❷ 加圧式の消火器または蓄圧式の消火器の区別
❸ A 火災に使用してはならない消火器にあっては、その旨
❹ 住宅用消火器でない旨

規格省令上、消火器に表示しなければならない事項として、誤っているものはどれか。

❶ 使用温度範囲
❷ 放射時間
❸ 放射距離
❹ 動作数

問 11 check! □□□　　　　　　　　　　　　　重要度 ★☆☆

　消火器に表示する適応火災の絵表示に関する次の文中の（　　）に入る数値の組合せとして、規格省令上、正しいものはどれか。
「絵表示の大きさは、充てんする消火剤の容量または質量が 2L または 3kg 以下の消火器にあっては半径（　ア　）cm 以上、2L または 3kg を超えるものにあっては半径（　イ　）cm 以上の大きさとする。」

	ア	イ
❶	1	1.5
❷	1.5	2
❸	2	2.5
❹	2.5	3

[部品に関する規格]
問 12 check! □□□　　　　　　　　　　　　　重要度 ★☆☆

　消火器の本体容器について、規格省令上、誤っているものはどれか。

❶ 内径 120mm 未満の鋼板製の本体容器は、板厚を 1.0mm 以上とする。
❷ 内径 120mm 以上の鋼板製の本体容器は、板厚を 1.4mm 以上とする。
❸ 内径 100mm 未満のステンレス鋼板製の本体容器は、板厚を 0.8mm 以上とする。
❹ 内径 100mm 以上のステンレス鋼板製の本体容器は、板厚を 1.0mm 以上とする。

消火器に取り付けるホースについて、規格省令上、正しいものはどれか。

❶ 据置式の消火器にあっては、有効長が 8m 以上であること。

❷ 据置式以外の消火器にあっては、ホースの長さが 2m 以上であること。

❸ ハロゲン化物消火器で、その消火剤の質量が 4kg 未満の消火器には、ホースを取り付けなくてもよい。

❹ 粉末消火器で、その消火剤の質量が 1kg 未満の消火器には、ホースを取り付けなくてもよい。

消火器のノズルについて、規格省令上、誤っているものはどれか。

❶ 手さげ式の消火器のノズルには、切替式の装置を設けることができるが、開閉式の装置を設けることはできない。

❷ 据置式の消火器のノズルには、開閉式の装置を設けることができるが、切替式の装置を設けることはできない。

❸ 背負式の消火器のノズルには、開閉式の装置を設けることができるが、切替式の装置を設けることはできない。

❹ 車載式の消火器のノズルには、開閉式および切替式の装置を設けることができる。

　化学泡消火器に設けるろ過網に関する次の文中の（　　）に入る数値の組合せとして、規格省令上、正しいものはどれか。
「ろ過網の目の最大径は、ノズルの最小径の（　ア　）以下とする。また、ろ過網の目の部分の合計面積は、ノズルの開口部の最小断面積の（　イ　）倍以上とする。」

	ア	イ
❶	3／4	20
❷	3／4	30
❸	2／3	20
❹	2／3	30

問 16 check! ☐☐☐　　　　　　　　　　　重要度 ★☆☆

本体容器の内面に液面表示を設けなければならない消火器として、規格省令上、誤っているものはどれか。

❶ 手動ポンプにより作動する水消火器
❷ 酸アルカリ消火器
❸ 強化液消火器
❹ 化学泡消火器

問 17 check! ☐☐☐　　　　　　　　　　　重要度 ☆☆☆

安全栓を設けなければならない消火器として、規格省令上、誤っているものはどれか。

❶ 転倒式の化学泡消火器
❷ 破蓋転倒式の化学泡消火器
❸ 二酸化炭素消火器
❹ 蓄圧式の粉末消火器

実践問題

消火器に設ける安全栓のリング部の塗色、引き抜く方向、引き抜くための動作数の組合せとして、規格省令上、正しいものはどれか。

	塗色	引き抜く方向	動作数
❶	赤色	上方向	2動作以内
❷	黄色	上方向	1動作
❸	赤色	水平方向	1動作
❹	黄色	水平方向	2動作以内

液化炭酸ガスを充てんした加圧用ガス容器（高圧ガス保安法の適用を受けるもの）に刻印されている記号 W が表しているものとして、正しいものはどれか。

❶ 充てんすべき高圧ガスの種類
❷ 内容積
❸ 容器の質量
❹ 充てん圧力値

蓄圧式の消火器に設けられている指示圧力計に表示しなければならないものとして、規格省令上、誤っているものはどれか。

❶ 圧力検出部の材質
❷ 使用圧力範囲（単位メガパスカル）
❸ 許容誤差
❹ 消の記号

問 21 check! ☐☐☐　　　　　　　　　　　　　重要度 ☆☆☆

　消火器の種別と、その消火器に設けられている指示圧力計の圧力検出部（ブルドン管）の材質の組合せとして、誤っているものはどれか。

❶ 水消火器…………SUS
❷ 強化液消火器……Bs
❸ 機械泡火器………SUS
❹ 粉末消火器………BeCu

問 22 check! ☐☐☐　　　　　　　　　　　　　重要度 ☆☆☆

　規格省令上、使用済み表示装置を設けなければならない消火器はどれか。ただし、消火器はすべて手さげ式とする。

❶ 手動ポンプにより作動する水消火器
❷ 蓄圧式の強化液消火器
❸ 化学泡消火器
❹ ガス加圧式の粉末消火器（開閉バルブ式）

[住宅用消火器の規格]

問 23 check! ☐☐☐　　　　　　　　　　　　　重要度 ☆☆☆

　規格省令上、住宅用消火器に表示しなければならない事項として、誤っているものはどれか。

❶ 住宅用消火器である旨
❷ A 火災または B 火災に対する能力単位の数値
❸ 使用温度範囲
❹ 放射時間

実践問題

［消火器の規格］

問 1　❹　　参照▶ 168, 192 ページ

× ❶　大型消火器の B 火災に対する能力単位は、20 以上です。

× ❷　大型化学泡消火器の薬剤量は 80L 以上です。

× ❸　大型二酸化炭素消火器の薬剤量は 50kg 以上です。

○ ❹　大型粉末消火器の薬剤量は 20kg 以上です。また、A 火災に対する能力単位は 10 以上、B 火災に対する能力単位は 20 以上です。

問 2　❷　　参照▶ 194 ページ

手さげ式の消火器は、原則として 1 動作で放射を開始できなければなりません。ただし、化学泡消火器については手さげ式でも 2 動作以内でよいことになっています。

問 3　❹　　参照▶ 197 ページ

粉末消火薬剤は、水面に均一に散布した場合において、1 時間以内に沈降しないものでなければなりません。

問 4　❸　　参照▶ 196 ページ

消火薬剤の容器に表示する事項には、以下のものがあります。

・品名
・消火器の区別
・消火薬剤の容量または質量
・充てん方法
・取扱い上の注意事項
・製造年月、製造者名または商標
・型式番号

問 5　❸　　参照▶ 196 ページ

消火器用消火薬剤は型式適合検定の検定対象なので、製品には「国家検定合格之印」と書かれた検定合格ラベルが表示されています。

問 6　❸　　参照▶ 199 ページ

消火器は、充てんされた消火剤の量の 90％以上を放射できなければなりません。ただし、化学泡消火器については 85％以上となります。

問 7　❸　　参照▶ 200 ページ

消火器の規格省令上の使用温度範囲は、化学泡消火器が 5℃以上 40℃以下、その他の消火器が 0℃以上 40℃以下です。ただし、使用温度範囲は 10℃単位で広げることができます。

問 8　❶　　参照▶ 200 ページ

消火器は、外面の 25％以上を赤色仕上げとしなければなりません。これに加え、二酸化炭素消火器はさらに 50％以上を緑色に、ハロン

1301 消火器は 50％以上をねずみ色に塗装します。

問 9　③　　参照▶201 ページ

消火器に表示すべき事項については、201 ページを参照してください。B 火災または電気火災に適応しない旨は表示しなければなりませんが、A 火災に適応しない旨の表示は必要ありません。

問 10　④　　参照▶201 ページ

消火器の使用方法については表示しなければなりませんが、動作数については規定がありません。

問 11　①　　参照▶203 ページ

絵表示の大きさは、消火剤の容量または質量が 2L または 3kg 以下の場合は半径 1cm 以上、2L または 3kg を超える場合は半径 1.5cm 以上とします。

[部品に関する規格]

問 12　②　　参照▶204 ページ

本体容器の板厚は、材質と内径によって以下のように規定されています。

材質	内径	板厚
鋼板 （JIS G3131）	120mm 未満	1.0mm 以上
	120mm 以上	1.2mm 以上
ステンレス鋼板 （JIS G4304）	100mm 未満	0.8mm 以上
	100mm 以上	1.0mm 以上

問 13　③　　参照▶206 ページ

ホースの取り付けを省略できるのは、ハロゲン化物消火器では消火剤「4kg 未満」、粉末消火器では消火剤「1kg 以下」となっています。

× ❶　据置式消火器のホースは、有効長を 10m 以上とします。

× ❷　据置式以外の消火器のホースの長さは、「消火剤を有効に放射するに足るもの」であればよく、具体的な長さについては規定がありません。

○ ❸　正しい記述です。

× ❹　1kg 未満ではなく、1kg 以下です。

問 14　①　　参照▶207 ページ

手さげ式の消火器のノズルには、切替式の装置も開閉式の装置も設けてはいけません。

問 15　②　　参照▶207 ページ

ろ過網の目の最大径は、ノズルの最小径の 3 ／ 4 以下とします。また、ろ過網の目の部分の最大面積は、ノズルの開口部の最小断面積の 30 倍以上とします。

問 16　③　　参照▶208 ページ

強化液消火器には液面表示は必要ありません。

問 17　①　　参照▶208 ページ

手動ポンプにより作動する水消火器と、転倒の 1 動作で作動する消火

器以外のすべての消火器には、安全栓を設けます。「転倒の1動作で作動する消火器」とは、転倒式の化学泡消火器です。

問18 ② 参照▶209 ページ

安全栓のリング部の色は黄色仕上げとし、上方向に引き抜くよう装着します。また、1動作で容易に引き抜くことができ、かつ、その引き抜きに支障のない封が施されていなければなりません。

問19 ③ 参照▶213 ページ

WはWeightの略で、容器の質量（単位：kg）を表します。なお、内容積は記号V（単位：L）で表します。

問20 ③ 参照▶215 ページ

許容誤差については表示する必要はありません。

問21 ② 参照▶216 ページ

指示圧力計の圧力検出部（ブルドン管）は、消火剤と接触します。そのため、水、強化液、機械泡といった水系の消火器のブルドン管の材質には、耐食性のあるステンレス鋼（SUS）を用います。

以上から、強化液消火器と黄銅（Bs）の組合せが誤りです。

問22 ④ 参照▶217 ページ

使用済み表示装置は、①指示圧力計のある蓄圧式消火器、②バルブを有しない消火器、③手動ポンプ式水消火器には必要ありません。①②③を除く手さげ式の消火器には、使用済み表示装置を設けます。

×❶ 手動ポンプ式水消火器なので不要。

×❷ 指示圧力計のある蓄圧式消火器なので不要。

×❸ 化学泡消火器にはバルブがないので不要。

○❹ ガス加圧式の粉末消火器（バルブのあるもの）には、使用済み表示装置を設けます。

［住宅用消火器の規格］

問23 ② 参照▶218 ページ

住宅用消火器には、能力単位の数値を表示する必要はありません。

第6章

消火器の
点検と整備

6-1 消火器の点検

ここで
学習する用語

- **外形点検**‥‥消火器各部の状態を目視で確認する点検（6か月に1度）。
- **内部および機能の点検**‥‥製造から一定の期間以上が経過した消火器や外観で異常が認められた消火器について、その内部や機能を点検。
- **確認ロット**‥‥点検対象となる消火器を消火剤や種別、加圧方式、経過年数でグループ分けしたもの。蓄圧式消火器とガス加圧式の粉末消火器の内部および機能点検は、各ロットからの抜き取り方式で点検する。

機器点検の内容　　　　重要度 ★★★

　消火器の設置が法令で義務付けられている防火対象物では、設置した消火器の定期的な点検と報告が必要です（52ページ）。定期点検は6か月に1回以上行い、以下の項目を点検します。

防火対象物の関係者は、点検結果を記録するとともに、一定期間ごとに消防長または消防署長に報告しなければなりません（52ページ）。

- **設置状況**
- **表示および標識**
- **消火器の外形（外観点検）**
- **消火器の内部および機能（機能点検）**
- **消火器の耐圧性能**

①設置状況の点検

　消火器の設置場所や設置間隔などが、法令にしたがって設置されていることを確認します。

②表示および標識の点検

　消火器の表示や標識が正しく設けられていることを目視で確認します。また、型式失効に伴う特例期間を過ぎたものでないことを確認します。

③消火器の外形の点検

　消火器の各部の状態を目視で確認します。この点検は、設置されている消火器の全数について、6か月に1回以上実施します。

④消火器の内部および機能の点検

　製造から一定期間が経過した消火器や、外形点検で異常が見つかった消火器については、消火器内部や機能の点検を行います。

1

消火器の点検

●内部および機能点検が必要な消火器

①蓄圧式の消火器…製造年から5年を経過したもの
　（二酸化炭素消火器、ハロゲン化物消火器を除く）
②加圧式の消火器…製造年から3年を経過したもの
　（二酸化炭素消火器、ハロゲン化物消火器を除く）
③化学泡消火器…設置後1年を経過したもの
④その他、外形点検において安全栓、安全栓の封もしくは緊結部等に異常が認められたもの

たとえば、2020年製造の消火器であれば、2026年の点検から「5年が経過した」とみなします。

　このうち、製造年から5年が経過した蓄圧式の消火器と、製造年から3年が経過した加圧式の粉末消火器については、毎回全数を点検する必要はなく、抜き取り検査（後述）でよいことになっています。

二酸化炭素消火器とハロゲン化物消火器の内部および機能点検は、メーカーに依頼して実施します。

	消火器の種類	点検対象	確認試料
蓄圧式	水消火器、強化液消火器、機械泡消火器、粉末消火器	製造年からの経過年数が5年	抜き取り
加圧式	水消火器、強化液消火器、機械泡消火器	製造年からの経過年数が3年	全数
	粉末消火器	製造年からの経過年数が3年	抜き取り
	化学泡消火器	設置から1年	全数

⑤消火器の耐圧性能の点検

　以下の消火器（二酸化炭素、ハロゲン化物消火器を除く）については、通常の点検に加えて耐圧性能の点検を行います（247ページ）。

・製造年から10年が経過したもの
・外形点検で本体容器に腐食等が認められたもの

　耐圧性能点検は、3年ごとに実施します。

試験ではこう出る! ──────── check! □□□

　内部および機能の点検を実施する消火器として、誤っているものはどれか。
①設置から1年が経過した化学泡消火器
②製造年から3年が経過した加圧式の強化液消火器
③製造年から3年が経過した蓄圧式の粉末消火器
④安全栓の封が脱落した蓄圧式の強化液消火器

合格のツボ　内部および機能の点検は、蓄圧式の消火器では製造年から5年、加圧式の消火器では製造年から3年が経過したものが対象となります。

（答え：③）

抜き取り検査の方式　　　重要度 ★★★

　蓄圧式の消火器と加圧式の粉末消火器は、内部および機能の点検を**抜き取り検査**で行います。そのために、点検対象となる消火器全体を、次のような**確認ロット**に分けます。

①消火薬剤ごとに分ける（メーカーごとに分ける必要はない）。
②小型消火器と大型消火器とに分ける。

③蓄圧式と加圧式とに分ける。

④蓄圧式消火器は、製造年からの経過年数が10
年を超えているかどうかで分ける。また、加圧
式粉末消火器は、製造年からの経過年数が8年
を超えているかどうかで分ける。

⑤各グループを1ロットとする。

> 確認ロットは、消火器を新たに設置したときに作成します。点検のたびに作成する必要はありません。

①消火剤　②小型／大型　③加圧方式　④製造年からの経過年数

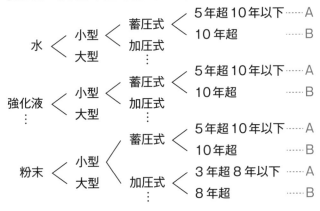

1

消火器の点検

上図のAグループのロット（製造年から5年超10
年以下の蓄圧式消火器と、3年超8年以下の加圧式粉
末消火器）については、以降の**5年間でロット内の全
消火器が点検を終える**ように、1回の抜き取り数を決
めます。定期点検（6か月に1回以上）は5年間に10
回あるので、1回あたりロットの**10%**を抜き取ります。

また、Bグループのロット（製造年から10年超の
蓄圧式消火器と、8年超の加圧式粉末消火器）につい
ては、**2.5年ごとにロット内の全消火器が点検を終え
る**ように、1回の抜き取り数を決めます。定期点検は
2.5年間に5回あるので、1回あたりロットの**20%**
を抜き取ります。

●消火器の点検サイクルまとめ

◆蓄圧式消火器（二酸化炭素消火器、ハロゲン化物消火器を除く）

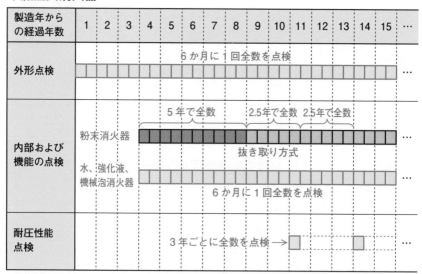

製造年からの経過年数	1	2	3	4	5	6	7	8	9	10	11	12	13	14	15	…
外形点検	6か月に1回全数を点検															…
内部および機能の点検	5年で全数 / 2.5年で全数 / 2.5年で全数 / 抜き取り方式															…
耐圧性能点検	3年ごとに全数を点検→															…

◆加圧式消火器

製造年からの経過年数	1	2	3	4	5	6	7	8	9	10	11	12	13	14	15	…
外形点検	6か月に1回全数を点検															…
内部および機能の点検　粉末消火器	5年で全数 / 2.5年で全数 / 2.5年で全数 / 抜き取り方式															…
内部および機能の点検　水、強化液、機械泡消火器	6か月に1回全数を点検															…
耐圧性能点検	3年ごとに全数を点検→															…

※化学泡消火器の内部および機能点検は、設置後1年を経過したものについて、全数を点検

　抜き取った消火器を点検して欠陥がなかった場合は、ロット全体を「良」とします。欠陥があった場合には、次のように判定します。

236

①消火薬剤の固化または容器内面の塗膜のはく離等の
　欠陥がある場合は、欠陥のあった消火器と同一メー
　カー、同一質量、同一製造年のものすべてについ
　て、欠陥項目の確認を行う（内面塗膜のはく離が明
　らかに外部からの衝撃によるものと判断される場合
　を除く）。

②その他の欠陥がある場合は、欠陥のあった消火器を
　整備する。

試験ではこう出る!

　消火器の内部および機能点検を抜き取り方式で実施する際の確
認ロットの作成方法として、誤っているものはどれか。
①異なるメーカーの消火器は異なる確認ロットとする。
②小型消火器と大型消火器は異なる確認ロットとする。
③蓄圧式の消火器と加圧式の消火器は異なる確認ロットとする。
④加圧式の粉末消火器にあっては、製造年からの経過年数が3年
　を超え8年以下のものと、8年を超えているものを異なる確認ロッ
　トとする。

合格のツボ 確認ロットは、消火器のメーカーと関係
なく作成します。 （答え：①）

1

消火器の点検

6-2 機器点検の確認項目

ここで学習する用語

- **キャップスパナ** ··· 消火器のキャップをゆるめる道具。
- **放射試験** ········ 消火器の放射能力を確認する試験。抜き取り方式で行う。
- **耐圧性能試験** ····· 製造から10年以上経過した消火器について、3年ごとに耐圧性能を確認する試験。耐圧試験機を用いる。

一般的留意事項　　　　　　　　　　　重要度 ★★★

　消火器の点検にあたっては、一般に以下の事項に留意します。

①性能に支障がなくとも、ごみ等の汚れは、はたき、雑巾等で掃除すること。

②合成樹脂製の容器または部品の清掃にはシンナー、ベンジン等の有機溶剤を使用しないこと。

③キャップまたはプラグ等を開けるときは容器内の残圧に注意し、残圧を排除する手段を講じた後に開けること。

④キャップの開閉には所定のキャップスパナを用い、ハンマーで叩いたり、タガネをあてたりしないこと。

⑤ハロゲン化物および粉末消火薬剤は、水分が禁物なので、消火器本体の容器内面および部品の清掃や整備には十分注意すること。

⑥二酸化炭素消火器、ハロゲン化物消火器および加圧用ガス容器のガスの充てんは、専門業者に

排圧栓のある消火器は、排圧栓を開いて残圧を排除します。また、蓄圧式消火器は本体容器をさかさにしてレバーを握り、残圧を排除します（249ページ）。

粉末消火器の本体や部品の消耗は、窒素ガスや乾燥した圧縮空気を吹きつけて行います。

依頼すること。

⑦点検のために、消火器を所定の設置位置から移動したままにする場合は、代替消火器を設置しておくこと。

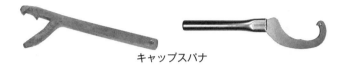

キャップスパナ

外形点検 重要度 ★★★

外形点検では、以下の項目を確認します。

①本体容器

消火薬剤の漏れや、容器の変形、損傷、著しい腐食等がないことを目視で確認します。

点検の結果、腐食のあるものは耐圧性能試験（247ページ）を行います。また、以下の場合は**廃棄処分**とします。

- 溶接部の損傷や著しい変形により、機能上支障のおそれのあるもの
- 著しく腐食しているもの
- 錆がはく離するようなもの

> 腐食部分をサンドペーパーで処理しても、深い腐食が残る場合は廃棄します。

②安全栓・使用済み表示装置

安全栓は、はずれていないこと、操作に支障がある変形・損傷等がないこと、確実に装着されていることを目視で確認します。また、**安全栓の封**に損傷・脱落がないこと、確実に取り付けられていることを確認し

ます。
　使用済み表示装置については、変形、損傷、脱落等
がないこと、作動していないことを目視で確認します
（216ページ）。

安全栓 ─
安全栓の封 ─
─ 使用済み表示装置

もっと詳しく 使用済み表示装置が脱落・作動してい
る場合は、消火器が使用された可能性があるので、内
部および機能の点検が必要です。安全栓や安全栓の封
の脱落については、使用済み表示装置が作動していな
ければ、もと通り取り付けておくだけでかまいません。
　なお、使用済み表示装置のない消火器については、
安全栓や安全栓の封が脱落している場合でも内部およ
び機能の点検が必要です。

使用済み表示装置
のない消火器
・指示圧力計のあ
る蓄圧式消火器
・バルブのない消
火器
・手動ポンプ式水
消火器

③レバー等の操作装置
　押し金具やレバー等の操作装置は、変形、損傷等が
なく、確実にセットされていることを目視で確認します。

④キャップ
　消火器のキャップは、変形、損傷等がないことを目
視で確認します。また、容器に緊結されていることを
手で締め付けて確認し、ゆるんでいる場合は締め直し
ます。
もっと詳しく 粉末消火器でキャップに変形、損傷、
ゆるみ等が見つかった場合は、消火薬剤が外気で変質

している可能性があるので、消火薬剤の量と性状を点
検します。

⑤ホース

　ホースについては、変形、損傷、老化等がなく、内部
に詰まりがないことを目視で確認します。また、ホー
スが容器に緊結されていることを手で締め付けて確認
し、取付けねじがゆるんでいる場合は締め直します。

もっと詳しく 以下の場合には内部点検が必要です。

> ・消火薬剤の漏れや固化による詰まりがある場合
> 　は、消火薬剤量を点検すること。
> ★開閉バルブのない加圧式の粉末消火器のホース
> 　に、詰まりや著しい損傷、取付けねじのゆるみ
> 　等がある場合は、加圧用ガス容器の封板および
> 　ガス量、消火薬剤量および性状を点検すること。

⑥ノズル・ホーン

　ノズルやホーンについては、変形、損傷、老化等が
なく、内部に詰まりがないこと、ホースに緊結されて
いること、ホーン握りが脱落していないことなどを確
認します。

　異物による詰まりは清掃して取り除き、ねじがゆる
んでいる場合は締め直します。また、ノズル栓がはず
れている場合は取り付け直します。

もっと詳しく 消火薬剤の漏れや固化による詰まりが
ある場合は、消火薬剤量を点検する必要があります。

⑦指示圧力計

　蓄圧式消火器の指示圧力計については、変形、損傷
等がないことと、指示圧力値が緑色の範囲内にあるこ

2

機器点検の確認項目

とを確認します（215 ページ）。

（215 ページ）

> ★指針が**緑色の範囲の下限より下がっている場合**：
> 　消火薬剤量を点検する。
> ★**指示圧力値が緑色の範囲外の場合**：指示圧力計
> 　の作動を点検する。

指示値が緑色範囲の下限より下に
ある場合は消火薬剤量も点検する

指示値が緑色範囲外にある場合
は指示圧力計の作動を点検する

二酸化炭素消火器
やハロゲン化物消
火器には指示圧力
計が設けられてい
ないので、質量を
測定して圧力値が
正常であることを
確認します。

⑧安全弁

　安全弁（211 ページ）は、化学泡消火器、二酸化炭
素消火器、ハロゲン化物消火器に設けられています。
安全弁は変形、損傷等がないことを目視で確認し、緊
結されていることを手で締めつけて確認します。

　以下の場合には、消火薬剤の整備・点検が必要です。

> • 化学泡消火器：噴き出し口の封が損傷、脱落し
> 　ている場合は、消火薬剤の詰め替えを行う。
> • ハロゲン化物消火器、二酸化炭素消火器：噴き
> 　出し口の封が損傷、脱落している場合、ねじが
> 　ゆるんでいる場合は、消火薬剤量を点検する。

⑨ガス導入管（車載式消火器のみ）

　加圧式の車載式消火器で、本体容器と加圧用ガス容

器をつなぐガス導入管については、変形、損傷等がないこと、緊結されていることを確認します。

　粉末消火器のガス導入管に折れ、つぶれ等の変形、損傷、結合部のゆるみが見つかった場合は、消火剤が外気によって変質しているおそれがあるので、消火薬剤の性状を点検します。

試験ではこう出る！　　　　　　　　　　check!

　蓄圧式粉末消火器の外形の点検における措置について、誤っているものはどれか。
①指示圧力計の指針が緑色範囲の下限より下がっていたので、消火薬剤量を点検した。
②指示圧力値が緑色範囲内にあったので、未使用と判定した。
③本体容器が著しく腐食していたので、廃棄処分にした。
④キャップがゆるんでいたので、締め直しを行った。

合格のツボ　粉末消火器のキャップがゆるんでいると、消火薬剤が外気によって変質するおそれがあります。そのため、消火薬剤の性状を確認します。　　　　　　（答え：④）

2　機器点検の確認項目

内部および機能点検　　　重要度★★★

　内部および機能点検では、以下の項目を確認します。

①**本体容器・内筒**

　本体容器の内部は、内部点検用の照明器具を使って腐食や防錆材料の脱落等がないことを確認します。裏面等の見にくい箇所は反射鏡を使います。

　本体容器内面に著しい腐食、防錆材料の脱落等のあるものは廃棄

> 内部および機能点検には、第6類消防設備士の資格が必要です（54ページ）。

反射鏡

します。

化学泡消火器では、内筒・内筒ふた・内筒封板に変形や損傷、腐食、漏れ等がないこと、液面表示が明確なことを確認します。

②消火薬剤

強化液・泡消火薬剤はポリバケツ、粉末消火薬剤はポリ袋等に移して、変色・腐敗・沈殿物・汚れ等がないこと、固化していないことを確認します。

また、消火薬剤が所定の量あることを秤(はかり)で測って確認します。なお、化学泡消火器については、**液面表示**で確認します。

化学泡消火器の外筒の液面表示は、内筒をはずした状態で確認します。

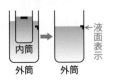

③加圧用ガス容器

変形、損傷、著しい腐食がなく、封板に損傷がないことを目視で確認します。また、容器が所定圧の範囲内にあることを、以下の方法で測定します。

- **作動封板のあるもの**：質量をはかって測定
- **容器弁付窒素ガスボンベ**：内圧を測定

ガス量不足と判定された加圧用ガス容器は、作動封板のあるものは交換します。また、高圧ガス保安法の適用を受けるものは、専門業者に依頼してガスを充てんします。

④カッターおよび押し金具

加圧用ガス容器が取り外されていることを確認した後、レバー、ハンドル等の操作により作動状況を確認します。

⑤ホース

　ホースは取り外して詰まり等がないことを確認し、詰まりのあるものは清掃します。

⑥開閉式ノズル・切替式ノズル

　ノズルの開閉や切替が円滑かつ確実に作動することを操作により確認します。

⑦指示圧力計

　容器の内圧を排出するとき、指針が円滑に作動することを目視で確認します。

⑧使用済みの表示装置

　内圧により軸が飛び出て使用済みであることを表示する装置を設けている消火器では、作動軸を手で操作して円滑に作動することを確認します。

⑨圧力調整器

　圧力調整器（214ページ）は、指針が円滑に作動し、調整圧力値が緑色の範囲内にあることを次の操作によって確認します。

---

(1) 消火器本体容器との連結バルブを閉める。
(2) 加圧用ガス容器のバルブを開き、圧力計の指度および指針の作動を確認する。
(3) 加圧用ガス容器のバルブを閉め、高圧側の指度を確認する（指度が下がった場合は、漏れの箇所を確認する）。
(4) 逃がし弁またはガス導入管の結合部をゆるめてガスを放出し、元の状態に復元する。

一次側
圧力計

二次側
圧力計

MPa

MPa

加圧用ガス
容器取付口

圧力調整
ハンドル

出口側バルブ
（ガス導入管へ）

2

機器点検の確認項目

⑩安全弁および減圧孔

　変形、損傷、詰まり等がないことを確認し、詰まりのあるものは清掃します。また、排圧栓は確実に作動することを確認します。

⑪粉上り防止用封板

　変形、損傷等がないこと、確実に取り付けられていることを目視と手で触って確認します。

⑫パッキン

　変形、損傷、老化等がないことを目視で確認します。

⑬サイホン管およびガス導入管

　変形、損傷、詰まり等がないこと、取付部のゆるみがないことを確認します。詰まりのあるものは清掃し、取り付け部のねじがゆるんでいる場合は締め付け直します。

⑭ろ過網

　化学泡消火器のろ過網は、損傷、腐食、詰まり等がないことを目視で確認し、詰まりのあるものは清掃します。

⑮放射能力

　車載式の消火器以外の消火器については、放射試験を実施して、放射状態を確認します（199 ページ）。放射試験は、点検対象の消火器すべてではなく、次のように抜き取り方式で行います。

消火器の種別		放射試験
蓄圧式	水消火器 強化液消火器 機械泡消火器 粉末消火器	抜き取り数の 50％以上
加圧式	水消火器 強化液消火器 機械泡消火器 化学泡消火器	全数の 10％以上
	粉末消火器	抜き取り数の 50％以上

暗記

 試験ではこう出る！ ────────── check!

　消火器の本体容器および内筒の点検整備について、誤っている
ものはどれか。
①本体容器内面に著しい腐食、防錆材料の脱落等のあるものは、
　廃棄処分とする。
②溶接部の損傷により、機能上支障の恐れがある本体容器は、損
　傷箇所を溶接補強する。
③変形、損傷、腐食、漏れ等のある内筒は取り替える。
④液面表示の不明確なものは、廃棄処分とする。

合格のツボ　溶接部の損傷や著しい変形により、機能
上支障のおそれがある本体容器は、廃棄処分とします。　　　　（答え：②）

耐圧性能試験　　　　　　　　　　　重要度 ★★★

　製造年から 10 年以上を経過した消火器について
は、3 年ごとに耐圧性能試験（水圧試験）を実施しま
す。耐圧性能試験の手順はおおむね次のようになりま
す。

2

機器点検の確認項目

247

①本体容器を分解し、消火薬剤を別の容器等に移す（次節参照）。

②本体容器の内外を清掃し、内面や外面に腐食や防錆材料の脱落がないかどうかを確認する。

③本体容器を水道水で満たしてキャップを締める。

④ホース接続部に、耐圧試験用接続金具を接続する。

⑤容器に保護枠等をかぶせ、耐圧試験機を接続する。

⑥レバーにレバー固定金具を取り付けてバルブを開いた状態にし、耐圧試験機を作動させて、本体容器に表示された耐圧試験圧力値まで徐々に加圧する。

⑦所定の水圧を5分間かけて、変形や損傷、漏れがないことを確認する。

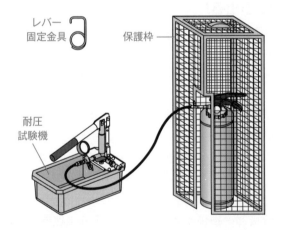

⑧耐圧試験機の排圧栓から水圧を排除し、圧力計の指針が0になったのを確認して、本体容器内の水を排水する。

⑨本体容器等の水分をウエス（布）、エアブローガン（エアガン）等で除去する（とくに粉末消火器には水分が禁物なので、消火薬剤を充てんする前に、乾燥炉などで十分に乾燥させること）。

⑩本体容器等に水分がないことを確認し、部品の組付け、消火薬剤の充てんを行う。

6-3 消火器の整備

ここで学習する用語

- ●クランプ台 ‥‥‥‥‥本体容器をはさんで固定する台
- ●温度−圧力線図 ‥‥‥気温に応じた消火器の充てん圧力値を示したグラフ
- ●接手金具 ‥‥‥‥‥‥蓄圧式消火器のバルブと三方バルブを接続する金具
- ●三方バルブ ‥‥‥‥‥高圧エアホースの先端に接続するバルブ
- ●高圧エアホース ‥‥‥高圧ガスを送るホース

蓄圧式消火器の分解 　　　　重要度 ★★★

　蓄圧式消火器（二酸化炭素消火器、ハロゲン化物消火器を除く）の分解手順は以下のとおりです。蓄圧式消火器は本体容器が加圧されているので、分解前に必ず排圧します。

> 二酸化炭素消火器、ハロゲン化物消火器は分解できません。

①指示圧力計で容器の内圧を確認する。

②排圧栓を開いて内圧を抜く。排圧栓がない消火器は、本体容器をさかさにしてレバーを徐々に握り、ノズルから内圧を抜く。

　※指示圧力計の指針が「0」になることを確認する。

排圧栓

サイホン管

> 本体容器をさかさにすると、サイホン管が消火薬剤の上に出るので、薬剤を放射せずに内圧を抜くことができます。

249

③本体容器をクランプ台に固定し、キャップスパナを使ってキャップをゆるめ、バルブ本体を容器から抜き取る。

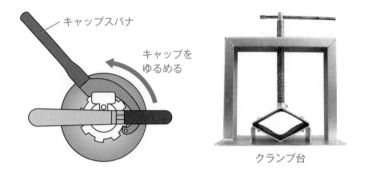

キャップスパナ

キャップを
ゆるめる

クランプ台

④消火薬剤を別の容器に移す。
　※水系の消火薬剤はポリバケツ等、粉末消火薬剤はポリ袋に移し、輪ゴム等でしっかり封をすること。
⑤本体容器内、キャップ、ホース、ノズル、サイホン管等を清掃する。
　※水系の消火器は水洗い、粉末消火器は窒素ガスまたは乾燥した圧縮空気で清掃すること。
⑥ホース、サイホン管等の通気試験を行う。
⑦各部品について確認を行う。

蓄圧式消火器の充てん

重要度 ★★★

　蓄圧式消火器は、消火薬剤を入れてから、本体容器に窒素ガスを充てんします。

◆消火薬剤の充てん

①本体容器に漏斗を挿入し、規定量の消火薬剤を入れる。
　※消火薬剤には、メーカー指定のものを用意すること。

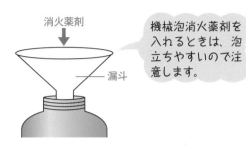

消火薬剤

漏斗

機械泡消火薬剤を
入れるときは、泡
立ちやすいので注
意します。

②口金のパッキン座やねじ等に付着した粉末薬剤は、刷毛（はけ）等で取り
　除く（水系の消火薬剤は水で洗い流す）。

③バルブを口金に挿入し、手でキャップを締める。

　※指示圧力計が正面を向くように注意すること。

④本体容器をクランプ台に固定し、キャップスパナを使ってキャッ
　プをしっかりと締める。

◆窒素ガスの充てん

①窒素ガスボンベのバルブに圧力調整器を取り付ける。

②圧力調整器の出口側バルブに高圧エアホースを緊結する。

③出口側バルブを閉め、圧力調整ハンドルはゆるめておく。

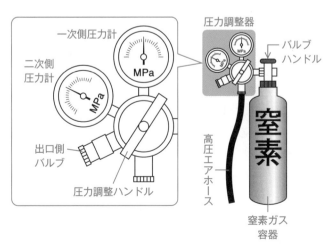

一次側圧力計

二次側
圧力計

圧力調整器

バルブ
ハンドル

MPa

MPa

出口側
バルブ

圧力調整ハンドル

高圧エアホース

窒素

窒素ガス
容器

3

消火器の整備

④窒素ガスボンベのバルブを開く。

　※圧力調整器の二次側圧力計は「0」、一次側圧力計は窒素ガス容器の内圧を指示する。

⑤消火器の「温度－圧力線図」から現在の気温に適合する充てん圧力値を求める。

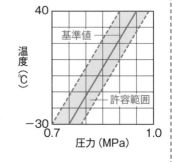

⑥圧力調整ハンドルを右に回し、二次側の圧力計の指針が充てん圧力の値を指すように調整する。

　※水系の消火薬剤は加圧ガスを吸収するため、適正圧力に約0.1MPaを加えた値を充てん圧力値とする。

⑦消火器のホース接続部に接手金具を緊結し、接手金具に高圧エアホース先端の三方バルブを接続する。

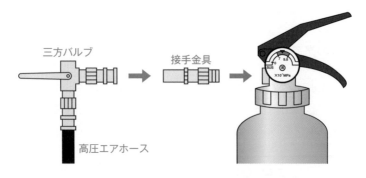

⑧三方バルブを開き、消火器のレバーを握ると窒素ガスが消火器内に充てんされる。

⑨指示圧力計で充てん圧力値に達したことを確認し、消火器のレバーを離す。次に、三方バルブを閉じる。

⑩安全栓をセットする。

⑪接手金具から三方バルブをはずす。

　ガスの充てん後は、気密試験（消火器を水槽に浸す）を行い、漏れがないかどうかを確認します。

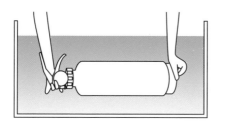

ガス加圧式消火器の分解

重要度 ★★★

3
消火器の整備

　ガス加圧式消火器は、未使用であれば本体容器内は加圧されていませんが、使用済みのものには残圧が残っています。未使用かどうかは外観から判断しにくいので注意が必要です。

①排圧栓の付いている消火器は、排圧栓を開いて残圧を抜く。
　※排圧栓のない消火器は、キャップをゆるめたときに減圧孔から残圧が排出されます。
②本体容器をクランプ台に固定し、キャップスパナを使ってキャップをはずし、加圧用ガス容器等を取り出す。
③消火薬剤を別の容器に移す。
　※粉末消火薬剤はポリ袋に移し、湿気が入らないように輪ゴム等で封をしておきます。
④本体容器内、キャップ、ホース、ノズル、サイホン管等を清掃する。
⑤各部品について確認を行う。

> 加圧用ガス容器の取り付けねじには、右ねじのものと左ねじのものがあるので注意します。

ガス加圧式消火器の充てん

重要度 ★★★

　ここでは、ガス加圧式の粉末消火器に消火薬剤を充てんする手順を説明します。

①サイホン管に取り付ける粉上り防止用封板を交換する。

②安全栓をセットする。

※加圧用ガス容器の封板を切ってしまわないように、安全栓を先にセットする。

③加圧用ガス容器を取り付ける。

④本体容器に漏斗を挿入し、規定量の消火薬剤を入れる。

※消火薬剤には、メーカー指定のものを用意すること。

消火薬剤

漏斗

⑤口金のパッキン座やねじ等に付着した粉末薬剤は、刷毛等で取り除く。

⑥充てんした消火薬剤が沈殿しないうちに、サイホン管をすばやく口金に挿入し、手でキャップを締める。

⑦本体容器をクランプ台に固定し、キャップスパナを使ってキャップをしっかりと締める。

⑧安全栓の封、使用済み表示装置を取り付ける。

化学泡消火器の分解 重要度 ★★★

化学泡消火器（反応式消火器）は、以下の手順で分解します。

①本体容器をクランプ台に固定する。

※転倒式の消火器は 30 度以上傾けないこと。

②キャップハンドルに木製のてこ棒を差し込んで左方向にまわし、キャップをはずす。

③内筒を取り出す。

④内筒、外筒の消火薬剤量を液面表示で確認する。

⑤それぞれの消火薬剤を別々の容器に移す。
⑥本体容器の内外、キャップ、ホース、ノズル、ろ過網、内筒等を水洗いする。
⑦各部品について確認を行う。

化学泡消火薬剤の充てん　　重要度 ★★★

　化学泡消火薬剤は経年劣化するので、1年に1回程度交換します。A剤とB剤を逆に充てんしないように注意します。

◆外筒の充てん（A剤）

①本体容器の液面表示の8割程度まで水を入れ、いったんポリバケツに移す。
②撹拌しながらA剤を少しずつ入れ、よく溶かす。
③完全に溶けたら、本体容器に注入する。
④液面表示まで水を追加する。

◆内筒の充てん（B剤）

①ポリバケツに内筒の約半分程度の水を入れる。
②撹拌しながらB剤を少しずつ入れ、よく溶かす。
③完全に溶けたら、静かに内筒に注入する。
④液面表示まで水を加える。
⑤内筒にふたをし、本体容器内に入れる。
⑥本体容器をクランプ台に固定し、キャップを締める。
⑦点検表に充てん年月日を記載しておく。

3

消火器の整備

第6章 実践問題

解答と解説：261 ページ

問1 check! ☐☐☐　　　　　　　　　　重要度 ★☆☆

　2020 年に内部および機能の点検の対象となる消火器（抜き取りによる点検を含む）として、誤っているものはどれか。ただし、外観点検において異常は認められなかったものとする。

❶ 蓄圧式の強化液消火器（2014 年製造）
❷ 蓄圧式の粉末消火器（2009 年製造）
❸ 化学泡消火器（2018 年に設置）
❹ 加圧式の粉末消火器（2017 年製造）

問2 check! ☐☐☐　　　　　　　　　　重要度 ★☆☆

　内部および機能の点検を抜き取り方式で実施する消火器として、誤っているものはどれか。

❶ 化学泡消火器
❷ 蓄圧式の粉末消火器
❸ 蓄圧式の強化液消火器
❹ 加圧式の粉末消火器

問3 check! ☐☐☐　　　　　　　　　　重要度 ★☆☆

　消火器の内部および機能点検を抜き取り方式で実施する場合の確認ロットの作成方法として、誤っているものはどれか。

❶ メーカーが異なるものは別ロットとする。
❷ 小型消火器と大型消火器とは別ロットとする。
❸ 加圧式消火器は、製造年からの経過年数が 3 年を超え 8 年以内の

ものと、8 年を超えているものとで別ロットとする。

❹ 蓄圧式消火器は、製造年からの経過年数が 5 年を超え 10 年以内の
ものと、10 年を超えているものとで別ロットとする。

問 4　check! ☐☐☐　　重要度 ★☆☆

消火器を点検する場合の一般的留意事項として、誤っているものはどれか。

❶ キャップまたはプラグ等を開けるときは容器内の残圧に注意し、
残圧を排除する手段を講じた後に開けること。

❷ キャップの開閉には、所定のキャップスパナを用い、ハンマーで
叩いたり、タガネをあてたりしないこと。

❸ ハロゲン化物および粉末消火薬剤は人体に有害なので、消火器本
体の容器内面および部品に付着した薬剤はよく水洗いすること。

❹ 二酸化炭素消火器、ハロゲン化物消火器および加圧用ガス容器の
ガスの充てんは、専門業者に依頼すること。

問 5　check! ☐☐☐　　重要度 ☆☆☆

消火器の本体容器の点検整備について、誤っているものはどれか。

❶ 錆が、はく離するようなものは廃棄すること。

❷ 溶接部が損傷して機能上支障のおそれのあるものは、損傷箇所を
溶接補強すること。

❸ ひび割れ、漏れのある内筒は取り替えること。

❹ 腐食のあるものは耐圧性能に関する点検を行うこと。

蓄圧式の消火器に設けられている指示圧力計の点検整備について、誤っているものは次のうちどれか。

❶ 指針が緑色範囲の下限より下がっていたので、消火薬剤量を点検した。
❷ 指示圧力値が緑色範囲の上限より上だったので、緑色範囲内になるように内圧を排出した。
❸ 本体容器の内圧を排出すると指針がゼロを指したので、正常に作動していると判断した。
❹ 作動の点検に標準圧力計を用いた。

化学泡消火器の点検整備について、誤っているものはどれか。

❶ 消火薬剤は、原則として1年に1回程度交換すること。
❷ 消火薬剤に変色や異臭が認められる場合は、新しいものと交換すること。
❸ 消火薬剤の水溶液を作るときは、消火薬剤を入れたポリバケツ等に水を少しずつ注ぎながら撹拌すること。
❹ パッキンに変形、損傷、老化等がないことを確認し、傷んでいるものは交換すること。

ガス加圧式の粉末消火器（開閉バルブ付き）の点検整備について、誤っているものは次のうちどれか。

❶ キャップがゆるんでいたので締め直した。
❷ 安全栓の封が脱落していたが、使用済み表示装置は脱落していなかったので、安全栓の封を取り付けた。
❸ ノズル栓が外れていたので付け直した。

❹　ホースの取り付けねじがゆるんでいたので締め直した。

問9 check! ☐☐☐　　　　　　　　　重要度 ★☆☆

機能点検において放射能力の点検を実施する消火器の数について、誤っているものはどれか。

❶ 化学泡消火器……………全数の 10％以上
❷ 蓄圧式の強化液消火器……抜取り数の 50％以上
❸ 蓄圧式の粉末消火器………抜取り数の 50％以上
❹ 加圧式の粉末消火器………抜取り数の 10％以上

問10 check! ☐☐☐　　　　　　　　　重要度 ★☆☆

外形点検で発見された異常について、内部および機能の点検が必要ないものはどれか。

❶ 安全栓が脱落していたが、指示圧力計の指針は緑色範囲内だった。
❷ 安全栓が脱落していたが、使用済み表示装置には異常がなかった。
❸ ノズルに消火薬剤が固化して詰まっていた。
❹ ガス加圧式粉末消火器（開閉バルブ付き）のキャップがゆるんでいた。

問11 check! ☐☐☐　　　　　　　　　重要度 ★☆☆

蓄圧式の消火器に窒素ガスの充てんを行う際に使用する器具として、誤っているものはどれか。

❶ 圧力調整器
❷ 高圧エアホース
❸ 水槽
❹ 漏斗

実践問題

259

問 12 check! ☐☐☐ 重要度 ★☆☆

消火器の点検整備を行う際、本体容器をさかさにし、レバーを徐々に握ることで内圧を排除できる消火器はどれか。

❶ 化学泡消火器
❷ 蓄圧式の粉末消火器
❸ ガス加圧式の粉末消火器
❹ 二酸化炭素消火器

問 13 check! ☐☐☐ 重要度 ★☆☆

消火器の耐圧性能点検（水圧試験）について、誤っているものはどれか。

❶ 製造年から 10 年を経過した消火器は、耐圧性能点検を実施しなければならない。
❷ 前回耐圧性能点検を実施してから 5 年を経過していない消火器は、耐圧性能試験を実施しなくてよい。
❸ 外形点検で本体容器に腐食等が認められるものは、耐圧性能点検を行う。
❹ 耐圧性能試験中は消火器の本体容器が破裂するおそれがあるので、本体容器に保護枠をかぶせること。

第 6 章　実践問題の解答と解説

問 1　❹　　　参照 ▶ 233 ページ

　内部および機能の点検対象となるのは、蓄圧式消火器が製造年から 5 年、加圧式消火器が製造年から 3 年、化学泡消火器が設置から 1 年経過した消火器です。2014 年製造の消火器は、2020 年の点検から 5 年を経過した（5 年を超えた）ものとみなします。

　2017 年製造の❹は、2020 年時点で製造から 3 年を超えていないので、点検の対象外となります。

問 2　❶　　　参照 ▶ 233 ページ

　抜き取り方式で機能点検を行う消火器は、蓄圧式の消火器と加圧式の粉末消火器に限ります。化学泡消火器については、設置後 1 年経過したものについて、全数を点検します。

問 3　❶　　　参照 ▶ 234 ページ

　抜き取り方式では、①消火薬剤、②小型／大型の別、③蓄圧式か加圧式か、④製造年からの経過年数によってロットを分類します。メーカーによっては分類しません。

問 4　❸　　　参照 ▶ 238 ページ

　ハロゲン化物や粉末消火薬剤は水分が禁物です。付着した消火薬剤は刷毛（はけ）や布、エアブローなどで取り除きます。

問 5　❷　　　参照 ▶ 239, 247 ページ

　溶接部に損傷があったり、著しく変形していたりして機能上支障のおそれのある本体容器は、廃棄処分とします。

問 6　❷　　　参照 ▶ 242, 249 ページ

　指示圧力計が緑色範囲外にあるときは、指示圧力計の作動が正常かどうかを確認します。

問 7　❸　　　参照 ▶ 255 ページ

　消火薬剤の水溶液は、水を入れたポリバケツ等に、消火薬剤を攪拌しながら少しずつ入れていきます。

問 8　❶　　　参照 ▶ 240 ページ

　粉末消火薬剤は外気に触れると変質してしまうため、キャップがゆるんでいた場合には、消火薬剤の量と性状も確認する必要があります。

　なお、開閉バルブ付きの粉末消火器はふだんバルブが閉じた状態なので、ホース取り付けねじがゆるんでいるだけなら、消火薬剤には影響ありません。

問 9　❹　　　参照 ▶ 247 ページ

　放射試験については、点検対象の

消火器すべてで行う必要はなく、蓄圧式消火器と加圧式の粉末消火器は抜取り数の 50％以上、粉末消火器以外の加圧式消火器は全数の 10％以上で実施します。

問 10 ❷ 参照▶239 ～ 241 ページ

× ❶ 指示圧力計のある消火器には使用済み表示装置がないため、安全栓が脱落している場合は、内部および機能の点検が必要です。

○ ❷ 安全栓が脱落している場合でも、使用済み表示装置に異常がなければ未使用と考えられるので、内部および機能の点検は必要ありません。

× ❸ ノズルやホースに詰まりがある場合は、内部および機能の点検が必要です。

× ❹ 粉末消火器のキャップがゆるんでいた場合は、消火薬剤の性状を確認するために、内部および機能の点検が必要です。

問 11 ❹ 参照▶250 ～ 252 ページ

漏斗は、本体容器に消火薬剤を充てんする際に使用しますが、窒素ガスの充てんには不要です。

問 12 ❷ 参照▶249 ページ

蓄圧式の消火器では、本体容器をさかさにするとサイホン管が消火薬剤より上に出るので、レバーを握ることで内圧を排除できます。

× ❶ 転倒式の化学泡消火器は、さかさにすると消火剤が放射されます。

○ ❷ 正解です。

× ❸ ガス加圧式の粉末消火器は、レバーを握ると加圧ガス容器の封板を破ってしまいます。

× ❹ 二酸化炭素消火器はさかさにしてもレバーを握れば消火剤が放射されます。

問 13 ❷ 参照▶247 ～ 248 ページ

耐圧性能試験は 3 年ごとに実施します。

第7章

実技試験対策

7-1 消火器の種類と構造

ここで 学習する用語	● 消火器の外観はメーカーによって異なりますが、種類ごとに共通する特徴を把握しておきましょう。 ● 消火器の各部の名称と機能、装備されている消火器の種類を覚えましょう。

消火器の鑑別

重要度 ★ ★ ★

① 強化液消火器

指示圧力計

噴霧
ノズル

特徴
・蓄圧式強化液消火器には指示圧力計が設けられている。
・霧状放射をするため、噴霧ノズルが設けられている。
・水消火器と区別がつきにくい。
・消火作用：冷却作用、抑制作用。

A 火災

B 火災
（霧状のみ）

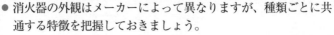
電気火災
（霧状のみ）

② 機械泡消火器

指示圧力計

発泡
ノズル

特徴
・長い発泡ノズルが特徴的。
・蓄圧式機械泡消火器には指示圧力計が設けられている。
・消火作用：冷却作用、窒息作用。

A 火災

B 火災

❸ 化学泡消火器

特徴
- レバーがなく、上部にハンドル型のキャップがついている。
- 本体をひっくり返して使う。
- 消火作用：冷却作用、窒息作用。

A 火災　　B 火災

❹ 二酸化炭素消火器

ホーン握り

特徴
- 本体容器の半分以上が緑色に塗装されている。
- 大きなホーンとホーン握りが付いている。
- 消火作用：窒息作用。

緑色に塗装

ホーン

B 火災　　電気火災

❺ ハロン1301消火器

特徴
- 本体容器の半分以上がねずみ色に塗装されている。
- 短いホーンが付いている。
- 消火作用：窒息作用、抑制作用。

ねずみ色に塗装

ホーン

B 火災　　電気火災

❻ 蓄圧式粉末消火器

指示圧力計

特徴
- 蓄圧式粉末消火器には指示圧力計が付いている。
- 消火作用：窒息作用、抑制作用。

ノズル

A 火災　　B 火災　　電気火災

1

消火器の種類と構造

⑦ ガス加圧式粉末消火器

特徴

- ガス加圧式には指示圧力計がない。
- 消火作用：窒息作用、抑制作用

ノズル　　　A 火災　　B 火災　　電気火災

大型消火器の鑑別　重要度 ★★★

　大型消火器は、一般に車輪が付いている車載式です。ただし、車載式消火器であっても、大型消火器とは限らないことに注意しましょう。大型消火器かどうかは、車輪の有無だけでなく、消火薬剤の量で判断します（168 ページ）。

① 車載式強化液消火器（大型）

消火薬剤量：
60L 以上
能力単位：
A-10以 上・B-20
以上

② 車載式機械泡消火器（大型）

消火薬剤量：
20L 以上
能力単位：
A-10以 上・B-20
以上

❸ 車載式化学泡消火器 （大型）

消火薬剤量：
80L 以上
能力単位：
A-10以上・B-20
以上

❹ 車載式粉末消火器 （大型）

消火薬剤量：
20kg 以上
能力単位：
A-10以上・B-20
以上

写真は消火薬剤量 20kg の車載式二酸化炭素消火器。大型二酸化炭素
消火器の消火薬剤量は 50kg 以上なので、大型消火器には該当しない。

1

消火器の種類と構造

7-2 消火器の構造と部品

ここで
学習する用語

● 実技試験では、消火器各部の部品の機能と、装着されている消火器の種類を問う問題が出題されます。

消火器の部品

重要度 ★★★

名称 安全栓
機能
消火器の不時の作動を防止する。
装着されている消火器
手動ポンプにより作動する水消火器、転倒式の化学泡消火器（転倒の1動作で作動する消火器）以外のすべての消火器

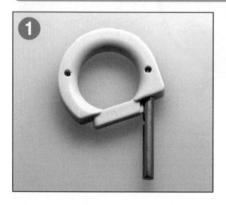

名称 使用済み表示装置
機能
消火器を使用した場合に自動的に作動し、使用済みであることを判別する。
装着されている消火器
手さげ式消火器（指示圧力計のある蓄圧式消火器、バルブを有しない消火器、手動ポンプにより作動する水消火器を除く）

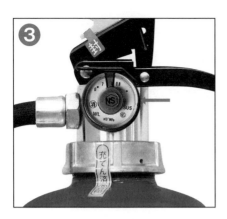

名称　指示圧力計
機能
使用圧力の範囲を緑色で表示し、本体容器内の圧力を指示する。
装着されている消火器
蓄圧式の消火器（二酸化炭素消火器、ハロン 1301 消火器を除く）

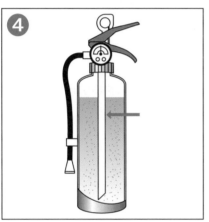

名称　サイホン管
機能
消火薬剤を放出するための管。
装着されている消火器
化学泡消火器以外の消火器

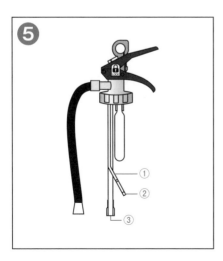

名称　①ガス導入管
　　　　②逆流防止装置
　　　　③粉上り防止用封板
機能
①加圧用ガスを本体容器内に放出する。
②粉末消火薬剤がガス導入管に侵入するのを防ぐ。
③消火器が未使用状態のとき、粉末消火薬剤がサイホン管に侵入するのを防ぐ。また、外部からの湿気を防ぐ。
装着されている消火器
ガス加圧式粉末消火器

2

消火器の構造と部品

269

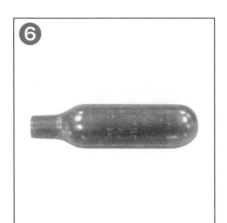

名称 加圧用ガス容器

機能

加圧式消火器の放射用圧力源として使用する。

装着されている消火器

ガス加圧式の消火器

名称 減圧孔

機能

キャップをゆるめる際に、本体容器内の残圧を徐々に排出する。

名称 排圧栓

機能

キャップを開ける前に、本体容器内の残圧を排出する。

名称　安全弁

機能

本体容器内の圧力が異常上昇した場合に排圧する。

装着されている消火器

二酸化炭素消火器、ハロン 1301 消火器、化学泡消火器

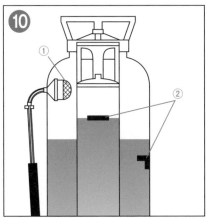

名称　①ろ過網
　　　　②液面表示

機能

①消火薬剤のゴミや異物を除去し、ノズルの詰まりを防ぐ。

②消火薬剤量を確認する。

装着されている消火器

化学泡消火器

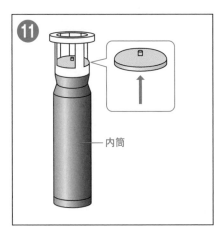

名称　内筒ふた

機能

正常時に外筒内の A 剤と内筒内の B 剤が混合するのを防ぐ。

装着されている消火器

転倒式化学泡消火器

内筒

2

消火器の構造と部品

271

⑫

名称　ホーン握り

機能

液化炭酸ガスが気化する際の冷却作用で持ち手が凍傷になるのを防ぐ。

装着されている消火器

二酸化炭素消火器

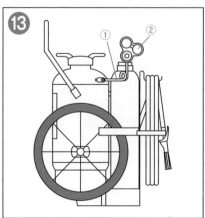

⑬

名称　①ガス導入管
　　　②圧力調整器

機能

①加圧用ガス容器内のガスを本体容器内に放出する。

②本体容器に送るガスの圧力を調整する（251 ページ）。

装着されている消火器

ガス加圧式の車載式消火器

点検・整備用の工具　　　　重要度 ★★★

❶

名称　キャップスパナ

使用目的

消火器のキャップを開閉する。

名称　クランプ台
使用目的
キャップの開閉等の作業時に、本体容器を固定する。

名称　エアガン（エアブローガン）
使用目的
粉末消火器の本体容器内、キャップ、ホース、ノズル、サイホン管等に窒素ガス等を吹き付けて清掃する。
※圧縮空気は湿気を含むため、窒素ガスを使用します。

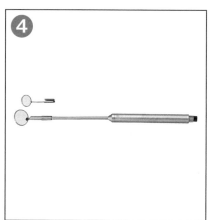

名称　反射鏡
使用目的
本体容器内面の腐食や防錆材料の脱落等を点検する。

2

消火器の構造と部品

名称 標準圧力計

使用目的

指示圧力計の精度の点検や、蓄圧式消火器の内圧の測定に用いる。

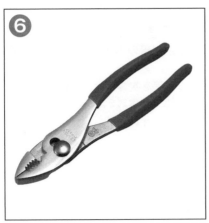

名称 プライヤー

使用目的

加圧用ガス容器を取りはずす。

名称 漏斗

使用目的

本体容器に消火薬剤を入れる。

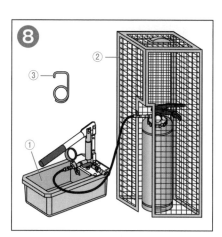

| 名称 | ①耐圧試験機
②保護枠
③レバー固定金具 |

使用目的

①消火器の耐圧性能試験を行う。

②耐圧試験中に消火器が破裂する恐れに備える。

③耐圧試験中にレバーを握った状態に固定する。

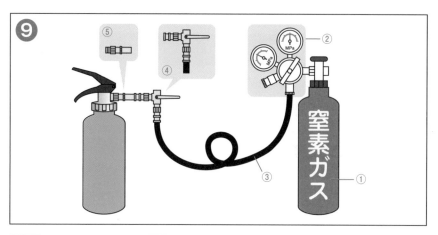

名称	使用目的
①窒素ガスボンベ	①蓄圧式消火器に充てんする窒素ガスを供給する。
②圧力調整器	②窒素ガスの圧力を充てん圧力値に調整する。
③高圧エアホース	③高圧の窒素ガスをボンベから消火器に送る。
④三方バルブ	④窒素ガスの注入、停止を行う。
⑤接手金具	⑤消火器と三方バルブ（252 ページ）を接続する。

2

消火器の構造と部品

ここで学習する用語

● 実技試験では、消火器の能力単位の算定と設置本数の計算問題が出題されます。

$$必要な能力単位 \geq \frac{延べ面積}{算定基準面積}$$

● 消火器は、建物の各部分からの歩行距離が20m（大型消火器の場合は30m）以下になるように配置します。

消火器の設置本数の計算　重要度 ★★★

　実技試験では、防火対象物に設置する消火器の必要能力単位や、設置本数に関する問題が出題されます。

試験ではこう出る!　check! □□□

　図は、2階建ての複合用途防火対象物の立面図である。下記条件にしたがい、設置しなければならない消火器の最小能力単位と、最少の設置本数を求めなさい。

2階	映画館	600m^2
1階	飲食店	800m^2

〈条件〉

・主要構造部は耐火構造で、内装は不燃材料仕上げである。
・1本の消火器の能力単位は2とし、設置にあたって歩行距離は考慮しない。
・他の消防用設備の設置による緩和は考慮しない。

〈解答欄〉

	能力単位	設置本数
1階	①	②　　　本
2階	③	④　　　本

合格のツボ

　設置する消火器に必要な能力単位は、次のように求めます（79 ページ）。

$$\text{必要な能力単位} \geq \frac{\text{延べ面積}}{\text{算定基準面積}}$$

　映画館と飲食店の算定基準面積は、それぞれ次のとおりです。

防火対象物	算定基準面積	
	標準	耐火構造
映画館	$50m^2$	$100m^2$
飲食店	$100m^2$	$200m^2$

> 主要構造部が耐火構造で、内装が不燃（難燃）材料仕上げの場合は、算定基準面積を標準の2倍で計算します。

　以上から、各階に必要な消火器の最小能力単位は次のようになります。

$$1階：\frac{800}{200} = 4 \qquad 2階：\frac{600}{100} = 6$$

　各階に設置する消火器の本数は「**必要能力単位÷消火器1本の能力単位**」で求められるので、

$$1階：4 \div 2 = 2 \qquad 2階：6 \div 2 = 3$$

となります。

（答え：①4　②2　③6　④3）

3

消火器の設置

消火器を配置する

重要度 ★ ★ ★

小型消火器は、建物の各部分からの歩行距離が20m以内となるように配置します。能力単位が十分でも、歩行距離が20mを超える場所ができてしまう場合は、消火器の本数を増やす必要があります。

試験ではこう出る！

check!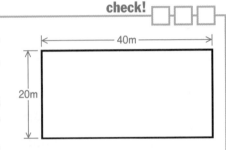

右図は、複合防火対象物の1階事務所部分の平面図である。設問1、2に答えよ。

ただし、建物の主要構造部は耐火構造で、内装は不燃材料仕上げであるものとする。また、他の消防用設備の設置による緩和については考慮しない。

【設問1】 この部屋に設置しなければならない消火器の最小能力単位を求めよ。

【設問2】 消火器の設置場所を図に○で記入せよ。ただし、各消火器の能力単位は2とする。

合格のツボ

防火対象物が事務所で、耐火構造である場合の算定基準面積は400m²なので（次ページの表）、必要な最小能力単位は次のようになります。

$$\frac{40 \times 20}{400} = 2$$

（設問1の答え：2）

消火器は、建物各部から1の消火器までの歩行距離が、20m以下となるように設置しなければなりません。能力単位2の消火器1本では、どのように設置しても、歩行距離が20mを超える部分ができてしまいます。

　消火器2本を次のように設置すれば、どの部分から
も歩行距離が20m以下となります。

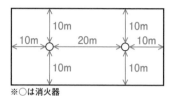

※○は消火器

（設問2の答え：左図）

　算定基準面積は、防火対象物の用途ごとに、次のよ
うに定められています。

3

消火器の設置

●必要最小能力単位の算定基準面積

防火対象物		算定基準面積	
		標準	耐火構造
(1) 項イ (2) 項イ 　　　ロ 　　　ハ 　　　ニ (16の2) 項 (16の3) 項 (17) 項	劇場、映画館、演芸場、観覧場 キャバレー、ナイトクラブ 遊技場、ダンスホール 性風俗関連店舗 カラオケボックス、ネットカフェ 地下街 準地下街 重要文化財	$50m^2$	$100m^2$
(1) 項ロ (3) 項イ 　　　ロ (4) 項 (5) 項イ 　　　ロ (6) 項イ 　　　ロ 　　　ハ 　　　ニ (9) 項イ 　　　ロ (12) 項イ 　　　ロ (13) 項イ 　　　ロ (14) 項	公会堂、集会場 待合、料理店 飲食店 百貨店、マーケット、物品販売店舗 旅館、ホテル 寄宿舎、下宿、共同住宅 病院、診療所、助産所 自力避難困難者入居施設 その他の社会福祉施設等 幼稚園、特別支援学校 蒸気浴場、熱気浴場 その他の公衆浴場 工場、作業場 映画スタジオ、TVスタジオ 自動車車庫、駐車場 飛行機の格納庫 倉庫	$100m^2$	$200m^2$
(7) 項 (8) 項 (10) 項 (11) 項 (15) 項	学校 図書館、美術館、博物館 停車場、発着場 神社、寺院、教会 その他の事業場（銀行、会社事務所）	$200m^2$	$400m^2$

実践問題

解答と解説：292 ページ

問 1 check! ☐ ☐ ☐ 　　　　　　　　　　重要度 ★☆☆

下の写真 A ～ C について、設問 1 ～ 3 に答えなさい。

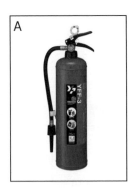

A

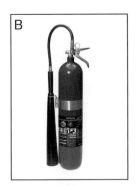

B

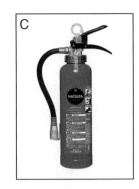

C

設問1 A ～ C の消火器が使用する消火薬剤を解答群から 1 つ選び、記号で答えよ。

解答群

ア　強化液	イ　機械泡	ウ　化学泡
エ　二酸化炭素	オ　ハロン 1301	カ　粉末（ABC）

設問2 A ～ C の消火器の主な消火作用を解答群からすべて選び、記号で答えよ。

解答群

ア　冷却作用	イ　窒息作用	ウ　抑制作用

設問3 A ～ C の消火器が適応する火災を、解答群からすべて選び、記号で

答えよ。

解答群

　ア　普通火災　　　　　イ　油火災　　　　　　ウ　電気火災

問2 check! □□□　　　　　　　　　　　重要度 ★☆☆

車載式消火器の写真Ａ〜Ｅについて、設問1、2に答えよ。

強化液　20L

機械泡　20L

化学泡　80L

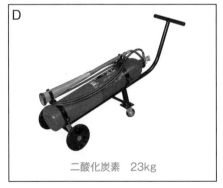

二酸化炭素　23kg

粉末　20kg

※写真の下の記述は、各消火器に充てんされている消火薬剤と消火薬剤量を
　示す。

設問1　Ａ〜Ｅのうち、大型消火器ではないものはどれか。2つ答えなさい。

設問2　大型消火器は、危険物規制において第何種の消火設備に該当するか。

下の写真に示す消火器ついて、設問1～3に答えよ。

設問1 矢印で示す部分の名称と役割を答えなさい。

設問2 この消火器の外面の25％は、何色に塗装されているか。

設問3 この消火器にある弁の名前を次の選択肢からすべて選びなさい。

解答群

ア 容器弁	イ 減圧弁	ウ 安全弁
エ 閉止弁	オ 逆止弁	

問4 check! ☐☐☐ 重要度 ☆☆☆

下図は、泡消火器の構造図である。次の設問1～3に答えなさい。

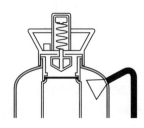

設問1 この消火器の型式を答えなさい。
設問2 この消火器で消火剤を放射するまでの操作手順（3つ）を答えなさい。ただし、ホースをはずす手順は含まないものとする。
設問3 この消火器を作動させた場合に放射される泡の容量は、消火薬剤の容量の何倍以上でなければならないか。ただし、消火器は手さげ式で、充てんされている消火薬剤の温度は20℃とする。

問5　check! □□□　　　重要度 ☆☆☆

下の写真は、消火器の一部分を示したものである。次の設問1〜3に答えなさい。

設問1 矢印で示す器具の名称を答えなさい。
設問2 この器具の緑色部分の範囲として適当なものを、解答群から選び記号で答えなさい。

解答群
　ア　0.5MPa 〜 0.75MPa
　イ　0.7MPa 〜 0.98MPa
　ウ　0.9MPa 〜 1.25MPa
　エ　1.2MPa 〜 1.5MPa

設問3 「Bs」は、この器具のどの部分の材質を示したものか。その部分の名称を記しなさい。また、「Bs」が示す材質の名称として適切なものを

解答群から選び、記号で答えよ。

解答群
　ア　ステンレス　　イ　黄銅　　ウ　ベリリウム銅　　エ　りん青銅

問6 check! □□□　　　　　　　　　　　　　　重要度 ★☆☆

　右の写真は、消火器の一部分を示
したものである。次の設問1〜3
に答えなさい。

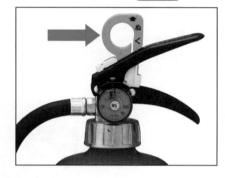

設問1 矢印で示す器具の名称を答えなさい。
設問2 この器具の使用目的を答えなさい。
設問3 この器具を設けなくてもよい消火器を2つ答えなさい。

問7 check! □□□　　　　　　　　　　　　　　重要度 ★☆☆

　右の写真は、消火器の一部分を示
したものである。次の設問1〜3
に答えなさい。

設問1 矢印で示す器具の名称を答えなさい。
設問2 この器具が装着されている目的を答えなさい。

設問3 手さげ式の消火器で、この器具を設けなくてもよいのはどのような消火器か。

問8 check! ☐☐☐　　　　　　　　　　　　　　重要度 ☆☆☆

下の図は、消火器の一部分を示したものである。次の設問1、2に答えなさい。

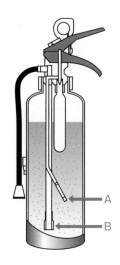

設問1 矢印A、Bが示す部分に装着されている器具の名称を答えなさい。
設問2 これらの器具の目的をそれぞれ答えなさい。
設問3 これらの器具が装着されている消火器の型式を答えなさい。

　下の写真は、消火器の一部分を示したものである。次の設問1、2に答えなさい。

設問1 矢印が示す部分の名称を答えなさい。
設問2 矢印が示す部分は、何のために設けられているか。

　下の写真A〜Cに示す工具について、設問1、2に答えよ。

A
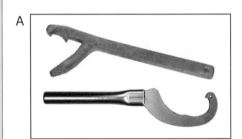

B

C

設問1 A ～ C の工具の名称を答えよ。
設問2 A ～ C の工具の使用目的を答えよ。

問 11 check! ☐☐☐　　　　　　　　　　　　重要度 ☆☆☆

下の写真に示す器具について、設問 1 ～ 3 に答えよ。

A
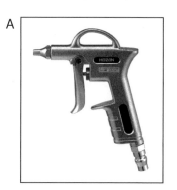

B
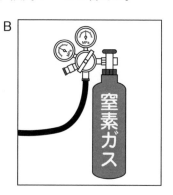

設問1 写真 A、B の 2 つを使用して点検、整備を行う消火器の名称と、整備の内容を答えよ。
設問2 写真 A、B を使用する理由を述べよ。
設問3 設問 1 で解答した消火器の点検または整備の内容として、適切でないものを解答群からすべて選べ。

解答群
　ア　指示圧力計の指針が緑色範囲の下限より下がっていたので、薬剤量の確認を行った。
　イ　キャップがゆるんでいたので締め直した。
　ウ　本体容器が著しく腐食していたので廃棄処分とした。
　エ　銘板のないものまたは型式失効に伴う特例期間を過ぎたものは、内部および機能の点検を行った。
　オ　ホースに著しい損傷があったので交換したが、開閉バルブ付きの加圧式消火器だったので内部および機能の点検は行わなかった。
　カ　本体容器内面の防錆材料が脱落していたので、防錆材料を塗り直した。

287

下の写真に示す消火器の点検、整備について、設問 1、2 に答えよ。

設問 1 以下は、この消火器の内部および機能の点検の手順である。｜　　　　　｜
内に入る適切な語句を解答群から選び、記号で答えよ。

総質量を秤量し、消火薬剤量を確認する。

↓

①

。

↓

放射試験の試料となっている場合は、放射試験を行う。

↓

排圧栓を開き、本体容器内の内圧を排除する。このとき、

②

。

↓

本体容器をクランプ台に固定し、キャップスパナでキャップを開く。

↓

バルブ部分を本体容器から抜き取る。

↓

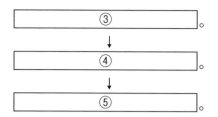

③	。

↓

④	。

↓

⑤	。

解答群

ア　指示圧力計が円滑に作動することを確認する

イ　ホース、サイホン管等の通気試験を行う

ウ　ガス加圧容器を取りはずす

エ　本体容器内外、キャップ、ホース、ノズル、サイホン管等を清掃する

オ　指示圧力計の指針が緑色範囲内にあることを確認する

カ　消火薬剤を別容器に移す

設問2 写真に示す消火器で、製造年からの経過年数が 5 年を超えるものが複数ある場合、放射試験を行う消火器は、どのような基準で選択すればよいか。解答群の中から選び、記号で答えなさい。

解答群

ア　全数の 10％以上

イ　全数の 50％以上

ウ　抜き取り数の 10％以上

エ　抜き取り数の 50％以上

問 13 check! ☐☐☐　　　　　　　　　　重要度 ★☆☆

下の図をみて、設問に答えなさい。

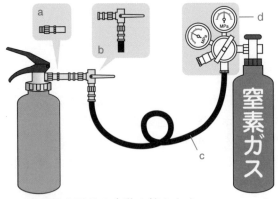

設問 図のa〜dに示す器具の名称を答えなさい。

問 14 check! ☐☐☐　　　　　　　　　　重要度 ★☆☆

下の図は、複合用途防火対象物の1階事務所部分の平面図である。条件にしたがって、各部屋に設置しなければならない消火器の最小本数を求めなさい。

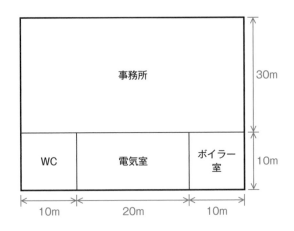

〈条件〉

・建物の主要構造部は耐火構造で、内装は不燃材料仕上げである。

・1 本の消火器の能力単位は 2 とし、設置にあたって歩行距離は考慮しない。

・他の消防用設備の設置による緩和については考慮しない。

部屋	消火器の設置本数
事務所部分	（　　　　）本
電気室	（　　　　）本
ボイラー室	（　　　　）本

第7章 実践問題の解答と解説

問1　参照▶ 264 ～ 266 ページ

Aは機械泡消火器、Bは二酸化炭素消火器、Cは粉末消火器の写真です。各消火器の消火作用と適応火災を覚えておきましょう（161，163ページ）。

	消火作用	適応火災
機械泡消火器	冷却作用、窒息作用	普通火災、油火災
二酸化炭素消火器	窒息作用	油火災、電気火災
粉末消火器（ABC）	窒息作用、抑制作用	普通火災、油火災、電気火災

解答：

設問1 A：イ　B：エ　C：カ
設問2 A：ア、イ　B：イ　C：イ、ウ
設問3 A：ア、イ　B：イ、ウ　C：ア、イ、ウ

問2　参照▶ 168，266，267 ページ

大型消火器の消火剤の量は、消火剤ごとに次のように規定されています。

水	80L 以上
強化液	60L 以上
機械泡	20L 以上
化学泡	80L 以上
ハロゲン化物	30kg 以上
二酸化炭素	50kg 以上
粉末	20kg 以上

なお、大型消火器は、危険物規制では第4種消火設備に区分されます（169ページ）。

解答：

設問1 A、D
設問2 第4種消火設備

問3　参照▶ 272 ページ

二酸化炭素消火器のホーンを持つ部分をホーン握りといいます。二酸化炭素消火器では、消火剤の放射時にホーンが気化熱によって冷却されるため、断熱材を使ったホーン握りを持つことで凍傷を防ぎます（178ページ）。

二酸化炭素消火器の外面は、高圧ガス保安法の規定により、50%以上が緑色に塗装されます。また、他の消火器と同様に、25%以上は赤色に塗装されます。

高圧ガス保安法の適用を受ける容器には、容器弁（213ページ）と安全弁が設けられます。

解答：

設問1 名称：ホーン握り
　　　　目的：持ち手の部分を断熱して凍傷を防ぐ。
設問2 赤色
設問3 ア、ウ

問4　参照▶195, 197 ページ

破蓋転倒式の化学泡消火器の構造図です。破蓋転倒式は、押し金具を押して内筒の封板を破ってから、本体容器を転倒させて放射を開始する方式です（177 ページ）。安全栓（安全キャップ）が設けられていることに注意しましょう。

なお、泡消火器で放射する泡の量は、以下のように規定されています（197 ページ）。

化学泡消火器 （手さげ式・背負式）	消火薬剤の容量の 7 倍以上
化学泡消火器 （車載式）	消火薬剤の容量の 5.5 倍以上
機械泡消火器	消火薬剤の容量の 5 倍以上

解答：
設問1　破蓋転倒式化学泡消火器
設問2
　手順1：安全キャップをはずす。
　手順2：押し金具を押す。
　手順3：本体容器を転倒させる。
設問3　7 倍

問5　参照▶215, 216, 269 ページ

指示圧力計は、消火器の内圧の圧力値を表示する装置で、二酸化炭素消火器とハロン1301消火器以外の蓄圧式消火器に設けられています。緑色部分は使用圧力範囲を示し、蓄圧式の消火器では0.7MPa～0.98MPaの間でなければなりません。

指示圧力計の圧力検出部をブルドン管といい、材質にはステンレス（SUS）、黄銅（Bs）、りん青銅（PB）、ベリリウム銅（BeCu）があります（216 ページ）。

解答：
設問1　指示圧力計
設問2　イ
設問3　名称：ブルドン管
　　　　材質：イ

問6　参照▶268 ページ

安全栓は、消火器の不時の作動を防止するために設けます。ただし、手動ポンプにより作動する水消火器と、転倒の 1 動作で作動する消火器（転倒式の化学泡消火器のこと）については、安全栓は不要です（208 ページ）。

解答：
設問1　安全栓
設問2　消火器の不時の作動を防止するため。
設問3　手動ポンプにより作動する水消火器、転倒式の化学泡消火器

問7　参照▶268 ページ

使用済み表示装置は、消火器を使用すると自動的に作動し、使用済みであることを表示します。使用済み表示装置を設けなくてもよいのは、指示圧力計のある蓄圧式の消火器、バルブを有しない消火器、手動ポン

プにより作動する水消火器です（217ページ）。

解答：
設問1 使用済み表示装置
設問2 消火器が使用済みかどうかを判別するため。
設問3 指示圧力計のある蓄圧式の消火器、バルブを有しない消火器および手動ポンプにより作動する水消火器

問8　　　　　参照▶269ページ
　図は加圧用ガス容器が付いていることから、ガス加圧式の粉末消火器の一部です。ガス加圧式粉末消火器のガス導入管には逆流防止装置、サイホン管には粉上り防止用封板が装着されています（184ページ）。
　逆流防止装置は、粉末消火剤がガス導入管に侵入して詰まるのを防ぐための装置、粉上り防止用封板は、粉末消火剤がサイホン管に侵入したり、湿気で消火剤が変質するのを防ぐ装置です。

解答：
設問1 A：逆流防止装置
　　　　B：粉上り防止用封板
設問2
A：粉末消火剤がガス導入管に侵入し、ガス導入管が詰まるのを防ぐ。
B：粉末消火剤がサイホン管に侵入したり、サイホン管からの湿気で粉末消火剤が変質するのを防ぐ。

設問3 ガス加圧式粉末消火器

問9　　　　　参照▶270ページ
　キャップに設けられている減圧孔は、キャップをはずす途中において、本体容器内の圧力を完全に減圧するために設けられています。

解答：
設問1 減圧孔
設問2 キャップをはずす途中において、本体容器内の圧力を完全に減圧するため。

問10　　　　参照▶272〜274ページ
　A〜Cの工具は、それぞれA：キャップスパナ、B：クランプ台、C：プライヤーです。
　キャップスパナは、消火器のキャップをゆるめたり締め付けたりするための工具です。
　クランプ台は、キャップスパナを使用する際、消火器の容器本体を固定します。
　プライヤーは、ガス加圧容器を取りはずすときに使います。

解答：
設問1 A：キャップスパナ、B：クランプ台、C：プライヤー
設問2
A：消火器のキャップをゆるめたり締め付けたりする。
B：キャップスパナを使用する際、

消火器の容器本体を固定する。
C：ガス加圧容器を消火器から取りはずす。

問11　参照▶273, 275ページ

　写真Aはエアガン、写真Bは窒素ガスボンベです。これらは、粉末消火器の本体容器内やキャップ、ノズル、ホース、サイホン管等を清掃するのに使用します（248ページ）。

　なお、窒素ガスを使用するのは、粉末消火薬剤は湿気が禁物だからです。

　設問3の点検または整備については、以下のようになります。

○ア　指示圧力計が緑色範囲の下限より下がっている場合は、消火薬剤量を点検します。
×イ　粉末消火器のキャップがゆるんでいた場合は、消火薬剤量の性状を点検します。
○ウ　本体容器の溶接部が損傷していたり、著しい変形のあるもので機能上支障のおそれがあるもの、著しく腐食しているもの、および錆がはく離するようなものは、廃棄します。
×エ　銘板のないものまたは型式失効に伴う特例期間を過ぎたものは廃棄します。
○オ　加圧式の粉末消火器（開閉バルブ付きのものを除く）で、ノズルやホーンに著しい損傷があった場合は、加圧用ガス容器の封板やガス量、消火薬剤の量と性状の点検が必要で

す。ただし、開閉バルブ付きの場合は必要ありません。
×カ　本体容器内面に腐食や防錆材料の脱落等がある場合は、廃棄処分とします。

解答：

設問1

消火器の名称：粉末消火器
整備の内容：本体容器内やキャップ、ノズル、ホース、サイホン管等を清掃する
設問2　粉末消火薬剤は湿気が禁物だから。
設問3　イ、エ、カ

問12　参照▶265ページ

　写真は、蓄圧式の粉末消火器です。蓄圧式消火器の内部および機能の点検の手順は、次のようになります（249ページ）。

総質量を秤量し、消火薬剤量を確認する。
↓
指示圧力計の指針が緑色範囲内にあることを確認する。（オ）　　…①
↓
放射試験の試料となっている場合は、放射試験を行う。
↓
排圧栓を開き、本体容器内の内圧を排除する。このとき、指示圧力計が円滑に作動することを確認する。（ア）　　…②
↓
本体容器をクランプ台に固定し、キャップスパナでキャップを開く。
↓
バルブ部分を本体容器から抜き取る。
↓

消火薬剤を別容器に移す。（カ）　　…③
　　　　　　　↓
本体容器内外、キャップ、ホース、ノズル、
サイホン管等を清掃する。（エ）　　…④
　　　　　　　↓
ホース、サイホン管等の通気試験を行う。
（イ）　　　　　　　　　　　　　…⑤

　なお、蓄圧式の消火器は、放射試験については点検対象となる消火器すべてで行う必要はなく、抜き取り数の50%で実施すればよいことになっています（247ページ）。

解答：
設問1　①－オ、②－ア、③－カ、
④－エ、⑤－イ
設問2　エ

問13　参照▶275ページ
　蓄圧式消火器に窒素ガスを充てんする手順については、251ページを参照してください。

解答：
a－接手金具（継手金具）、b－三方バルブ、c－高圧エアホース、d－圧力調整器

問14　参照▶276～279ページ
　まず、1階全体に設置すべき消火器の本数を求めます。
　防火対象物に設置する消火器は、その能力単位の合計が「延べ面積÷算定基準面積」で求めた値以上になるようにします。

　1階の延べ面積は $40 \times 30 = 1200m^2$、事務所の算定基準面積は耐火構造の場合 $400m^2$ なので（279ページ）、必要な能力単位の合計は、

$$1200 \div 400 = 3$$

となります。条件より、消火器1本の能力単位は2なので、消火器は少なくとも2本必要です。
　次に、電気室とボイラー室に追加で設置する消火器を考えます（82ページ）。
　電気室などの電気設備のある場所には、床面積 $100m^2$ につき1本の消火器を設置します。電気室の床面積は $10 \times 20 = 200m^2$ なので、設置する消火器は、

$$200 \div 100 = 2本$$

となります。
　また、ボイラー室などの多量の火気を使用する場所には、能力単位の合計が「床面積÷25m²」で求めた値以上になるようにします。ボイラー室の床面積は $10 \times 10 = 100m^2$ なので、必要な能力単位の合計は、

$$100 \div 25 = 4$$

となります。消火器1本の能力単位は2なので、消火器は2本必要です。

解答：

部屋	消火器の設置本数
事務所部分	（　2　）本
電気室	（　2　）本
ボイラー室	（　2　）本

一夜漬け
○×ドリル

① 消防関係法令（共通部分）

☑ ▶1 防火対象物とは、山林または舟車、船きょもしくはふ頭に繋留された
船舶、建築物その他の工作物または物件という。　□

☑ ▶2 建築物の地上階のうち、換気または採光上有効な開口部を有しない階
を無窓階という。　□

☑ ▶3 病院、ホテル、共同住宅はいずれも特定防火対象物に該当する。　□

☑ ▶4 図書館、幼稚園、中学校はいずれも特定防火対象物に該当しない。　□

☑ ▶5 映画館、カラオケボックス、遊技場はいずれも特定防火対象物に該当
する。　□

☑ ▶6 収容人員が 10 人以上の診療所には、防火管理者を定めなければなら
ない。　□

☑ ▶7 老人短期入所施設には、収容人員にかかわらず防火管理者を定めなけ
ればならない。　□

☑ ▶8 収容人員 100 人以上の特定防火対象物（準地下街を除く）は、防火対
象物点検資格者による定期点検が必要である。　□

☑ ▶9 自動火災報知設備は、消防の用に供する設備の「警報設備」に含まれ
る。　□

☑ ▶10 無線通信補助設備は、消防の用に供する設備の「警報設備」に含まれ
る。　□

解答❶　▶1 ✕：または物件→もしくはこれらに属する物　▶2 ✕：換気または採光上→避難上または消火活
動上　▶3 ✕：共同住宅は特定防火対象物ではない　▶4 ✕：幼稚園は特定防火対象物　▶5 ○　▶6 ✕：10 人
→ 30 人　▶7 ✕：収容人員にかかわらず→収容人員 10 人以上　▶8 ✕：100 人→ 300 人　▶9 ○　▶10 ✕：無
線通信補助設備は「消火活動上必要な施設」

☑ ▶**11** 誘導灯及び誘導標識は、「消火活動上必要な施設」である。 ☐

☑ ▶**12** 同一敷地内にある2以上の防火対象物は、原則として一の防火対象物とみなして消防用設備等を設置する。 ☐

☑ ▶**13** 一の防火対象物が開口部のない耐火構造の床または壁で区画されている場合は、それぞれを別の防火対象物とみなして消防用設備等を設置する。 ☐

☑ ▶**14** 展示場に設置された自動火災報知設備は、消防用設備等の技術上の基準が改正された場合でも、従前の改正後の規定に適合していればよい。 ☐

☑ ▶**15** 図書館に設置された消火器は、消防用設備等の技術上の基準が改正されたときは、改正後の規定に適合させなければならない。 ☐

☑ ▶**16** 消防用設備等の技術上の基準が改正された後に防火対象物を増築または改築したとき、増築または改築部分の床面積の合計が当該防火対象物の延べ面積の1／3以上となる場合には、消防用設備等を改正後の基準に適合させなければならない。 ☐

☑ ▶**17** 防火対象物の用途を変更した場合、変更後の用途が特定防火対象物に該当する場合には、消防用設備等を変更後の用途に適合するように設置しなければならない。 ☐

☑ ▶**18** 延べ面積が100m²の病院（入院施設のあるものに限る）に消防用設備等を設置したときは、消防庁または消防署長に届け出て検査を受けなければならない。 ☐

☑ ▶**19** 延べ面積が800m²以上の特定防火対象物に設置した消防用設備等の定期点検は、消防設備士または消防設備点検資格者にさせなければならない。 ☐

解答❶ （つづき） ▶**11** ×：誘導灯・誘導標識は、消防の用に供する設備の「避難設備」に含まれる。 ▶**12** ×：防火対象物ごとに消防用設備等を設置する ▶**13** ○ ▶**14** ×：特定防火対象物に設置された自動火災報知設備には改正後の基準が適用される。 ▶**15** ○：消火器には改正後の基準が適用される。▶**16** ×：1／3→1／2 ▶**17** ○ ▶**18** ○：病院・旅館等は延べ面積にかかわらず届出および検査が必要 ▶**19** ×：800m²→1000m²

☑ ▶20 消防用設備等の定期点検の結果は維持台帳に記録し、特定防火対象物にあっては1年ごと、その他の防火対象物にあっては求められた場合に所轄消防庁または消防署長に報告しなければならない。

☑ ▶21 甲種特類消防設備士免状の交付を受けている者は、すべての消防用設備等の工事・整備を行うことができる。

☑ ▶22 屋内消火栓設備の水源から水を補給する給水管の交換工事には、甲種1類の消防設備士免状が必要である。

☑ ▶23 消防設備士免状に貼ってある写真が撮影した日から10年を超えた場合は、免状を交付した都道府県知事または居住地もしくは勤務地を管轄する都道府県知事に免状の書換えを申請しなければならない。

☑ ▶24 居住地に変更が生じた場合は、遅滞なく、免状の書換えを申請しなければならない。

☑ ▶25 消防設備士免状を亡失してその再交付を受けた者は、亡失した免状を発見した場合は、これを7日以内に免状の再交付をした都道府県知事に提出しなければならない。

☑ ▶26 消防設備士に受講が義務付けられている講習の受講時期は、初回は免状が交付された日以後の最初の4月1日から2年以内、その後は前回受講した日以後の最初の4月1日から3年以内である。

☑ ▶27 防火対象物に消防用設備等を設置する場合の着工届は、工事に着手しようとする日の10日前までに、甲種消防設備士が都道府県知事に届け出る。

☑ ▶28 消防の用に供する検定対象機械器具等は、型式承認を受けたものであり、かつ、技術上の規格に適合するものである旨の表示が付されているものでなければ、販売の目的で陳列してはならない。

解答❶（つづき）▶20 ×：求められた場合→3年ごと ▶21 ×：特殊消防用設備等の工事・整備を行うことができる ▶22 ×：水源の工事・整備に消防設備士免状は不要 ▶23 ○ ▶24 ×：居住地は免状の記載事項ではないので書換えは不要 ▶25 ×：7日→10日 ▶26 ×：3年→5年 ▶27 ×：都道府県知事→消防長または消防署長 ▶28 ×：技術上の規格に適合するものである旨→型式適合検定に合格したものである旨

2 消防関係法令（第6類）

☑▶1 旅館には、延べ面積にかかわらず消火器具を設置しなければならない。 ☐

☑▶2 映画館、飲食店（火を使用する設備あり）、地下街には、延べ面積にかかわらず消火器具を設置しなければならない。 ☐

☑▶3 すべての病院、診療所、助産所は、延べ面積や入院施設の有無にかかわらず消火器具を設置しなければならない。 ☐

☑▶4 蒸気浴場、熱気浴場には、延べ面積にかかわらず消火器具を設置しなければならない。 ☐

☑▶5 延べ面積が 150m² 以上の小学校には消火器具を設置しなければならない。 ☐

☑▶6 延べ面積が 150m² 以上の幼稚園には消火器具を設置しなければならない。 ☐

☑▶7 延べ面積が 150m² 以上の車両の停車場には消火器具を設置しなければならない。 ☐

☑▶8 延べ面積が 150m² 以上の自動車車庫及び工場には消火器具を設置しなければならない。 ☐

☑▶9 延べ面積が 150m² 以上の百貨店及び物品販売店舗には消火器具を設置しなければならない。 ☐

☑▶10 延べ面積が 150m² 以上の神社、寺院、教会等には消火器具を設置しなければならない。 ☐

解答❷ ▶1 ×：旅館・ホテルは延べ面積 150m² 以上 ▶2 ○ ▶3 ×：入院施設がない場合は延べ面積 150m² 以上 ▶4 ×：蒸気浴場、熱気浴場等は延べ面積 150m² 以上 ▶5 ×：小学校は延べ面積 300m² 以上 ▶6 ○ ▶7 ×：車両の停車場は延べ面積 300m² 以上 ▶8 ○ ▶9 ○ ▶10 ×：神社、寺院、教会等は延べ面積 300m² 以上

☑ ▶11 延べ面積が 150m² 以上の倉庫には消火器具を設置しなければならない。

☑ ▶12 延べ面積が 150m² 以上の図書館及び美術館には消火器具を設置しなければならない。

☑ ▶13 延べ面積が 150m² 未満の特別養護老人ホームには消火器具を設置しなくてもよい。

☑ ▶14 カラオケボックスには延べ面積にかかわらず消火器具を設置しなければならない。

☑ ▶15 防火対象物の地階、無窓階、3 階以上の階には、床面積が 100m² 以上の場合に消火器具を設置しなければならない。

☑ ▶16 少量危険物または指定可燃物を貯蔵または取り扱う建築物には、延べ面積にかかわらず消火器具を設置しなければならない。

☑ ▶17 主要構造物を耐火構造とし、かつ、壁及び天井の室内に面する部分を難燃材料で仕上げた遊技場に消火器を設置する場合の必要能力単位は、延べ面積を 50m² で除した数値以上としなければならない。

☑ ▶18 主要構造物を耐火構造とし、かつ、壁及び天井の室内に面する部分を難燃材料で仕上げた病院に消火器を設置する場合の必要能力単位は、延べ面積を 200m² で除した数値以上としなければならない。

☑ ▶19 耐火構造ではない飲食店に消火器を設置する場合の必要能力単位は、延べ面積を 50m² で除した数値以上とする。

☑ ▶20 主要構造物を耐火構造とし、かつ、壁及び天井の室内に面する部分を難燃材料で仕上げた事務所に消火器を設置する場合の必要能力単位は、延べ面積を 200m² で除した数値以上としなければならない。

解答❷（つづき）　▶11 ○　▶12 ×：図書館、博物館、美術館は延べ面積 300m² 以上　▶13 ×：特別養護老人ホームは延べ面積にかかわらず設置が必要　▶14 ○　▶15 ×：100m² → 50m² 以上　▶16 ○　▶17 ×：基準面積は 50m² だが耐火構造なので 2 倍する　▶18 ○　▶19 ×：50m² → 100m²　▶20 ×：基準面積は 200m² だが耐火構造なので 2 倍する

☑ ▶**21** 容量 8L の水バケツの能力単位は 5 個で 1 単位とする。

☐

☑ ▶**22** 消火専用バケツ 3 個を有する容量 80L の水槽の能力単位は 1.5 単位とする。

☐

☑ ▶**23** スコップを有する容量 50L の乾燥砂の能力単位は 1 単位とする。

☐

☑ ▶**24** スコップを有する容量 160L の膨張ひる石の能力単位は 1.5 単位とする。

☐

☑ ▶**25** ブロモトリフルオロメタン（ハロン 1301）を放射する消火器は地下街に設置してはならない。

☐

☑ ▶**26** 棒状の強化液を放射する消火器はガソリンによる火災の消火に適応しない。

☐

☑ ▶**27** 二酸化炭素を放射する消火器は地下街にある電気室に設置してはならない。

☐

☑ ▶**28** 霧状の強化液を放射する消火器は灯油による火災の消火には適応しない。

☐

☑ ▶**29** 変圧器、配電機器等の電気設備の火災の消火には、泡消火器や霧状の水を放射する消火器は適応しない。

☐

☑ ▶**30** 建築物その他の工作物の消火には二酸化炭素消火器は適応しない。

☐

解答**❷**（つづき） ▶**21** ×：5 個→3 個 ▶**22** ○ ▶**23** ×：1 単位→0.5 単位 ▶**24** ×：1.5 単位→1 単位
▶**25** ×：ハロン 1301 は毒性が低いので地下街にも設置できる ▶**26** ○ ▶**27** ○：二酸化炭素消火器は地下街に設置不可 ▶**28** ×：霧状の強化液は第 4 類危険物に適応する ▶**29** ×：霧状の水は電気設備に適応する
▶**30** ○

☑▶31 二酸化炭素消火器は、換気について有効な開口部の面積が床面積の1／20以下で、かつ、その床面積が $20m^2$ 以下の地階、無窓階または居室に設置してはならない。

☑▶32 スプリンクラー設備の有効範囲内に設ける消火器具の能力単位の合計は、1／2までを減少した数値とすることができる。

☑▶33 屋外消火栓設備の有効範囲内に設ける消火器具の能力単位の合計は、1／3までを減少した数値とすることができる。

☑▶34 小型消火器は、防火対象物の階ごとに、各部分から消火器までの水平距離が20m以下になるように設置する。

☑▶35 大型消火器は、防火対象物の階ごとに、各部分から消火器までの歩行距離が50m以下になるように設置する。

☑▶36 粉末消火器には、地震による振動等による転倒を防止するための適当な措置を講じなければならない。

☑▶37 消火器具は床面からの高さが1.5m以下の箇所に設けなければならない。

☑▶38 消火器を設置した箇所には「消火器具」と表示した標識を見やすい位置に設けなければならない。

☑▶39 膨張真珠石を設置した箇所には、「消火ひる石」と表示した標識を見やすい位置に設けなければならない。

解答❷（つづき）　▶31 ×：1／20→1／30　▶32 ×：1／2→1／3　▶33 ×：減少した数値にできない
▶34 ×：水平距離→歩行距離　▶35 ×：50m→30m　▶36 ×：粉末消火器では転倒防止措置は不要　▶37 ○
▶38 ×：消火器具→消火器　▶39 ○

③ 機械に関する基礎知識

▶1 力の大きさと方向、作用点の3つを力の三要素という。 ○or✗

▶2 長さ50cmのパイプレンチを使って丸棒を回転させるため、丸棒の中心から40cmのところを握って50Nの力を加えたとき、丸棒が受けるモーメントは200N・mである。

▶3 物体に力を加えたときに生じる加速度の大きさは、物体の質量に比例し、力の大きさに反比例する。

▶4 重量250Nの物体を水平な面に置き、水平方向に力を加える。接触面の摩擦係数が0.2のとき、この物体を動かすのに必要な力は1250Nである。

▶5 物体に対する単位時間当たりの仕事を仕事率（動力）という。

▶6 図のような滑車を使って、重量800Nの物体を持ち上げるのに必要な力Fは200Nである。

F

800N

▶7 せん断応力は、せん断荷重×断面積で求めることができる。

解答❸ **▶1** ○ **▶2** ✗：50 × 0.4 = 20N・m **▶3** ✗：力の大きさに比例し、物体の質量に反比例する **▶4** ✗：250 × 0.2 = 50N **▶5** ○ **▶6** ✗：100N **▶7** ✗：せん断応力＝せん断荷重÷断面積

☑▶8　荷重を取り除いたとき、物体が元の形に戻る応力の最大限度を上部降伏点という。

☑▶9　物体が破断するまで引張荷重を加えたときの最大応力を引張強さという。

☑▶10　材料に一定の熱を長時間加え続けると、時間とともにひずみ（伸び）が増大する。この現象をクリープという。

☑▶11　金属材料の許容応力は、基準強さ×安全率で求めることができる。

☑▶12　ステンレス鋼は、炭素鋼にニッケルやマンガンを混ぜた合金である。

☑▶13　銅とすずの合金を黄銅という。

☑▶14　アルミニウムは密度が鉄の約１／３と軽く、大気中の酸素と結合すると表面に緻密な酸化被膜を形成して腐食しにくくなる。熱伝導率が高く熱を通しやすいが、電気は通しにくい。

☑▶15　鋳鉄は鉄と炭素の合金で、炭素含有量が２％以上のものをいう。

☑▶16　焼入れは、材料を高温に加熱した後に急冷却する処理で、材料のひずみを除去して組織を均一化するために行う。

☑▶17　焼戻しは、焼入れ後に材料を再加熱し、急冷却する処理で、材料を加工しやすくする。

解答❸（つづき）▶8 ×：上部降伏点→弾性限度　▶9 ○　▶10 ×：熱→荷重　▶11 ×：許容応力＝基準強さ÷安全率　▶12 ×：マンガン→クロム　▶13 ×：黄銅→青銅　▶14 ×：アルミニウムは電気の良導体である　▶15 ○　▶16 ×：焼入れは材料の硬度を増すために行う。　▶17 ×：急冷却→徐々に冷却

☑ ▶18 焼なましは、材料を加熱後に炉中などで徐々に冷却する処理である。 ☐

☑ ▶19 焼ならしは、材料を加熱後に空気中で自然冷却する処理である。 ☐

☑ ▶20 「M10 ねじ」は管用テーパねじを表す。 ☐

☑ ▶21 2個の支点で支えられているはりを連続はりという。 ☐

☑ ▶22 気体に加える圧力を3倍にし、絶対温度を2倍すると、気体の体積は3／2倍になる。 ☐

4 消火器の構造と機能

☑ ▶1 強化液は冷却作用と窒息作用によって消火する。 ○or×

☑ ▶2 化学泡消火剤は窒息作用と抑制作用によって消火する。 ☐

☑ ▶3 粉末消火剤は窒息作用と抑制作用によって消火する。 ☐

☑ ▶4 二酸化炭素消火器の加圧方式には、蓄圧式と加圧式がある。 ☐

解答❸ （つづき）▶18 ○ ▶19 ○ ▶20 ×：M10は直径10ミリのメートルねじ ▶21 ×：2個→3個以上 ▶22 ×：3／2倍→2／3倍
解答❹ ▶1 ×：窒息作用→抑制作用 ▶2 ×：抑制作用→冷却作用 ▶3 ○ ▶4 ×：二酸化炭素消火器は蓄圧式のみ

✓ ▶5 大型消火器の能力単位は、A火災に対しては20以上、B火災に対しては10以上である。 ☐

✓ ▶6 大型の強化液消火器は、80L以上の消火薬剤を充てんできなければならない。 ☐

✓ ▶7 大型の二酸化炭素消火器は、50kg以上の消火薬剤を充てんできなければならない。 ☐

✓ ▶8 大型の粉末消火器は、30kg以上の消火薬剤を充てんできなければならない。 ☐

✓ ▶9 強化液消火器はA火災の消火に適応するが、低温（5℃以下）では消火剤が凍結するため、寒冷地での使用には適さない。 ☐

✓ ▶10 蓄圧式強化液消火器には指示圧力計が取り付けてあり、使用圧力範囲は0.7MPa～0.98MPaである。 ☐

✓ ▶11 強化液消火器はA火災には適応するが、B火災及び電気火災には適応しない。 ☐

✓ ▶12 強化液消火器の消火薬剤は、無色透明または淡黄色で高濃度の炭酸ナトリウム水溶液である。 ☐

✓ ▶13 機械泡消火器は、B火災及び電気火災に適応する。 ☐

✓ ▶14 機械泡消火器の使用温度範囲は－20℃～40℃、化学泡消火器の使用温度範囲は0℃～40℃である。 ☐

解答❹（つづき）　▶5 ×：A火災に対する能力単位が10以上、B火災に対する能力単位が20以上　▶6 ×：80L→60L　▶7 ○　▶8 ×：30kg→20kg　▶9 ×：強化液は－20℃でも凍結しない。　▶10 ○　▶11 ×：霧状ノズルのついた強化液消火器はB火災及び油火災にも適応する　▶12 ×：炭酸ナトリウム水溶液→炭酸カリウム水溶液　▶13 ×：A火災及びB火災に適応する　▶14 ×：化学泡消火器の使用温度範囲は5℃～40℃

☑️ ▶15 化学泡消火器の消火薬剤は外筒にA剤、内筒にB剤を充てんする。

☑️ ▶16 二酸化炭素消火器の本体は高圧ガス保安法の適用を受けるため、指示圧力計及び容器弁が取り付けられている。

☑️ ▶17 二酸化炭素消火器はB火災及び電気火災に適応するが、A火災には適応しない。

☑️ ▶18 蓄圧式の粉末消火器には指示圧力計が取り付けてあり、使用圧力範囲は0.6MPa～0.85MPaである。

☑️ ▶19 粉末消火器（蓄圧式）のサイホン管には逆流防止装置及び粉上り防止装置が取り付けられている。

☑️ ▶20 炭酸水素ナトリウムを主成分とする粉末消火薬剤は、A火災、B火災及び電気火災に適応する。

5 消火器の規格

☑️ ▶1 手さげ式の化学泡消火器は、その取付具からはずす動作及び安全栓をはずす操作を除き、1動作で泡を放射できるものであること。

☑️ ▶2 手さげ式の二酸化炭素消火器は、B火災に対する能力単位が1を超えるものにあっては、レバーを握ることにより放射できるものであること。

☑️ ▶3 強化液消火器に充てんする消火薬剤は無色透明のものであること。

☑️ ▶4 強化液消火器に充てんする消火薬剤の凝固点は－10℃以下であること。

解答❹（つづき）▶15 ○ ▶16 ×：容器弁はあるが指示圧力計はない ▶17 ○ ▶18 ×：使用圧力範囲は0.7MPa～0.98MPa ▶19 ×：逆流防止装置と粉上り防止装置があるのはガス加圧式の粉末消火器 ▶20 ×：炭酸水素ナトリウム→りん酸アンモニウム 解答❺ ▶1 ×：1動作→2動作 ▶2 ○ ▶3 ×：水と区別するため着色されていることが多い ▶4 ×：－10℃→－20℃

☑ ▶5 りん酸塩類等の粉末消火薬剤は淡黄色に着色すること。 ☐

☑ ▶6 消火器用粉末消火薬剤は、水面に均一に散布した場合において、30分以内に沈降しないこと。 ☐

☑ ▶7 消火器用消火薬剤の容器または包装には、品名、消火薬剤の容量または質量、充てん方法、製造年月、使用温度範囲を表示しなければならない。 ☐

☑ ▶8 自動車に設置する消火器は、強化液消火器（霧状放射）、化学泡消火器、二酸化炭素消火器、ハロゲン化物消火器、粉末消火器のいずれかでなければならない。 ☐

☑ ▶9 消火器の放射時間は温度20℃において20秒以上であること。 ☐

☑ ▶10 消火器は、充てんされた消火剤の容量または質量の80％（化学泡消火器にあっては95％）以上の量を放射できるものであること。 ☐

☑ ▶11 消火器の外面は、50％以上を赤色仕上げとしなければならない。 ☐

☑ ▶12 二酸化炭素消火器の容器は、25％以上を赤色、25％以上を緑色に塗装しなければならない。 ☐

☑ ▶13 すべての手さげ式の消火器には、ホースの有効長を見やすい位置に表示しなければならない。 ☐

☑ ▶14 消火器には、取扱い上の注意事項および電気火災に対する能力単位の数値を表示しなければならない。 ☐

解答❺（つづき）　▶5 ×：淡黄色→淡紅色　▶6 ×：30分→1時間　▶7 ×：使用温度範囲は表示する必要はない　▶8 ×：化学泡消火器→機械泡消火器　▶9 ×：20秒→10秒　▶10 ×：80％→90％、95％→85％　▶11 ×：50％→25％　▶12 ×：25％以上を赤色、25％以上を緑色→25％以上を赤色、50％以上を緑色　▶13 ×：ホースの有効長は据置式消火器に表示する　▶14 ×：能力単位は電気火災には設定されない

☑▶**15** 消火器に表示する適用火災の絵表示の大きさは、消火剤の容量または質量が2Lまたは3kg以下の場合は半径1cm以上、その他のものにあっては半径1.5cm以上とすること。

☑▶**16** 二酸化炭素消火器の本体容器の内容積は、充てんする液化二酸化炭素の質量1kgにつき、1.2L以上の容積としなければならない。

☑▶**17** 消火器（据置式の消火器を除く）のホースの長さは、30cm以上でなければならない。

☑▶**18** 消火器に設けなければならないろ過網の目の最大径は、ノズルの最小径の3/4以下とし、かつ、目の部分の合計面積がノズルの開口部の最小断面積の30倍以上であること。

☑▶**19** 消火器の安全栓は、1動作で容易に引き抜くことができ、その引き抜きに支障のない封が施されていること。

☑▶**20** 蓄圧式消火器に取り付ける指示圧力計は、指示圧力の許容誤差が使用圧力範囲の上下5%以内であること。

☑▶**21** 指示圧力計のある蓄圧式消火器には、使用済み表示装置を設けなければならない。

☑▶**22** 蓄圧式の強化液消火器の指示圧力計には、圧力検出部（ブルドン管）の材質記号としてSUSまたはBsと表示されている。

☑▶**23** 作動封板を有する内容積100m³以下の加圧用ガス容器にTW285と刻印されているものは、充てんされるガスの質量が285gであることを示す。

解答❺（つづき）　▶**15** ○　▶**16** ×：1.2L → 1.5L（1500cm³）　▶**17** ×：据置式以外のホースの長さは規定されていない　▶**18** ○　▶**19** ○　▶**20** ×：5% → 10%　▶**21** ×：使用済みかどうかは指示圧力計の表示によって判別できる　▶**22** ×：水系消火器に設ける指示圧力計のブルドン管の材質はSUS（ステンレス鋼）のみ。　▶**23** ×：TWは総質量を示す

6 消火器の点検と整備

○ or ✕

▶1 加圧式の粉末消火器は、設置から3年を経過したものについて、抜取りにより内部及び機能の点検を行う。

▶2 蓄圧式の強化液消火器は、製造年から5年を経過したものについて、全数の内部及び機能の点検を行う。

▶3 化学泡消火器は、設置後3年を経過したものについて、内部及び機能の点検を行う。

▶4 強化液消火器の指示圧力計の指針が緑色の上限を超えていた場合は、指示圧力計の作動を点検しなければならない。

▶5 水系及び粉末消火器の内部及び機能の点検の際には、本体容器内、キャップ、ホース、ノズル、サイホン管等を水洗いにより清掃する。

▶6 消火器の内部及び機能の点検において、本体容器の深い部分に腐食が見つかった場合は、サンドペーパーで腐食部分を完全に取り除く。

▶7 加圧式の粉末消火器に消火薬剤を充てんする際には、起動レバーに安全栓をセットしてから、加圧用ガス容器及び粉上り防止封板を取り付ける。

▶8 化学泡消火器の外筒に消火薬剤を充てんする際には、はじめに本体容器の液面表示の8割程度まで水を入れ、そこにA剤を少しずつ入れて撹拌し、完全に溶かした後で液面表示まで水を追加する。

▶9 化学泡消火薬剤を廃棄する場合は、内筒液と外筒液を混合して中和した後、大量の水で洗い流す。

▶10 容器弁付きの加圧用ガス容器を交換する場合は、専門業者に依頼してガスを充てんする。

解答**6** ▶**1** ✕：設置から3年→製造年から3年 ▶**2** ✕：全数→抜取り ▶**3** ✕：3年→1年 ▶**4** ○ ▶**5** ✕：粉末消火器は圧縮空気などで清掃する ▶**6** ✕：廃棄する ▶**7** ○ ▶**8** ✕：薬剤はバケツに移してから溶かす ▶**9** ✕：内筒液と外筒液は混合すると大量に発泡するため、別々に廃棄する ▶**10** ○：高圧ガス保安法の適用を受ける

模擬テスト

筆記試験 解答と解説● 326ページ

●消防関係法令（共通部分） 問1～問6

問1 消防法令上、特定防火対象物に該当するものの組合せは次のうちどれか。

① 百貨店、物品販売店舗、展示場
② 神社、寺院、重要文化財
③ 車両の停車場、船舶もしくは航空機の発着場
④ 寄宿舎、下宿、共同住宅

問2 消防法令における無窓階の定義として、正しいものは次のうちどれか。

① 直接地上へ通ずる出入口のない階
② 避難上または消火活動上有効な開口部を有しない階
③ 床が地盤面下にある階で、地上に直通する有効な開口部を有しないもの
④ 採光上または排煙上有効な開口部を有しない階

問3 消防法令上、防火管理者を選任しなければならない防火対象物は次のうちどれか。

① 収容人員が10人の病院
② 収容人員が30人のホテル
③ 収容人員が30人の事務所
④ 収容人員が40人の重要文化財

問4 既存の防火対象物に対する消防用設備等の技術上の基準が改正された後に、当該防火対象物を増築または改築したとき、消防用設備等を改正後の基準に適合させなければならない場合として、消防法令上、誤っているものは次のうちどれか。

① 延べ面積 1,200m² の図書館のうち、主要構造部の外壁の過半を修繕した場合

② 延べ面積 2,000m² の事務所のうち、床面積 900m² の部分を改築した場合

③ 延べ面積 3,000m² の工場を、4,200m² に増築した場合

④ 延べ面積 4,000m² の共同住宅のうち、床面積 1,500m² の部分を改築した場合

問5 消防設備士免状の記載事項に変更を生じたとき、当該免状の書換えを申請する場合の申請先として、消防法令上、正しいものは次のうちどれか。

① 免状を交付または書換えをした都道府県知事

② 居住地もしくは勤務地を管轄する消防長または消防署長

③ 免状を交付した都道府県知事または居住地もしくは勤務地を管轄する都道府県知事

④ 全国の都道府県知事

問6 消防法令で設置義務のある消防用設備等のうち、消防設備士でなければ行ってはならない工事として、正しいものは次のうちどれか。

① スプリンクラー設備の水源および配管の工事

② 屋内消火栓設備の表示灯の交換

③ 飲食店に消火器を設置する工事

④ 病院に消防機関へ通報する火災報知設備を設置する工事

● **消防関係法令（第6類に関する部分）** 問7〜問10

問7 消防法令上、必ず消火器具を設置しなければならない防火対象物として、誤っているものは次のうちどれか。

① すべての無床診療所

② すべての重要文化財

③ 延べ面積 150m² 以上の工場

④ 延べ面積 150m² 以上の共同住宅

問8　消火器具の設置が必要な場所に他の消火設備を技術上の基準に従って設置した場合、その有効範囲の部分において、当該消火設備と適応性が同一の消火器具の能力単位の数値の合計を減少することができる。設置する消火設備と、減少できる能力単位の割合の組合せとして、正しいものは次のうちどれか。

① スプリンクラー設備 ……… 1／2
② 屋内消火栓設備 …………… 1／2
③ 大型消火器 ………………… 1／3
④ 水噴霧消火設備 …………… 1／3

問9　指定可燃物を、危険物の規制に関する政令別表第4で定める数量の500倍以上貯蔵し、または取り扱う場所に大型消火器を設置する場合、その場所の各部分から1の大型消火器までの距離として、正しいものは次のうちどれか。

① 水平距離 20m 以下
② 水平距離 30m 以下
③ 歩行距離 20m 以下
④ 歩行距離 30m 以下

問10　建築物その他の工作物の火災に適応する消火器具として、消防法令上、誤っているものは次のうちどれか。

① 棒状の強化液を放射する消火器
② 霧状の水を放射する消火器
③ 二酸化炭素を放射する消火器
④ りん酸塩類等を使用する消火粉末を放射する消火器

●基礎的知識（機械に関する部分）　　　　　　　　問 11 〜問 15

問11　合金の説明として、誤っているものは次のうちどれか。

316

① 黄銅は、銅と亜鉛の合金で、真鍮ともいう。
② 青銅は、銅とすずの合金で、砲金ともいう。
③ ステンレス鋼は、炭素鋼にクロムとマンガンを加えた合金である。
④ 炭素鋼は鉄と炭素の合金である。

問12　直径4cm、長さ60cmの丸棒の先端に、3140Nの曲げ荷重が図のように加わるとき、この丸棒の曲げ応力の値として、最も適当なものはどれか。ただし、断面係数 Z は $\pi d^3 / 32$ とする。

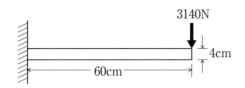

① 100MPa　　② 150MPa
③ 300MPa　　④ 600MPa

問13　直径20mmのボルトに1256kNの荷重がかかったときのせん断応力の値として、最も適当なものは次のうちどれか。

① 1000MPa　　② 2000MPa
③ 3000MPa　　④ 4000MPa

問14　鉄鋼材料の熱処理である「焼入れ」の説明として、正しいものは次のうちどれか。

① 高温に加熱した後に急冷却する処理で、鋼の硬度を増す。
② 再加熱後に徐々に冷却する処理で、鋼に粘りを出して強靭にする。
③ 長時間加熱した後、徐々に冷却する処理で、鋼を軟らかくする。
④ 加熱後に大気中で自然冷却する処理で、ひずみを除去して組織を均一化する。

問15 重量200Nの物体を水平な床の上に置いて水平に引っ張ったところ、120Nの力で物体が床の上を滑りはじめた。この床を物体を載せたまま徐々に傾けたとき、物体が滑りはじめる床の傾斜角として、最も近いものは次のうちどれか。

ただし、tan15° = 0.27、tan20° = 0.36、tan25° = 0.47、tan30° = 0.58とする。

① 15°
② 20°
③ 25°
④ 30°

●構造・機能および整備の方法（機械に関する部分）　問16～問24

問16 第4類危険物の火災に適応する消火器として、誤っているものは次のうちどれか。

① 霧状の水を放射する消火器
② 霧状の強化液を放射する消火器
③ 機械泡を放射する消火器
④ ハロン1301を放射する消火器

問17 消火器のホースについて、規格省令上、誤っているものは次のうちどれか。

① 据置式の消火器にあっては、有効長が10m以上であること。
② 据置式以外の消火器にあっては、消火剤を有効に放射するに足る長さであること。
③ 粉末消火器であって、その消火剤の質量が1kg未満のものには、取り付けなくてもよい。
④ ハロゲン化物消火器であって、その消火剤の質量が4kg未満のものには取り付けなくてもよい。

問18　大型消火器に充てんする消火薬剤の最少量として、規格省令上、誤っているものはどれか。

① 強化液消火器 ………………… 60L
② 機械泡消火器 ………………… 80L
③ ハロゲン化物消火器 ……… 30kg
④ 粉末消火器 ………………… 20kg

問19　蓄圧式の消火器（二酸化炭素消火器、ハロン1301消火器を除く）の使用圧力範囲として、正しいものは次のうちどれか。

① 0.5 ～ 0.78MPa
② 0.7 ～ 0.98MPa
③ 0.9 ～ 1.28MPa
④ 1.2 ～ 1.48MPa

問20　二酸化炭素消火器の構造と機能について、誤っているものはどれか。

① 安全弁が設けられている。
② 指示圧力計が設けられている。
③ 本体容器の1／4以上は赤色に塗装されている。
④ ホーン握りが設けられている。

問21　指示圧力計に表示されている記号と、圧力検出部（ブルドン管）の材質の組合せとして、正しいものは次のうちどれか。

	記号	材質
①	SUS	ステンレス鋼
②	Bs	ベリリウム銅
③	PB	黄銅
④	BeCu	りん青銅

問 22　蓄圧式の強化液消火器の点検整備について、誤っているものは次のうちどれか。

① 指示圧力計の指針が緑色範囲の上限より上がっていたので、指示圧力計の精度を点検した。
② 安全栓が脱落していたので、内部および機能の点検を行った。
③ 安全栓は正常に装着されていたが、指示圧力計の指針が「0」だったので、指示圧力計を新しいものと交換した。
④ 指示圧力計の指針が緑色範囲の下限より下がっていたので、消火薬剤量を点検した。

問 23　ガス加圧式の粉末消火器の薬剤充てんについて、誤っているものは次のうちどれか。

① 充てんした消火薬剤が沈降しないうちに、サイホン管を差し込む。
② 加圧用ガス容器を取り付けた後に、安全栓を装着する。
③ 本体容器、ホース、ノズル等は水洗いせず、乾燥した圧縮空気や窒素ガスで清掃する。
④ 使用した薬剤が少量の場合でも、全量を交換する。

問 24　化学泡消火器の構造と機能に関する記述として、誤っているものは次のうちどれか。

① 転倒式は、使用時に本体容器を転倒させると、内筒の蓋が落下する。
② 破蓋転倒式は、押し金具を押して内筒の封板を破ってから本体容器を転倒させる。
③ 開蓋転倒式は、本体容器を転倒させてからキャップに装着されたハンドルを回し、内筒の蓋を開く。
④ 転倒式の化学泡消火器には、安全栓は設けられていない。

●構造・機能および整備の方法（規格に関する部分）　　　問25～問30

問25　消火器のキャップに関する規格として、規格省令上、誤っているものは次のうちどれか。

① 容易にはずれないように、口金との間にパッキンをはめ込むこと。
② 漏れを生ぜず、かつ、著しい変形を生じないこと。
③ はずす途中において本体容器内の圧力を完全に減圧できるように有効な排圧栓を設けること。
④ 減圧が完了するまでの間は、本体容器内の圧力に十分耐えることができること。

問26　手さげ式の蓄圧式強化液消火器に表示しなければならない事項として、規格省令上、誤っているものは次のうちどれか。

① 充てんされた消火剤の容量
② 使用温度範囲
③ ホースの有効長
④ 指示圧力計に関する事項

問27　正常な操作方法で放射した場合における消火器の放射性能について、規格省令上、誤っているものは次のうちどれか。

① 放射時間は温度20℃において20秒以上であること。
② 化学泡消火器以外の消火器にあっては、充てんされた消火剤の容量または質量の90％以上の量を放射できるものであること。
③ 化学泡消火器にあっては、充てんされた消火剤の容量または質量の85％以上の量を放射できるものであること。
④ 消火に有効な放射距離を有するものであること。

問 28 作動封板を有する内容積 100cm³ 以下の加圧ガス容器について、誤っているものは次のうどれか。

① 高圧ガスが充てんされているため、すべて高圧ガス保安法の適用を受ける。
② 右ねじ式と左ねじ式のものがある。
③ 外面は亜鉛めっきされている。
④ 外面に刻印されている記号 TW は、総質量を表す。

問 29 手さげ式消火器に設けられている安全栓について、規格省令上、誤っているものはどれか。

① 1動作で容易に引き抜くことができ、かつ、その引き抜きに支障のない封が施されていること。
② 内径が 2cm 以上のリング部、軸部および軸受部より構成されていること。
③ 引き抜く方向は、消火器を水平面上に置いたとき、垂直軸から 45 度以内の範囲であること。
④ リング部の塗色は黄色仕上げとすること。

問 30 強化液消火薬剤(内部において化学反応により発生するガスを圧力源とする消火器に充てんするものを除く)について、規格省令上、誤っているものはどれか。

① 凝固点は - 20℃ 以下であること。
② アルカリ金属塩類の水溶液にあっては、アルカリ性反応を呈すること。
③ 水溶液は浮遊物または沈殿物がなく、無色透明であること。
④ 正常な状態で作動した場合において放射される強化液は、防炎性を有すること。

実技試験 解答と解説● 329 ページ

問1 下の写真に示す消火器について、各設問に答えなさい。

A

B

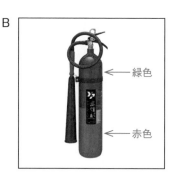

← 緑色

← 赤色

［設問1］ 写真 A、B に示す消火器の名称をそれぞれ答えなさい。

［設問2］ 写真 A、B に示す消火器の適応火災を解答群からすべて選び、記号で答えなさい。

解答群

ア A 火災　　イ B 火災　　ウ 電気火災

問2 下の写真に示す消火器の薬剤量は、40kg である。各設問に答えなさい。

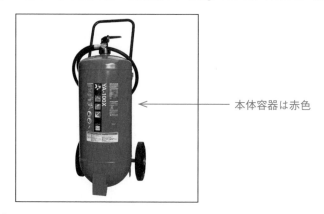

← 本体容器は赤色

［設問1］ この消火器の名称を答えなさい。

［設問2］ この消火器の A 火災、B 火災に対応する能力単位はそれぞれいくつ以上か。

問3　下の図は、消火器の試験を示している。この試験について、設問に答えなさい。

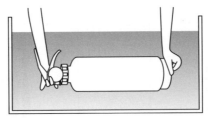

［設問1］　図に示す試験は、消火器の何を確認するものか答えなさい。

［設問2］　この試験を行う消火器の加圧方式を答えなさい。

問4　下の図は、複合用途防火対象物の1階事務所部分の平面図である。設問に答えなさい。

　ただし、建物は主要構造部が耐火構造で内装は不燃材料仕上げとする。また、他の消防設備による能力単位の軽減は考慮しない。

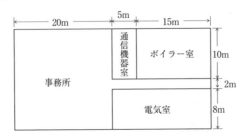

［設問］　各室に設置する消火器として適切なものを、下の写真からすべて選び、記号で答えなさい。

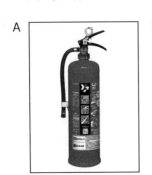

事務所	
ボイラー室	
電気室	
通信機器室	

問5　下の写真に示す消火器をみて、各設問に答えなさい。

A

B

［設問1］写真A、Bに示す消火器の名称をそれぞれ解答群から選び、記号で答えなさい。

解答群

ア　蓄圧式機械泡消火器　　**イ**　加圧式粉末消火器

ウ　二酸化炭素消火器　　　**エ**　蓄圧式強化液消火器

オ　蓄圧式粉末消火器

［設問2］下の表は、設問1の各消火器の内部および機能の点検において、確認試料の作成要領を示したものである。表中の空欄に入る数値を答えなさい。

消火器	抜き取りの対象	放射試験の対象
写真Aの消火器	製造年から（　**ア**　）年を経過したもの	抜き取り数の（　**イ**　）％以上
写真Bの消火器	製造年から（　**ウ**　）年を経過したもの	抜き取り数の（　**エ**　）％以上

第1回模擬テスト　解答と解説

問1　①
○①　百貨店、物品販売店舗、展示場は、令別表第1 (4) 項の特定防火対象物です。
×②　神社、寺院は (11) 項、重要文化財は (17) 項の非特定防火対象物です。
×③　停車場、発着場は (10) 項の非特定防火対象物です。
×④　寄宿舎、下宿、共同住宅は (5) 項ロの非特定防火対象物です。

問2　②
　無窓階とは、「建築物の地上階のうち、総務省令で定める避難上または消火活動上有効な開口部を有しない階」をいいます。窓がないという意味ではなく、窓があっても、一定の基準を満たしていなければ無窓階とみなします（77ページ）。

問3　②
×①　病院は特定防火対象物なので、収容人員30人以上で防火管理者を選任します。
○②　ホテルは特定防火対象物なので、収容人員30人以上で防火管理者を選任します（29ページ）。
×③　事務所は非特定防火対象物なので、収容人員50人以上で防火管理者を選任します。
×④　重要文化財は非特定防火対象物なので、収容人員50人以上で防火管理者を選任します。

問4　②
　消防用設備等の基準が改正された場合でも、既存の防火対象物に設置されている消防用設備等については、原則として改正前の基準が適用されます。ただし、基準改正後に一定規模の増改築や修繕を行った場合は、改正後の基準が適用されます。
・床面積1,000m² 以上の増改築
・従前の延べ面積の1／2以上の増改築
・主要構造部の壁の過半の修繕・模様替え

○①　主要構造部の外壁の過半を修繕・模様替えした場合には、改正後の基準が適用されます（47ページ）。
×②　改築部分が1,000m² 未満で、従前の延べ面積の1／2に満たないので、改正前の基準でかまいません。
○③　増築した部分の床面積が1,000m² 以上なので、改正後の基準が適用されます。
○④　改築部分の床面積が1,000m² 以上なので、改正後の基準が適用されます。

問5　③
　消防設備士免状の書換えの申請先は、免状を交付した都道府県知事または居住地もしくは勤務地を管轄する都道府県知事です（55ページ）。

問6　④
×①　屋内消火栓設備、スプリンクラー設備、水噴霧消火設備、屋外消火栓設備の電源や水源および配管部分の工事は、消防設備士でなくても行えます（54ページ）。
×②　屋内消火栓設備の表示灯の交換その他の軽微な整備は、消防設備士でなくても行えます。
×③　消火器の設置は消防設備士でなくても行えます。
○④　消防機関へ通報する火災報知設

備の設置工事には、甲種第4類消防設備士の免状が必要です。

問7 ①
　病院・診療所・助産所については、以下の場合に消火器具の設置義務があります。
・入院施設のあるもの：すべて
・無床診療所・無床の助産所：延べ面積150m² 以上
　①の無床診療所は、延べ面積が150m²未満であれば消火器具を設置しなくてもよいので、誤りです（75ページ）。

問8 ④
　消火設備による消火器具の能力単位の軽減割合は、大型消火器が1／2、スプリンクラー設備・屋内消火栓設備・各種消火設備が1／3となっています（89ページ）。
×① スプリンクラー設備の軽減割合は1／3です。
×② 屋内消火栓設備の軽減割合は1／3です。
×③ 大型消火器の軽減割合は1／2です。
○④ 水噴霧消火設備の軽減割合は1／3です。

問9 ④
　大型消火器は、設置する場所の各部分から1の大型消火器までの歩行距離が、30m以下となるように設置します（90ページ）。

問10 ③
　「建築物その他の工作物」には、普通火災に適応する消火器具が適しています。以下の消火器具は、普通火災に適応していないので注意が必要です（85ページ）。
・二酸化炭素を放射する消火器

・ハロゲン化物を放射する消火器
・炭酸水素塩類等の消火粉末を放射する消火器
・乾燥砂
・膨張ひる石・膨張真珠岩

問11 ③
　ステンレス鋼は、炭素鋼にクロムとニッケルを加えた合金です（134ページ）。

問12 ③
　曲げ応力は、「曲げモーメント÷断面係数」で求めます（127ページ）。
　曲げモーメントは、3140 × 600 [N・mm]
　断面係数は π d^3／32 より、3.14 × 40³／32
　したがって曲げ応力は、
$$\sigma = \frac{3140 \times 600 \times 32}{3.14 \times 40 \times 40 \times 40} = 300 \text{[MPa]}$$

問13 ④
　せん断応力は、「荷重÷断面積」で求めます（127ページ）。
　荷重：1256kN = 1256000N
　断面積：$(\frac{20}{2})^2 × 3.14 ≒ 314$mm²
より、せん断応力は次のようになります。
　1256000 ÷ 314 = 4000 [MPa]

問14 ①
○① 「焼入れ」の説明です（136ページ）。
×② 「焼戻し」の説明です。
×③ 「焼なまし」の説明です。
×④ 「焼ならし」の説明です。

327

問15 ④

$F = \mu N$ より、摩擦係数 μ は $F \div N$ で求めることができます（120ページ）。物体の重量 $N = 200N$、最大摩擦力 $F = 120N$ なので、摩擦係数 μ は、

$$120 \div 200 = 0.6$$

床の傾斜角を θ とすると、摩擦係数 μ は $\tan \theta$ に等しくなります。$\tan \theta = 0.6$ に最も近い角度 θ は、30° です。

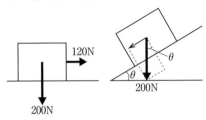

問16 ①

ガソリン、灯油などの第4類危険物には、B火災に適応する以下の消火器が適応します（163ページ）。
・強化液消火器（霧状放射のみ）
・泡消火器
・二酸化炭素消火器
・ハロゲン化物消火器
・粉末消火器
　水消火器は、霧状放射であってもB火災に適応していません。

問17 ③

消火器には原則としてホースを取り付けます。ただし例外として、消火剤の質量が1kg以下（未満ではない）の粉末消火器と、消火剤の質量が4kg未満のハロゲン化物消火器については、ホースを取り付けなくてもよいことになっています（206ページ）。

問18 ②

大型の機械泡消火器の消火薬剤量は、20L以上です（168ページ）。

問19 ②

指示圧力計のある蓄圧式消火器の使用圧力範囲は、すべて0.7〜0.98MPaです（171ページ）。

問20 ②

二酸化炭素消火器の本体容器は、1／2以上が緑色、1／4以上が赤色に塗装されています。指示圧力計は設けられていません（178, 200ページ）。

問21 ①

ブルドン管の材質の記号は、次の4種類です（216ページ）。

SUS	ステンレス鋼
Bs	黄銅
PB	りん青銅
BeCu	ベリリウム銅

問22 ③

指示圧力計の指針が「0」のときは、消火器が使用されたか、指示圧力計の異常の可能性があります（安全栓は、使用した後に誰かがはめ直したかもしれません）。指示圧力計を交換する前に、消火薬剤量の点検をして、消火器が使用されたかどうかを確認します。

問23 ②

○① 消火薬剤が完全に沈降してしまうと、サイホン管を差し込めなくなるため、沈降しないうちに差し込みます。
×② 加圧用ガス容器を先に取り付けると、レバーを握ったときに封板を破ってしまうおそれがあるため、安全栓を先に装着しておきます（254ページ）。
○③ 粉末消火薬剤は水分が禁物なので、湿気を含まない圧縮空気や窒素ガスで吹き飛ばします。
○④ 残っている消火薬剤は廃棄し、全量を交換します。

問 24　③

　開蓋転倒式は、キャップに装着されたハンドルを回し、内筒の蓋を開いてから本体容器を転倒させる方式で、主に大型の化学泡消火器で用いられています。

　なお、転倒式の化学泡消火器には安全栓は設けられていませんが、破蓋転倒式には安全栓（安全キャップ）が設けられています。開蓋転倒式は、ハンドルの回転止めが安全栓の役割をしています（177 ページ）。

問 25　③

　消火器のキャップをはずす途中で本体容器内の圧力を減圧するために設けるのは、減圧孔または減圧溝です。排圧栓はキャップをはずす前に本体容器内を減圧する装置ですが、必ず設けなければならないものではありません（204 ページ）。

問 26　③

　ホースの有効長は、据置式の消火器以外では表示する必要はありません（206 ページ）。

問 27　①

　放射時間は温度 20℃において 10 秒以上でなければなりません（199 ページ）。

問 28　①

　高圧ガス保安法の適用を受けるのは、内容積が 100cm³ を超える加圧用ガス容器です（213 ページ）。

問 29　③

　安全栓の引き抜く方向は、上方向（消火器を水平面上に置いたとき、垂直軸から 30 度以内の範囲）になるように装着されていること（209 ページ）。

問 30　③

　強化液は無色透明でなければならないという規定はありません。水と区別するため、淡黄色に着色されている場合もあります（172，196 ページ）。

実技試験

問 1

　写真 A の消火器は化学泡消火器です。写真 B は、本体容器の色（緑色）や長いホーンから、二酸化炭素消火器であることがわかります。

　化学泡消火器は、A 火災と B 火災に適応します。二酸化炭素消火器は、B 火災と電気火災に適応します（265 ページ）。

解答：
[設問 1] A：化学泡消火器　　B：二酸化炭素消火器
　[設問 2] A：ア、イ　　B：イ、ウ

問 2

　消火薬剤量を「kg」で表す消火器は、二酸化炭素消火器、ハロゲン化物消火器、粉末消火器だけです。このうち、本体容器が赤色で、指示圧力計を備えている（蓄圧式）消火器は、粉末消火器だけです。なお、消火薬剤量 20kg 以上の粉末消火器は大型消火器に分類されるので、設問 1 の解答は「大型粉末消火器」とするのがよいでしょう（168，267 ページ）。

　大型消火器の能力単位は、A 火災に対応する場合は 10 以上、B 火災に対応する場合は 20 以上とする規定があります。

解答：
[設問 1] 大型粉末消火器
[設問 2] A 火災：10 以上　　B 火災：20 以上

問3

図は、気密試験を示します。気密試験は、蓄圧ガスを充てんした後の蓄圧式消火器を水槽の中に入れ、漏れがないかどうかを確認します（252ページ）。

解答：
[設問1] 消火器に漏れがないかどうかを確認する。
[設問2] 蓄圧式

問4

写真は、Aが強化液消火器、Bが二酸化炭素消火器、Cが機械泡消火器になります。強化液消火器は、棒状放射と霧状放射で適用火災が異なりますが、手さげ式の強化液消火器は霧状放射に固定されています。

次に、各室に設置する消火器を検討します。

事務所：事務所の算定基準面積は、建物が耐火構造の場合400m²になります。1階全体の床面積は $40 \times 20 = 800m^2$ なので、事務所部分には、能力単位の合計が $800 \div 400 = 2$ 以上になるように消火器を設置します（279ページ）。

事務所部分には、消防法施行令別表第2の「建築物その他の工作物」の消火に適応する消火器を設置します（85ページ）。これに該当するのは、強化液消火器または機械泡消火器です。

ボイラー室：多量の火気を使用する場所には、能力単位が「床面積÷25m²」以上となるように、消火器を設置します。ボイラー室の床面積は $15 \times 10 = 150m^2$ なので、能力単位が6以上となるように消火器を設置しなければなりません（82ページ）。

ボイラー室に設置する消火器は、「建築物その他の工作物」の消火に適応する消火器です。したがって事務所部分と同じく、強化液消火器または機械泡消火器が適応します。

電気室：電気設備のある場所には、床面積100m²以下に1個の消火器を設置します。電気室は、床面積が $20 \times 8 = 160m^2$ なので、設置個数は $160 \div 100 = 1.6$。したがって、少なくとも2個の消火器を設置する必要があります。「電気設備のある場所」の消火に適応する消火器は、強化液消火器（霧状放射のみ）または二酸化炭素消火器です。

通信機器室：通信機器室（電気設備）の床面積は $5 \times 10 = 50m^2$ なので、強化液消火器（霧状放射のみ）または二酸化炭素消火器を1個設置します（82ページ）。

解答：

事務所	A、C
ボイラー室	A、C
電気室	A、B
通信機器室	A、B

問5

写真Aは蓄圧式強化液消火器、写真Bは加圧式粉末消火器です。

内部および機能の点検を抜取り方式で行うのは、蓄圧式消火器（製造年から5年を経過したもの）または加圧式粉末消火器（製造年から3年を経過したもの）です（233ページ）。

また、放射試験については、どちらも抜き取った確認試料の50％以上について確認すればよいことになっています（247ページ）。

解答：
[設問1] **A：エ　B：イ**
[設問2] **ア**：5　**イ**：50　**ウ**：3　**エ**：50

第2回模擬テスト

筆記試験 解答と解説● 343ページ

●消防関係法令（共通部分） 問1〜問6

問1 消防法令上、特定防火対象物に該当しないものは次のうちどれか。

① 物品販売店舗
② 幼稚園
③ 小学校
④ 蒸気浴場、熱気浴場その他これに類する公衆浴場

問2 消防用設備等の技術上の基準が改正されたとき、消防法令上、改正後の基準に適合させなければならない消防用設備等はどれか。

① 映画スタジオに設置されているスプリンクラー設備
② 旅館に設置されている屋内消火栓設備
③ 工場に設置されている自動火災報知設備
④ 図書館に設置されている不活性ガス消火設備

問3 消防法令上、消防設備士が行うことができる工事または整備として、誤っているものは次のうちどれか。

① 乙種第1類の消防設備士は、屋内消火栓設備の開閉弁の整備を行うことができる。
② 乙種第2類の消防設備士は、泡消火設備の整備を行うことができる。
③ 甲種第4類の消防設備士は、危険物製造所等に設置する自動火災報知設備の工事を行うことができる。
④ 甲種特類の消防設備士は、すべての消防用設備等及び特殊消防用設備等について、工事を行うことができる。

問 4 　消防設備士が受けなければならない工事整備対象設備等の工事または整備に関する講習の受講時期について、消防法令上、正しいものは次のうちどれか。

① 免状の交付を受けた日以後における最初の 4 月 1 日から 1 年以内、また、直近の講習を受けた日以後における最初の 4 月 1 日から 3 年以内
② 免状の交付を受けた日以後における最初の 4 月 1 日から 1 年以内、また、直近の講習を受けた日以後における最初の 4 月 1 日から 5 年以内
③ 免状の交付を受けた日以後における最初の 4 月 1 日から 2 年以内、また、直近の講習を受けた日以後における最初の 4 月 1 日から 3 年以内
④ 免状の交付を受けた日以後における最初の 4 月 1 日から 2 年以内、また、直近の講習を受けた日以後における最初の 4 月 1 日から 5 年以内

問 5 　消防設備士の責務について、消防法令上、誤っているものは次のうちどれか。

① 甲種消防設備士は、消防用設備等の設置工事をしようとするときは、その工事に着手しようとする日の 7 日前までに、消防長または消防署長に届け出なければならない。
② 消防設備士は、総務省令で定めるところにより、都道府県知事（総務大臣が指定する市町村長その他の機関を含む。）が行う工事整備対象設備等の工事または整備に関する講習を受けなければならない。
③ 消防設備士は、その業務を誠実に行い、工事整備対象設備等の質の向上に努めなければならない。
④ 消防設備士は、その業務に従事するときは、消防設備士免状を携帯していなければならない。

問 6 　消防用設備等の定期点検及び報告について、消防法令上、誤っているものは次のうちどれか。

① 延べ面積が 1000m² 以上の特定防火対象物の消防用設備等については、消防設備士または消防設備点検資格者に点検させなければならない。
② 特定防火対象物にあっては、点検結果を維持台帳に記録し、1 年に 1 回ご

とに消防長または消防署長に報告しなければならない。

③ 特定防火対象物以外の防火対象物にあっては、点検結果を維持台帳に記録しておき、消防長または消防署長から求められた場合に限り、報告を行う。

④ 任意に設置された消防用設備等については、点検結果を消防長または消防署長に報告する必要はない。

●消防関係法令（第6類に関する部分）　　　　問7〜問10

問7　消防法令上、消火器具を設置しなければならない防火対象物は次のうちどれか。ただし、用途と延べ面積以外の条件については考慮しないものとする。

① 物品販売店舗で、延べ面積 100m² 以上のもの

② 火を使用する設備を設置した飲食店で、延べ面積 100m² 以上のもの

③ 小学校で、延べ面積 150m² 以上のもの

④ 事務所で、延べ面積 150m² 以上のもの

問8　消防法令上、ある消火設備を技術上の基準にしたがって設置した場合、その有効範囲内の部分に設置する当該消火設備と適応性が同一の消火器具については、能力単位の合計を 1／3 減少させることができる。このような消火設備として、誤っているものは次のうちどれか。

① 屋外消火栓設備

② スプリンクラー設備

③ 粉末消火設備

④ 不活性ガス消火設備

問 9　消火器の設置場所と適応する消火器について、消防法令上、誤っている
ものは次のうちどれか。

① 飲食店の厨房にりん酸塩類の粉末を放射する消火器を設置した。
② ガソリンを貯蔵する少量危険物貯蔵取扱所に泡を放射する消火器を設置した。
③ 地階にあるボイラー室に強化液を霧状に噴霧する消火器を設置した。
④ 地下街にある電気室に二酸化炭素を放射する消火器を設置した。

問 10　指定可燃物を政令で定める数量の 500 倍以上貯蔵する防火対象物の階
に大型消火器を設置する場合、指定可燃物を貯蔵する場所の各部分から 1 の大
型消火器に至る距離として、消防法令上、正しいものは次のうちどれか。

① 水平距離で 20m 以下
② 水平距離で 30m 以下
③ 歩行距離で 20m 以下
④ 歩行距離で 30m 以下

●基礎的知識（機械に関する部分）　　　　　　　　　　　問 11 ～問 15

問 11　図のように、天井から断面積 1.5mm² の釣り糸 4 本で垂直に吊ってい
る物体に、6N の引張荷重を加えた。釣り糸 1 本当たりの応力は、次のうちの
どれか。

① 1.5MPa
② 3.0MPa
③ 6.0MPa
④ 12.0MPa

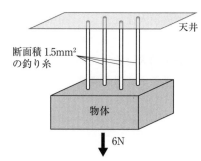

天井

断面積 1.5mm²
の釣り糸

物体

6N

問 12　短い円柱形の軟鋼棒の軸方向に、圧縮荷重 30,000N を加えたとき、圧縮応力が 80MPa であった。この軟鋼棒の断面積として、正しいものは次のうちどれか。

① 250 mm²
② 375 mm²
③ 450 mm²
④ 525 mm²

問 13　図のような片持ちはりに、a と自由端に荷重がかかり、つり合っている。固定端から a までの距離は何 m か。

① 0.2m
② 0.25m
③ 0.3m
④ 0.5m

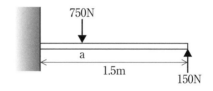

問 14　一般に、炭素鋼を一定温度に加熱してから時間をかけて冷却する熱処理の呼び方として、正しいものは次のうちどれか。

① 焼入れ
② 焼もどし
③ 焼ならし
④ 焼なまし

問 15　金属の説明として、誤っているものはどれか。

① 一般に常温で固体であり、比重は水より大きく、水に沈む。
② 単体の金属に他の元素を添加した合金は、熱や電気の伝導性が高まる。
③ 鉄と炭素の合金である炭素鋼は、炭素の含有率が高いほど硬い。
④ ステンレス鋼は、炭素鋼にニッケルとクロムを添加した合金である。

問16　第4類危険物のうち、第1石油類の火災に適応する消火方法について、誤っているものは次のうちどれか。

① 乾燥砂による消火は効果がある。
② 二酸化炭素消火器による消火は効果がある。
③ 粉末消火剤による消火は効果がある。
④ 一般に、冷却消火が最も効果的である。

問17　消火器の種類と適応火災について、誤っているものは次のうちどれか。

① 水消火器は、油火災の消火には適応しない。
② 霧状の強化液を放射する強化液消火器は、電気火災の消火には適応しない。
③ 二酸化炭素消火器は、普通火災には適応しない。
④ りん酸塩類の粉末薬剤を放射する粉末消火器は、普通火災、油火災、電気火災に適応する。

問18　消火器に消火薬剤を充てんするときの注意事項として、誤っているものは次のうちどれか。

① 蓄圧式の強化液消火器は、規定量の消火薬剤を入れた後、窒素ガスを充てんする。
② 加圧式の粉末消火器は、加圧用ガス容器を取り付けた後、規定量の消火薬剤を入れ、安全栓を起動レバーにセットする。
③ 化学泡消火器にあっては、消火薬剤を消火器内で溶かさないこと。
④ 二酸化炭素消火器の充てんは、専門業者に依頼すること。

問19　消火器の消火薬剤の廃棄および排圧処理について、誤っているものは次のうちどれか。

① 強化液消火薬剤は、大量の水で希釈し、水素イオン濃度指数を下げてから

廃棄する。

② 蓄圧式の粉末消火器は、消火器をさかさにしてレバーを徐々に握り、排圧
処理する。

③ 化学泡消火薬剤は、外筒液と内筒液を混合中和の上、大量の水で希釈して
廃棄する。

④ 高圧ガス保安法の適用を受けない加圧用ガス容器は、本体容器から分離し
て排圧処理する。

問20　消火器の内部および機能の点検を実施する時期として、適切なものは
次のうちどれか。

① 加圧式の強化液消火器にあっては、製造年から1年を経過したもの

② 加圧式の粉末消火器にあっては、設置後3年を経過したもの

③ 化学泡消火器にあっては、設置後1年を経過したもの

④ 蓄圧式の機械泡消火器にあっては、製造年から3年を経過したもの

問21　消火薬剤の放射異常とその原因について、適切でないものは次のうち
どれか。

① 二酸化炭素消火器を使用したところ、二酸化炭素が放射されなかった。原
因として、二酸化炭素が自然噴出していたことが考えられる。

② 化学泡消火器のノズルから泡が漏れていた。原因として、内筒が劣化して
A剤とB剤が反応したことが考えられる。

③ 蓄圧式の強化液消火器を使用したところ、強化液が放射されなかった。原
因として、蓄圧ガスが漏れていたことが考えられる。

④ 加圧式の粉末消火器を使用したところ、消火剤が放射しなかった。原因と
して、使用前に本体容器を転倒させなかったことが考えられる。

問 22　蓄圧式の粉末消火器の構造について、誤っているものは次のうちどれか。

① 指示圧力計が設けられている。
② 放射圧力源として圧縮ガスが充てんされている。
③ サイホン管の先端に粉上り防止用封板が装着されている。
④ 使用圧力範囲は 0.7MPa ～ 0.98MPa である。

問 23　手さげ式の機械泡消火器の構造または機能について、誤っているものは次のうちどれか。

① 主な消火作用は、窒息作用と冷却作用である。
② 電気火災の消火にも適応する。
③ 指示圧力計が装着されている。
④ 消火薬剤を放射する際、ノズルから空気を取り込んで発泡する。

問 24　蓄圧式の強化液消火器の構造について、誤っているものは次のうちどれか。

① 使用温度範囲は － 20℃ ～ ＋ 40℃ である。
② 使用圧力範囲は 0.7MPa ～ 0.98MPa である。
③ 一般に、ノズルは霧状放射用である。
④ 鋼製の本体容器の内側に、充てんされた強化液の液面表示装置が設けられている。

●構造・機能および整備の方法（規格に関する部分）　　　問 25 ～問 30

問 25　消火器の安全栓について、規格省令上、誤っているものはどれか。

① 安全栓は、2 動作以内で容易に引き抜くことができること。
② 引き抜きに支障のない封が施されていること。

③ 手さげ式の消火器（押し金具をたたく1動作およびふたをあけて転倒させる動作で作動する消火器を除く。）の安全栓は、上方向に引き抜くよう装着されていること。

④ 転倒の1動作で作動する消火器については、安全栓を設けなくてもよい。

問26　消火器に設ける指示圧力計について、規格省令上、正しいものは次のうちどれか。

① すべての加圧式の消火器に設けなければならない。

② 強化液消火器には設ける必要はない。

③ 二酸化炭素消火器には設ける必要はない。

④ 泡消火器には設ける必要はない。

問27　自動車に設置することができる消火器として、規格省令上、誤っているものは次のうちどれか。

① 霧状の強化液を放射する強化液消火器

② 二酸化炭素消火器

③ 化学泡消火器

④ 加圧式の粉末消火器

問28　規格省令上、消火器に表示しなければならない事項として、誤っているものは次のうちどれか。

① 使用温度範囲

② 放射時間及び放射距離

③ 充てんされた消火剤の容量または質量

④ 電気火災に対する能力単位の数値

問 29 消火器用消火薬剤の技術上の基準として、規格省令上、正しいものは次のうちどれか。

① 強化液消火薬剤は、凝固点が－10℃以下であること。
② 粉末消火薬剤は、水面に均一に散布した場合において、1時間以内に沈降しないこと。
③ りん酸塩類等の粉末消火薬剤は白色とすること。
④ 粉末状の化学泡消火薬剤は、水に溶けにくい乾燥状態のものであること。

問 30 二酸化炭素消火器に充てんする液化二酸化炭素の充てん比の値として、規格省令上、正しいものは次のうちどれか。ただし、充てん比とは、液化二酸化炭素の充てん質量に対する容器の内容積の比（単位：L/kg）とする。

① 0.8 以上
② 1.0 以上
③ 1.2 以上
④ 1.5 以上

実技試験 解答と解説●345ページ

問 1 下の写真は、車載式の消火器を示したものである。危険物施設に設置する第4種消火設備に該当するものはどれか。該当するものすべてを A ～ D の記号で答えなさい。ただし、写真の下に記載した表記は、消火器の使用消火薬剤別名称及びその容量または質量である。

A

強化液消火器　20L

B

粉末消火器　20kg

C

機械泡消火器　20L

D

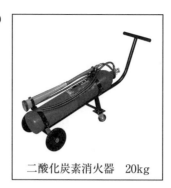

二酸化炭素消火器　20kg

問2　右の図は、ある消火器の部品の一部を示したものである。矢印で示した部分の名称と役割を答えなさい。

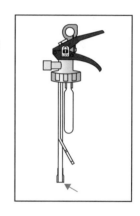

問3　下の図は、ある消火器に消火薬剤を充てんする手順を示したものである。各設問に答えなさい。

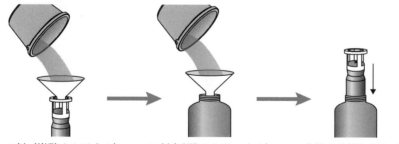

A剤（炭酸ナトリウム）を内筒に充てんする。

B剤（硫酸アルミニウム）を外筒に充てんする。

内筒を外筒に入れる。

［設問1］　この消火器の名称を答えなさい。

［設問2］　上の手順の誤りを指摘し、その理由を答えなさい。

2

第2回模擬テスト（問題）

341

問4　右の写真は、蓄圧式の粉末消火器を示
したものである。この消火器の点検及び整備
に窒素ガスを用いるが、その用途を2つ答え
なさい。

問5　下の写真A、Bに示す消火器は、主にどのような消火作用で消火を行う
か。該当するものすべてを○で囲みなさい。

A

B
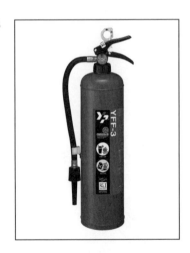

A	冷却作用	窒息作用	抑制作用
B	冷却作用	窒息作用	抑制作用

第 2 回模擬テスト　解答と解説

筆記試験

問 1　③

令別表第 1 (7) 項の小学校、中学校、高等学校、大学などは、特定防火対象物には該当しません（18 ページ）。

問 2　②

特定防火対象物に設置する消防用設備等は、常に改正後の基準に適合させなければなりません（46 ページ）。①～④のうち、旅館は令別表第 1 (5) 項イに該当する特定防火対象物になります（18 ページ）。

問 3　④

甲種特類の消防設備士ができるのは、特殊消防用設備等の工事及び整備です（54 ページ）。

問 4　④

1 回目の講習は、免状の交付を受けた日以後における最初の 4 月 1 日から 2 年以内に受講し、2 回目以降は前回の講習を受けた日以後における最初の 4 月 1 日から 5 年以内に受講します（57 ページ）。

問 5　①

着工届は、設置工事に着手しようとする日の 10 日前までに、甲種消防設備士が消防長または消防署長に届け出ます（57 ページ）。

問 6　③

非特定防火対象物に設置された消防用設備等の定期点検については、消防長または消防署長に 3 年に 1 回報告します（52 ページ）。

問 7　②

×① 物品販売店舗は、延べ面積 150m² 以上で消火器具の設置が必要です。

○② 飲食店は、火を使用する設備または器具を設置している場合には、延べ面積にかかわらず消火器具を設置します（74 ページ）。それ以外の飲食店については、延べ面積 150m² 以上で消火器具の設置が必要です。

×③ 小学校は、延べ面積 300m² 以上で消火器具の設置が必要です（76 ページ）。

×④ 事務所は、延べ面積 300m² 以上で消火器具の設置が必要です。

問 8　①

スプリンクラー設備と屋内消火栓設備、各種消火設備については、能力単位の合計を 1 ／ 3 まで減少することができます。屋外消火栓設備は軽減の対象外です（89 ページ）。

問 9　④

○① 飲食店の厨房には、普通火災に適応する消火器を設置します。

○② 危険物を貯蔵する場所には、危険物の性質に応じた消火器を設置します（85 ページ）。

○③ ボイラー室などの火気の多い場所には、普通火災に適応する消火器を設置します（85 ページ）。

×④ 二酸化炭素やハロゲン化物は充満すると人体に有害なので、地下街で使用することはできません（87 ページ）。

問 10　④

指定可燃物を指定数量の 500 倍以上貯蔵または取り扱う防火対象物には大型消火器を設置します。大型消火器は、防火対象物の階ごとに、各部分から 1 の大型消火器に至る歩行距離が 30m 以

下となるように設置します（90 ページ）。

問 11　①
　釣り糸 1 本当たりの荷重は 6 ÷ 4 = 1.5N です。応力＝荷重÷断面積なので、釣り糸の断面積を 1mm² = 10⁻⁶m² として計算すると、1 本当たりの応力は、
$1.5 ÷ 10^{-6} = 1.5 × 10^6 N/m^2$
となります。1MPa = 10⁶N/m² なので、
$1.5 × 10^6 N/m^2 = 1.5MPa$
となります。

問 12　②
　圧縮応力（垂直応力）と荷重、断面積の関係は、
圧縮応力＝荷重÷断面積
です（127 ページ）。したがって断面積は、
断面積＝荷重÷圧縮応力
　　　＝ 30,000 ÷ 80
　　　＝ 375［mm²］

問 13　③
　固定端から a までの距離を L とすると、a と自由端の荷重が釣り合う距離は、
$L × 750 = 1.5 × 150$
$L = 225/750 = 0.3［m］$

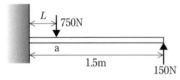

（110 ページ参照）。

問 14　④
　「焼なまし」の説明です（136 ページ）。

問 15　②
　単体の金属に他の元素を添加した合金は、熱や電気の伝導性が低下します（133 ページ）。

問 16　④
　第 4 類危険物の第 1 石油類はガソリンなどが該当します。ガソリンは引火点が − 40℃以下と低いため、一般に冷却作用による消火は困難で、窒息作用や抑制作用のある消火剤を使用します（161 ページ）。

問 17　②
　霧状の強化液を放射する強化液消火器は、普通火災、油火災、電気火災のすべてに適応します（163 ページ）。

問 18　②
　加圧用ガス容器の封板を誤って切ってしまわないように、安全栓は加圧用ガス容器の取り付け前にセットします（254 ページ）。

問 19　③
○ ①　強化液は水素イオン濃度（pH）が高いアルカリ性なので、廃棄する場合は水で希釈して pH を下げます。
○ ②　消火器をさかさにすると、サイホン管の先端が消火薬剤より上に出るので、この状態で徐々にバルブを開き、薬剤が出ないようにして排圧します。
× ③　外筒液と内筒液は混合せずに別々に廃棄します。混合すると大量に発泡してしまいます。
○ ④　内容積 100cm³ 以下の加圧用ガス容器は高圧ガス保安法の適用を受けないので、専門業者でなくても排圧処理できます。

問 20　③
　加圧式消火器は製造年から 3 年、蓄圧式消火器は製造年から 5 年、化学泡消火器は設置後 1 年を経過したものが内部および機能の点検の対象になります（233 ページ）。

問 21 ④

　加圧式の粉末消火器の消火剤が放射されなかった原因としては、加圧用ガス容器の異常やサイホン管の詰まりなどが考えられます。放射前に本体容器を転倒させるのは化学泡消火器です。

問 22 ③

　粉上り防止用封板は、ガス加圧式の粉末消火器に設けられています。蓄圧式の粉末消火器には設けられていません（182，184 ページ）。

問 23 ②

　泡が広がると感電のおそれがあるため、機械泡消火器は電気火災には適応しません（174 ページ）。

問 24 ④

　液面表示装置は化学泡消火器に設けられていますが、強化液消火器にはありません（208 ページ）。

問 25 ①

　安全栓は、1 動作以内で容易に引き抜くことができなければなりません（209 ページ）。

問 26 ③

　指示圧力計は、蓄圧式の消火器に設けます（215 ページ）。
× ①　加圧式の消火器には指示圧力計は必要ありません。
× ②　蓄圧式の強化液消火器には、指示圧力計が必要です。なお、大型の強化液消火器には加圧式のものがあります。
○ ③　二酸化炭素消火器は蓄圧式ですが、高圧で液化されているため、指示圧力計は必要ありません。
× ④　泡消火器のうち、機械泡消火器には蓄圧式と加圧式があり、このうち蓄圧式の機械泡消火器には指示圧力計

が必要です。なお、化学泡消火器には指示圧力計は必要ありません。

問 27 ③

　化学泡消火器は自動車に設置することはできません（198 ページ）。

問 28 ④

　消火器の能力単位は、A 火災（普通火災）と B 火災（油火災）に対する値は設定されますが、電気火災に対しては値が設定されていません（適応するかしないかのみ）（201 ページ）。

問 29 ②

　消火薬剤の規格については、196 ページを参照。
× ①　強化液の凝固点は − 20℃以下とします。
○ ②　正しい。
× ③　りん酸塩類等の粉末消火薬剤は、淡紅色に着色します。
× ④　粉末状の化学泡消火剤は、水に溶けやすい乾燥状態のものとします。

問 30 ④

　二酸化炭素消火器の本体容器の内容積は、充てんする液化二酸化炭素 1kg に対し、1.5 リットル（1500cm³）以上とします（214 ページ）。したがって、充てん比は 1.5 ÷ 1 = 1.5L/kg 以上です。

実技試験

問 1

　危険物規制における第 4 種消火設備は、大型消火器です。したがって **A 〜 D** のうち、大型消火器に該当するものを選びます。
　大型消火器とは、A 火災に対する能力単位が 10 以上、B 火災に対する能力単位が 20 以上で、消火薬剤の量が次の

容量のものをいいます（168ページ）。

消火器の種類	消火薬剤の容量
強化液消火器	60L 以上
化学泡消火器	80L 以上
機械泡消火器	20L 以上
二酸化炭素消火器	50kg 以上
粉末消火器	20kg 以上

　A〜Dのうち、Aは強化液20L、Dは二酸化炭素20kgなので、大型消火器ではありません。

解答：B、C

問2
　サイホン管に加圧用ガス容器、ガス導入管が付いていることから、加圧式の粉末消火器の一部であることがわかります（269ページ）。
　加圧式粉末消火器のサイホン管の先端についているのは、「粉上り防止用封板」です。粉上り防止用封板は、粉末消火薬剤がサイホン管に入って詰まるのを防ぐと同時に、外部から湿気が入るのを防いでいます。

解答：
［名称］粉上り防止用封板
［役割］粉末消火薬剤がサイホン管に侵入して詰まるのを防ぐ。また、外部から湿気が入るのを防ぐ。

問3
　内筒と外筒があることから、化学泡消火器であることがわかります。化学泡消火器の消火薬剤は、外筒にA剤（炭酸水ナトリウム）、内筒にB剤（硫酸アルミニウム）を充てんします（176ページ）。B剤（硫酸アルミニウム）は酸性で、鉄などの金属を腐食させるため、鋼製の外筒に充てんしてはいけません。

解答：
［設問1］化学泡消火器
［設問2］
誤りの指摘：A剤とB剤を逆に充てんしている。
理由：B剤の硫酸アルミニウムは外筒を腐食させるため。

問4
　窒素ガスは、蓄圧式消火器の本体に充てんする加圧用ガスとして用います（251ページ）。また、粉末消火薬剤は水分が禁物なので、粉末消火器本体や部品、容器の内面の清掃は、窒素ガスや乾燥した圧縮空気を吹き付けて行います（250ページ）。

解答：
①蓄圧用ガスとして、蓄圧式消火器本体に充てんする。
②本体容器や容器内面、部品を清掃する。

問5
A：指示圧力計がないので、加圧式消火器です。手さげ式で加圧式なのは粉末消火のみ。また、ノズルの形状と適応火災（A火災・B火災・電気火災）からも粉末消火器とわかります。粉末消火薬剤の消火作用は、窒息作用と抑制作用です（182ページ）。
B：指示圧力計があるので蓄圧式消火器です。また、ノズルの形状と適応火災（A火災・B火災）から、機械泡消火器とわかります。泡消火剤の消火作用は、冷却作用と窒息作用です（174ページ）。

解答：
A：窒息作用・抑制作用
B：冷却作用・窒息作用

第３回模擬テスト

筆記試験 解答と解説● 360 ページ

●消防関係法令（共通部分） 問1〜問6

問1　消防法令上、消防用設備等に関する記述として誤っているものは次のうちどれか。

① 消防用設備等とは、消防の用に供する設備、消防用水及び消火活動上必要な施設をいう。
② 消防用設備等を設置することが義務付けられている防火対象物は、学校、病院及び百貨店等の不特定多数の者が出入りする防火対象物に限られる。
③ 戸建て一般住宅については、消防用設備等の設置義務はない。
④ 防火対象物のうち政令で定めるものの関係者は、政令で定める技術上の基準に従って消防用設備等を設置し、及び維持しなければならない。

問2　消防法令上、特定防火対象物に該当しないものは、次のうちどれか。

① 準地下街
② 幼稚園
③ テレビスタジオ
④ カラオケボックス

問3　消防用設備等の種類について、消防法令上、誤っているものは次のうちどれか。

① 非常警報設備は、自動火災報知設備と同様に、警報設備に含まれる。
② 誘導灯は、避難はしごと同様に、避難設備に含まれる。
③ 動力消防ポンプ設備は、屋内消火栓設備と同様に、消火設備に含まれる。
④ 消防機関へ通報する火災報知設備は、無線通信補助設備と同様に、消火活動上必要な施設に含まれる。

問4 消防設備士免状について、消防法令上、正しいものは次のうちどれか。

① 消防設備士免状の交付を受けた都道府県以外の勤務地で業務に従事するときは、勤務地を管轄する都道府県知事に免状の書換えを申請しなければならない。
② 氏名に変更が生じた場合は、当該免状を交付した都道府県知事又は居住地もしくは勤務地を管轄する都道府県知事に免状の書換えを申請しなければならない。
③ 消防設備士免状を亡失したときは、亡失した日から10日以内に免状の再交付を申請しなければならない。
④ 消防設備士免状の返納を命ぜられた日から2年を経過しない者については、新たに試験に合格しても免状が交付されないことがある。

問5 設置義務のある消防用設備等（簡易消火用具及び非常警報器具を除く。）を設置した場合に、消防法令上、消防長または消防署長に届け出て、検査を受けなければならない防火対象物は次のうちどれか。ただし、防火対象物はいずれも平屋建とする。

① 延べ面積150m² の特別支援学校
② 延べ面積350m² の診療所
③ 延べ面積200m² の飲食店
④ 延べ面積250m² の百貨店

問6 消防用設備等が設備等技術基準に従って維持されていない場合、消防長または消防署長から必要な措置を行うよう命令を受ける者として、消防法令上、正しいものは次のうちどれか。

① 当該消防用設備等を点検した消防設備士
② 当該消防用設備等の設置工事を実施した消防設備士
③ 防火対象物の工事責任者
④ 防火対象物の関係者で権原を有する者

問7　消防法令上、延べ面積にかかわらず消火器具を設置しなければならない防火対象物として、誤っているものは次のうちどれか。

① 遊技場
② 火を使用する設備のある飲食店
③ 集会場
④ 重要文化財

問8　主要構造部を耐火構造とし、かつ、内装仕上げを難燃材料でした診療所（入院施設を有するもの。）に設置する消火器具の必要能力単位の算定基準面積として、消防法令上、正しいものは次のうちどれか。

① 50m^2
② 100m^2
③ 200m^2
④ 400m^2

問9　消火器具の設置について、消防法令上、誤っているものは次のうちどれか。

① 消火器具は、床面からの高さが1.5m以下の箇所に設けること。
② 消火器具は、消火剤が凍結し、変質し、または噴出するおそれが少ない箇所に設けること。ただし、保護のための有効な措置を講じたときは、この限りでない。
③ 粉末消火器には、地震による震動等による転倒を防止するための適当な措置を講じること。
④ 水バケツを設置した箇所には「消火バケツ」と表示した標識を見やすい位置に設けること。

問10　次の消火器のうち、地下街（政令別表第一（16の2）項）に設置できる
ものとして、消防法令上、正しいものの組合せはどれか。
ア　霧状の強化液を放射する消火器
イ　二酸化炭素を放射する消火器
ウ　消火粉末を放射する消火器のうち、りん酸塩類等を使用するもの

① ア、イ　のみ
② ア、ウ　のみ
③ イ、ウ　のみ
④ ア、イ、ウ　すべて

●基礎的知識（機械に関する部分）　　　　　　　　　　　　　問11〜問15

問11　長さ2.5mの片持ばりの自由端に、2kNの荷重がかかったときの曲げ
モーメントとして、正しいものは次のうちどれか。

① 2kN・m
② 5kN・m
③ 10kN・m
④ 25kN・m

問12　図のような滑車を使って、800Nの重力を受けている物体とつり合うた
めに必要な力 F は何Nか。

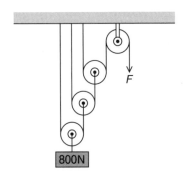

① 50N
② 100N
③ 200N
④ 400N

問13　機械の振動などによってねじが緩むのを防ぐ方法として、誤っているものは次のうちどれか。

① 座金を用いる
② 止めナットを用いる
③ リード角が異なるねじを用いる
④ ピン、小ねじ、止めねじを用いる

問14　炭素鋼の焼入れについて、誤っているものは次のうちどれか。

① 焼入れは、高温に加熱して急冷する熱処理をいう。
② 焼入れは、材料を硬くするために行う。
③ 焼入れは、材料を強くするために行う。
④ 焼入れは、材料のひずみを取り除くために行う。

問15　一定質量の気体の圧力を3倍にし、絶対温度を5倍にしたとき、ボイル・シャルルの法則によれば気体の体積は何倍になるか。

① 1／3倍
② 1／5倍
③ 3／5倍
④ 5／3倍

問16　消火器の性能に関する記述として、誤っているものは次のうちどれか。

① 強化液消火器は、水系消火器として冷却作用と再燃防止作用を有することから、普通火災の消火のみに適応する。
② 機械泡消火器は、水成膜泡等を使用し、普通火災及び油火災の消火に適応する。
③ 二酸化炭素消火器は、消火後の汚損も少なく電気絶縁性も大きいので、電気火災の消火に適応する。
④ 粉末消火器には、普通火災、油火災及び電気火災のいずれの消火にも適応するものがある。

問17　加圧式の消火器の加圧用ガス容器に関する次の記述のうち、正しいものの組合せはどれか。
ア　作動封板を有する加圧用ガス容器を交換する場合は、消火器銘板に明記されている容器記号のものと交換する。
イ　容器弁付きの加圧用ガス容器を交換する場合は、専門業者に依頼してガスを充てんする。
ウ　作動封板を有する加圧用ガス容器は、容量にかかわらず高圧ガス保安法の適用を受ける。

① ア、イ　のみ
② ア、ウ　のみ
③ イ、ウ　のみ
④ ア、イ、ウ　すべて

問18　消火器の消火薬剤に関する次の記述のうち、誤っているものはどれか。

① 化学泡消火薬剤は、外筒用の炭酸水素ナトリウムと、内筒用の硫酸アルミニウムを混合させ、化学反応により二酸化炭素を含む泡を生成する。
② 合成界面活性剤泡消火薬剤は、炭化水素系の界面活性剤の水溶液に泡安定剤や浸潤剤、不凍剤等を添加したもので、一般に泡の長期安定性に優れている。

③ 水成膜泡消火薬剤は、炭化水素系の界面活性剤にフッ素系の界面活性剤を添加したもので、液体可燃物の表面上にフィルム上の薄膜を形成し、迅速な消火を可能にする。

④ 強化液消火薬剤は、無色透明または淡黄色の濃厚な炭酸ナトリウム水溶液である。

問 19　粉末消火器の消火薬剤とその主成分の組合せとして、正しいものは次のうちどれか。

	消火薬剤	主成分
①	粉末（ABC）	炭酸アンモニウム
②	粉末（Na）	炭酸水素ナトリウム
③	粉末（K）	りん酸カリウム
④	粉末（KU）	水酸化カリウムと尿素の反応生成物

問 20　開がい転倒式の大型化学泡消火器の点検項目として、誤っているものは次のうちどれか。

① 内筒、内筒ふた、ハンドル

② ろ過網

③ ホース、ノズル

④ 保持装置

問 21　加圧式の粉末消火器の点検、整備等について、最も不適切なものは次のうちどれか。

① 消火薬剤が固化している部分があったので詰め替えた。

② 加圧用ガス容器の取付ねじには、右ねじのものと左ねじのものがあるので、これに注意して分解と取付けを行った。

③ 本体容器の腐食により廃棄と判断されたので、設置をやめ、消火訓練用に保管することにした。

④ 開放式ノズルのノズル栓が破損していたので、加圧用ガス容器の封板及びガス量、消火薬剤の量及び性状を点検した。

問22　消火器の内部及び機能の点検に関する次の記述のうち、文中の（　）に当てはまる語句の組合せとして、正しいものは次のうちどれか。

「化学泡消火器にあっては（　ア　）を経過したもの、加圧式粉末消火器にあっては（　イ　）を経過したもの、蓄圧式強化液消火器にあっては（　ウ　）を経過したものについて、内部及び機能の点検を行う。」

	ア	イ	ウ
①	設置後1年	製造年から3年	製造年から5年
②	設置後1年	製造年から5年	製造年から3年
③	設置後3年	製造年から3年	製造年から5年
④	設置後3年	製造年から5年	製造年から3年

問23　次の文は、全量放射しなかったある消火器の使用後の整備の一部に関する記述である。この記述から考えられる消火器は次のうちどれか。

「消火器を逆さまにして残圧を放出し、乾燥した圧縮空気でホース及びノズルをクリーニングした。」

① 化学泡消火器

② 蓄圧式の粉末消火器

③ 二酸化炭素消火器

④ 蓄圧式の強化液消火器

問24　消火器には、高圧ガス保安法の適用を受ける本体容器または加圧用ガス容器を使用しなければならない場合があるが、これに該当しない消火器は次のうちどれか。

① 薬剤質量20kgの加圧式粉末消火器

② 蓄圧式機械泡消火器

③ 二酸化炭素消火器

④ 内容量200cm³の加圧用ガス容器を使用する加圧式強化液消火器

●構造・機能および整備の方法（規格に関する部分）　問25～問30

問25　消火器のホースについて、規格省令上、誤っているものは次のうちどれか。

① 消火器のホースは、使用温度範囲内で耐久性があり、円滑に操作できること。
② 消火剤の質量が1kg以下の粉末消火器には、ホースを取り付けなくてもよい。
③ ホースの長さは30cm以上であること。
④ 強化液消火器（蓄圧式）には、消火剤の質量に関係なくホースを取り付けなければならない。

問26　消火器に設けなければならないろ過網に関する次の記述のうち、文中の（　）に当てはまる語句の組合せとして、規格省令上、正しいものはどれか。
「ろ過網の目の最大径は、ノズルの最小径の（　ア　）以下であること。また、ろ過網の目の部分の合計面積は、ノズルの開口部の最小断面積の（　イ　）倍以上とすること。」

	ア	イ
①	2／3	20
②	2／3	30
③	3／4	20
④	3／4	30

問27　消火器の携帯及び運搬に関する次の記述のうち、文中の（　）に当てはまる語句の組合せとして、規格省令上、正しいものはどれか。
「消火器は、保持装置及び背負ひも又は車輪の質量を除く部分の質量が（　ア　）kg以下のものにあっては手さげ式、据置式又は背負式に、（　ア　）kgを超え（　イ　）kg以下のものにあっては据置式、車載式又は背負式に、（　イ　）kgを超えるものにあっては車載式にしなければならない。」

	ア	イ
①	28	30
②	28	35
③	35	40
④	35	45

問28　次の手さげ式の消火器のうち、規格省令上、使用した場合に自動的に作動し、使用済であることが判別できる装置を設けなければならないものの組合せはどれか。

ア　指示圧力計のある蓄圧式の強化液消火器

イ　二酸化炭素消火器

ウ　バルブを有する加圧式の粉末消火器

①　ア、イ

②　ア、ウ

③　イ、ウ

④　ア、イ、ウ

問29　消火器用消火薬剤の容器又は包装に表示しなければならない事項として、規格省令上、誤っているものは次のうちどれか。

①　消火薬剤の容量又は質量

②　充てん方法

③　製造年月

④　放射時間

問30　加圧式の粉末消火器の見やすい箇所に表示しなければならない事項として、規格省令上、正しいものは次のうちどれか。

①　加圧用ガス容器に関する事項

②　電気火災に対する能力単位の数値

③　放射を開始するまでの動作数

④　消火薬剤の充てん方法

実技試験 解答と解説● 363 ページ

問1　下の写真に示す消火器について、次の各設問に答えなさい。

[設問1]　この消火器の名称及び操作機構上の方式を答えなさい。

[設問2]　この消火器の使用温度範囲を答えなさい。

問2　下の図は、加圧用ガス容器を取り外した粉末消火器の一部を表示したものである。次の各設問に答えなさい。

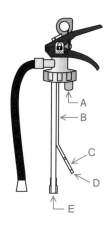

[設問1]　加圧用ガスは、A～Eのどの部分から消火器の内部へ噴射されるか、記号で応えなさい。

[設問2]　B、Cが示す部分の名称を答えなさい。

問3　下の立面図は、2階建ての複合用途防火対象物で、その階ごとの用途及び床面積を示したものである。下記の条件に基づき、消火器（大型消火器を除く。）を設置する場合、法令上必要とされる最小の能力単位の数値及び設置個数を答えなさい。

〔条件〕
1. 主要構造部は耐火構造で、内装は不燃材料で仕上げてある。
2. 消火器1個の能力単位の数値は、2とする。
3. 他の消防用設備等の設置による緩和及び歩行距離については考慮しないものとする。

〔立面図〕

| 2階 | カラオケボックス（400m²） |
| 1階 | 飲食店（400m²） |

GL

解答欄

	1階	2階
能力単位の数値		
設置個数		

問4　下の図は、粉末消火器に粉末消火剤を充てんする手順の一部を示したものである。次の各設問に答えなさい。

A. 容器本体に薬剤を注入する。

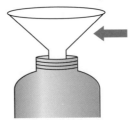

B. 加圧用ガス容器を取り付ける。　C. 本体容器を固定し、キャップを締める。

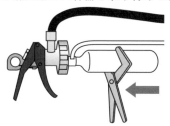
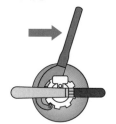

［設問1］　図A～Cのそれぞれの中で使用されている器具または工具の名称を答えなさい。

［設問2］　右の写真は、図Cで本体容器を固定する際に用いる器具である。この器具の名称を答えなさい。

問5　下の写真は、蓄圧式の消火器の一例を示したものである。次の各設問に答えなさい。

［設問1］　蓄圧式の消火器で、指示圧力計を設けなくてもよいとされているものをすべて応えなさい。

［設問2］　指示圧力計の圧力検出部の材質が、SUSと表示されている。その材質を答えなさい。

第3回模擬テスト　解答と解説

問1　②

消防用設備等の設置が義務付けられている防火対象物は、令別表第1（18ページ）に掲げられた防火対象物で、不特定多数の者が出入りする防火対象物とは限りません。

問2　③

令別表第1（12）項ロの映画スタジオまたはテレビスタジオは、特定防火対象物に該当しません（18ページ）。

問3　④

消防機関へ通報する火災報知設備は、自動火災報知設備や非常警報設備と同様に、警報設備に含まれます（42ページ）。

問4　②

免状の記載事項に変更が生じた場合は、免状を交付した都道府県知事か、居住地もしくは勤務地を管轄する都道府県知事に、遅滞なく免状の書換えを申請します。免状の記載事項には、氏名、本籍地、免状の種類、過去10年以内に撮影した写真などがあります（55ページ）。

問5　②

× ①　令別表第1（6）項ニの特別支援学校は、延べ面積300m² 以上の場合に検査・届出が必要です。

○ ②　令別表第1（6）項イの診療所は、入院施設のあるものは延べ面積にかかわらず検査・届出が必要です。また、入院施設のないものは延べ面積300m² 以上で検査・届出が必要です。

× ③　令別表第1（3）項ロの飲食店は、延べ面積300m² 以上の場合に検査・届出が必要です。

× ④　令別表第1（4）項の百貨店は、延べ面積300m² 以上の場合に検査・届出が必要です。

問6　④

消防用設備等を設置・維持する義務を負うのは、防火対象物の関係者です（41ページ）。消防長または消防署長は、消防用設備等が設備等技術基準にしたがって設置・維持されていない場合には、防火対象物の関係者で権原を有する者に対して、必要な措置を行うよう命ずることができます。

問7　③

令別表第1（1）項ロの公会堂・集会場は、延べ面積150m² 以上の場合に消火器具を設置します。

問8　③

令別表第1（6）項イの病院・診療所・助産所に設置する消火器具の算定基準面積は、入院施設の有無にかかわらず標準で100m² です。ただし耐火構造の場合はその倍となるので、算定基準面積は200m² となります（79ページ）。

問9　③

粉末消火器は転倒により消火剤が漏出するおそれが少ないため、転倒防止のための措置を講じる必要はありません（91ページ）。

問10　②

二酸化炭素は人体に有害なので、換気がしにくい地下街には設置できません。強化液や消火粉末は地下街でも使用できます（87ページ）。

問 11 ②

曲げモーメントは 2［kN］× 2.5［m］= 5［kN・m］となります。力のモーメント（108 ページ）と計算方法は同じです。

問 12 ②

動滑車が 3 個あるので、必要な力 F は次のように計算できます（123 ページ）。

$$F = \frac{800}{2^3} = 100 \,[\text{N}]$$

問 13 ③

座金、止めナット、ピン、小ねじ、止めねじは、いずれもねじの緩み止めとして用いられています。また、一般にリード角が小さいねじの方が緩みにくくなりますが、「リード角の異なるねじを用いる」では緩み止め対策として不十分です。

問 14 ④

材料のひずみを取り除くのは焼きならしです（136 ページ）。

問 15 ④

気体の体積は圧力に反比例するので、圧力を 3 倍すると体積は 1 ／ 3 になります。また、気体の体積は絶対温度に比例するので、絶対温度を 5 倍すると体積は 5 倍になります。以上から、気体の体積は 5 ／ 3 倍になります。

問 16 ①

強化液消火器のノズルは一般に霧状放射するようになっており、普通火災のほか、油火災や電気火災にも適応します（163 ページ）。

問 17 ①

○ **ア** 加圧式消火器の銘板には、適合する加圧用ガス容器のガス量やガスの種類、ねじ記号が明記されています。

○ **イ** 容器弁は高圧ガス保安法の適用を受ける容器に取り付けられている部品で、弁箱と弁及び安全弁で構成されます。容器弁付きの容器は使用後に再充てんできますが、充てんは専門業者に依頼する必要があります。

× **ウ** 作動封板付きの加圧用ガス容器のうち、容量が 100cm³ 以下のものは高圧ガス保安法の適用を受けません。

問 18 ④

強化液消火薬剤は濃厚な炭酸カリウム水溶液です（172 ページ）。

問 19 ②

× ① 粉末（ABC）の主成分はりん酸アンモニウム

○ ② 粉末（Na）の主成分は炭酸水素ナトリウム

× ③ 粉末（K）の主成分は炭酸水素カリウム

× ④ 粉末（KU）の主成分は炭酸水素カリウムと尿素の反応生成物

問 20 ④

保持装置は手さげ式の消火器を安定した状態で設置するためのホルダーです（210 ページ）。大型化学泡消火器は車載式なので、保持装置は必要ありません。

問 21 ③

本体容器に著しい変形や腐食がある場合は廃棄処分とします（239 ページ）。消火訓練用としても保管してはいけません。

問 22 ①

消火器の機能点検の時期は、化学泡消火器は設置後 1 年、加圧式消火器は製造年から 3 年、蓄圧式消火器は製造年から 5 年を経過したものです（233 ページ）。

問 23 ②

本体容器を逆さにして残圧を放出する

のは、蓄圧式消火器です。強化液消火器
などの水系消火器は水洗いでクリーニン
グしますが、粉末消火器では水分が厳禁
なので、圧縮空気でクリーニングします。

問24　②
×①　薬剤質量20kg以上の粉末消火器
は大型消火器であり、大型の加圧用ガス
容器が本体容器の外部に搭載されてい
ます。加圧用ガス容器は100cm³を超え
ると高圧ガス保安法の適用を受けます。
○②　一般の蓄圧式消火器は高圧ガス
保安法の適用を受けません。
×③　二酸化炭素消火器の本体容器は
高圧ガス保安法の適用を受けます。
×④　加圧用ガス容器は内容量が
100cm³を超えると高圧ガス保安法の適
用を受けます。

問25　③
消火器には原則としてホースを取り
付けますが、消火剤の質量が1kg以下
の粉末消火器には、ホースを取り付け
なくてもいいことになっています。
据置式以外の消火器のホースの長さ
は「消火剤を有効に放射するに足る長
さ」と規定されており、具体的な長さ
の規定はありません。なお、据置式消
火器は有効長10m以上でなければなり
ません（206ページ）。

問26　④
ろ過網の目の最大径は、ノズルの最小
径の3／4以下とします。また、ろ過網
の目の部分の合計面積は、ノズルの開口
部の最小断面積の30倍以上とします。

問27　②
消火器は、28kg以下のものは手さげ
式・据置式・背負式、28kg超35kg以
下のものは据置式・背負式・車載式、
35kg超のものは車載式とします（167

ページ）。

問28　③
使用済み表示装置（使用した場合に自
動的に作動し、使用済であることが判
別できる装置）を設けなくてもよい消火
器は、以下の3種類です（217ページ）。
・指示圧力計のある蓄圧式消火器
・バルブを有しない消火器
・手動ポンプにより作動する水消火器
以上から、アの蓄圧式の強化液消火
器には使用済み表示装置は必要ありま
せん。
イの二酸化炭素消火器は蓄圧式です
が、指示圧力計はないので使用済み表示
装置が必要です。また、ウの加圧式粉末
消火器は蓄圧式ではなく、バルブがある
ので使用済み表示装置が必要です。

問29　④
消火器用消火薬剤の容器または包装
に表示しなければならない事項には、
以下のものがあります。
・品名
・消火器の区別
・消火薬剤の容量または質量
・充てん方法
・取扱い上の注意事項
・製造年月
・製造者名または商標
・型式番号

問30　①
○①　加圧用ガス容器に関する事項は
表示が必要です。
×②　能力単位の数値は、電気火災に
対しては設定されません。
×③　使用方法は表示が必要ですが、
動作数を表示する必要はありません。
×④　消火薬剤の充てん方法などは表
示事項に含まれていません。

実技試験

問1

レバーがなく、上部にハンドル型のキャップが付いている形状から、写真は化学泡消火器とわかります。

写真の消火器は、上部にあるキャップの押し金具を押し、消火器を逆さにして使うタイプです。このタイプの化学泡消火器を「破蓋転倒式」といいます（177ページ）。

解答：
[設問1] 化学泡消火器
[設問2] 破蓋転倒式

問2

加圧用ガス容器は図の**A**の部分に取り付けます。容器からガスが噴出すると、**B**のガス導入管を通って**D**から容器内にガスが噴出します。**E**はガスの噴出口ではなく、粉上り防止封板が付いたサイホン管の吸入口です。

Bはガス導入管、**C**は逆流防止装置です。

解答：
[設問1] D
[設問2] B：ガス導入管、C：逆流防止装置

問3

カラオケボックスと飲食店の算定基準面積は、それぞれ次のようになります。

防火対象物	算定基準面積	
	標準	耐火構造
カラオケボックス	50m²	100m²
飲食店	100m²	200m²

本問は条件1より耐火構造なので、算定基準面積は標準の2倍になります。したがって、各階に必要な消火器の最小能力単位は次のようになります。

1階：$400 \div 200 = 2$
2階：$400 \div 100 = 4$

消火器1個の能力単位は2なので、各階に設置する消火器は次のようになります。

1階：$2 \div 2 = 1$
2階：$4 \div 2 = 2$

解答：

	1階	2階
能力単位の数値	2	4
設置個数	1	2

問4

A：本体容器に粉末消火剤を注入するときは、漏斗を使います。

B：加圧用ガス容器を取り付ける際には、容器をプライヤーではさんでねじを締め付けます。

C：本体容器のキャップを締めつけるときは、本体容器をクランプ台で固定し、キャップスパナを使います。

解答：
[設問1] A：漏斗、B：プライヤー、C：キャップスパナ
[設問2] クランプ台

問5

指示圧力計は、二酸化炭素消火器とハロン1301消火器を除く蓄圧式の消火器に設けます（215ページ）。指示圧力計に「SUS」と表示されているものは、圧力検出部（ブルドン管）の材質がステンレス鋼であることを示します。

解答：
[設問1] 二酸化炭素消火器、ハロン1301消火器
[設問2] ステンレス鋼

索 引

STAFF
編集　　平塚陽介（株式会社ノマド・ワークス）
　　　　片元諭
制作　　株式会社ノマド・ワークス
イラスト　イマイフミ
本文デザイン　株式会社ノマド・ワークス
表紙デザイン　米倉英弘（細山田デザイン事務所）
編集長　玉巻秀雄

写真提供：セコム株式会社、新潟精機株式会社、株式会社初田製作所、ホーザン株式会社、
　　　　ヤマトプロテック株式会社

本書のご感想をぜひお寄せください

https://book.impress.co.jp/books/1123101125

読者登録サービス CLUB impress

アンケート回答者の中から、抽選で図書カード（1,000円分）などを毎月プレゼント。
当選者の発表は賞品の発送をもって代えさせていただきます。
※プレゼントの賞品は変更になる場合があります。

■商品に関する問い合わせ先

このたびは弊社商品をご購入いただきありがとうございます。本書の内容などに関するお問い合わせは、下記のURLまたは二次元バーコードにある問い合わせフォームからお送りください。

https://book.impress.co.jp/info/

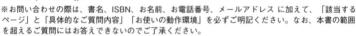

上記フォームがご利用いただけない場合のメールでの問い合わせ先
info@impress.co.jp

※お問い合わせの際は、書名、ISBN、お名前、お電話番号、メールアドレス に加えて、「該当するページ」と「具体的なご質問内容」「お使いの動作環境」を必ずご明記ください。なお、本書の範囲を超えるご質問にはお答えできないのでご了承ください。

- ●電話やFAX でのご質問には対応しておりません。また、封書でのお問い合わせは回答までに日数をいただく場合があります。あらかじめご了承ください。
- ●インプレスブックスの本書情報ページ https://book.impress.co.jp/books/1123101125 では、本書のサポート情報や正誤表・訂正情報などを提供しています。あわせてご確認ください。
- ●本書の奥付に記載されている初版発行日から3年が経過した場合、もしくは本書で紹介している製品やサービスについて提供会社によるサポートが終了した場合はご質問にお答えできない場合があります。

■落丁・乱丁本などの問い合わせ先
FAX　03-6837-5023
service@impress.co.jp
※古書店で購入された商品はお取り替えできません。

試験にココが出る！ 消防設備士6類
教科書＋実践問題 第3版

2024年2月11日 初版発行

著　者　株式会社ノマド・ワークス

発行人　高橋隆志

発売所　株式会社インプレス
　　　　〒101-0051　東京都千代田区神田神保町一丁目105番地
　　　　ホームページ　https://book.impress.co.jp/

印刷所　日経印刷株式会社

ISBN978-4-295-01849-0　C3052

Printed in Japan